汉译经典

〔英国〕亚当·斯密 著
郭大力　王亚南 译

国富论 上

译林出版社

译　　序

亚当·斯密的《国富论》，原名应直译为《诸国民之富的性质及其原因之研究》。自一七七六年出版以来，全世界的学术界，都曾赫然为之惊动。甚至于各国的支配者们，都相率奉之为圭臬。世界上每个大的或小的经济学家，都曾直接或间接受其影响。对之推崇到无可进一步推崇，甚至于自命为斯密信徒的人们，亦会从中取出几个章句来批评；反之，对之批评到无可进一步批评，甚至于公然揭出反斯密主义的人们，亦莫不从中采纳几种意见，作为自己的根本思想。规模如此宏大，论点如此广博，议论如此畅达，文章如此明朗，然不时亦会露出几个贻人指摘的自相矛盾的漏洞的《国富论》，就这样奠定了经济学的基础。

这部大著，就连在今日中国，亦是一部用不着介绍的经济学上的名著了。三十年前出版的严几道先生的改名为《原富》的那个译本，虽则因为文字过于深奥，删节过于其分，已经不易从此窥知原著的真面目，但终不失为中国翻译界的一颗奇星。仿佛听见前辈说，在科举快要废止的那几年，投考的秀才举人，只要从《原富》引用一句两句，就会得自命维新的主考人的青眼，而高高的挂名于金榜。

对于一部如此伟大，又曾经被一位如此伟大的译者译过一次的《国富论》，我们今日再取来重译一遍，也许会被义正辞严的批评家们斥为狂妄吧。但若中国的研究者甚而常识家乐于阅读这一个译本的话，我们就愿拿下面几段话，作为他一个臂助。

亚当·斯密（Adam Smith）生于一七二三年六月五日苏格兰之基尔克加特（Kirkcaldy）。先后入格拉斯哥大学及牛津巴里奥学院。他在学生时代，喜欢读数学、自然哲学、政治史那一类的书。一七五一年，任格拉斯哥大学的论理学助教授；一七五二年升任道德哲学教授，很得学生的称誉，而闻名于格拉斯哥。任教授时，着手著《道德学体系》，一七五九年出版《道德感情的学说》，便是其中计划的一部。他在这时候结识了一位大思想家休谟氏作终身朋友，怕是当时最值得注意的一件事了。休谟氏著《政治论集》，于斯密思想，有极大的影响。

一七六三年，斯密到大陆去游历，在法国又结识了杜尔阁及当时法国思想界诸激进分子。他思想中的重农主义要素，便是当时受得的影响。

一七六六年，他回到伦敦。此后十年，便和他的母亲一块住在故乡，专心著作。他的大著《诸国民之富的性质及其原因之研究》，就是这时完成，而于一七七六年公于世间的。一七七八年，他曾被任为苏格兰海关税务司长。一七八四年，他母亲逝世了。一七九〇年七月，他自己亦在"成绩太少"的叹声中长逝。

斯密一生是很幸运的。他能在他未死之前，看见他的著作在社会上的成果。《国富论》的公表迄于他的死，其间不过十五年罢了，但他理论中的重要主张，便实现了不少。

他那种幸运，将依如何的事实而说明呢?

他那个时代，正是制造家资本阶级以急速的速度发展其财富，并从而取得政治支配权的时代。他是制造业颇为旺盛的格拉斯哥的大学教授，所以，他不知不觉，便作了这个当时尚为新兴的阶级的代言人了。他书中虽有不少处所，痛责工商阶级对于自身利害关系的无知，但他的全部理论，终不免作了这种利害关系的说明。他所提议的永劫不移的功利主义的原理，其实只是人类进化过程中一个阶段的原理；他所提议的自然的自由制度，其实只是社会上一小部分人投资的自由制度；他的乐观思想，只代表了资本主义发达初期特有的朝气。

研究方法中的批评的要素，乃是一切研究者应有的修养。本书的读者，将视此为永劫不移的经典呢，抑将视此为人类智慧在特殊时代的最光荣的成果呢？我们所极盼于读者的，是各有一个敏锐的批评的眼光。

这部书，决不是难读的。但在翻译的时候，译者却特别感到一种困难，那就是有些名词的意义颇为含混。例如，industry、trade、stock、employment 那一类的字，意义就往往这里和那里略为不同，所以，没有办法，只好按照意思，把它们译成各式各样的字。又如，价值一词，在经济学上，早已成为特殊名词，但他却往往把这一个字用在别样的意义上。劳动一词，有时与工资的意义相混。manufacturer 一字，有时指制造家，但有时又泛指制造业工人。farmer 一字，有时指农业家，但有时又泛指一般在农业上做事的人。workmen 一字，有时指劳动者，但有时又兼指一般投资营业的人。

还有些地方，作者喜欢加上 annual 一个形容词。于是，有 annual produce（年产物）、annual revenue（年收入）、annual labor（年劳动），还有许多其他地方，都附有这样的形式。这显示了斯密氏曾如何受重农学派的影响。但我们译的时候，往往因顾念行文的便利，把它译成“常年的”、“年年的”、“每年的”那一类的字眼。

关于这个译本的译事，我们自问是颇为小心谨慎的。但因规模太大了，或尚不免有不少译得不很妥当的地方，那只有待再版时尽量改正了。

这个译本是我们第二次的合作（第一篇第五篇亚南译，第二篇第三篇第四篇大力译）。译的时候，我们随时互相商量；译成以后，又交换审查了一遍。我们自然高兴对于全书每一部分，负起连带的责任。

一九三一年一月二十日

上卷目次

第二篇　论资财之性质，蓄积与使用

第三篇　诸国民之富的进步

序论及全书设计

一个国家常年的劳动，是这样的一个基金，它原始地供给这个国家每年消费的全部生活必需品和便利品。而这种必需品和便利品，总是由这个劳动的直接生产物，或是由用这类生产物从其他国家购得的物品构成。

一个国家对于它所需要的一切必需品和便利品，就看这个产物或用这个生产物购得的物品对消费者的人数持有更大的或更小的比例，而或是更好或是更坏地得到供给。

但就每一个国家来说，这个比例都必须受支配于两种不同的事情。第一，是它的劳动通常是用怎样的熟练，用怎样的技巧，用怎样的判断力来应用；其次，是被雇用在有用劳动上的人数和不被雇用在有用劳动上的人数，成什么比例。不管一个国家有怎样的土壤气候或领土面积，它的常年供给的丰啬，在这个特殊的地位上，总是取决于这两种事情。

这个供给的丰啬，在这两种事情中，取决于前一种事情的比之取决于后一种事情的，似乎较多。在未开化的渔猎民族间，每一个能够工作的人，都多少会被雇用在有用的劳动上，尽其所能，以生活上的必需品和便利品供给于自身，或供给于他家族内或部落内因过于老幼病弱而不能出去渔猎的人。但这样的国家是极其贫乏的，以致仅因为贫乏的缘故，迫不得已，或者至少是觉得迫不得已，有时竟忍心直接去损害他们的幼儿、他们的亲人或沾染痼疾的人，有时则把他们遗弃，让他们饿死，或被野兽吃掉。反之，在文明富庶的国家，虽然，有许多人全然不从事工作，其中许多人往往比大多数从事工作的人，会消费十倍那样多乃至百倍那样多的劳动的生产物，但因社会全部劳动的生产物极丰之故，以致一切人都常常有丰富的供给，以致最下等最贫穷的劳动者，也只要他是节省的勤劳的，就能比任何一个未开化人享受到更大一份的生活必需品和便利品。

劳动生产力这种改良的原因，以及这个生产物在社会各个阶级各个状况的人之间自然而然地依照来实行分配的次序，就是本篇第一篇的主题。

不管在一个国家，实际上是用怎样的熟练，怎样的技巧，怎样的判断力来应用，只要这个状态继续下去，它的常年供给的丰啬，就取决于常年被雇用在有用劳动上的人数，对不被这样使用的人数，持有怎样的比例。以后会看到，有用的生产的劳动者人数无论在何处，总是看有多大的资本被使用来推动他们去工作，它这样被使用时，又采取什么特殊的方法。所以第二篇就要讨论资本财的性质，讨论资本渐次积累的方法，讨论因为资本使用的方法不同，被推动的劳动量也不一样。

劳动运用的熟练技巧和判断力已有相当进步的诸国，对于劳动的一般的支配和指导，持有极不相同的计划。这些计划，对于一国生产物的增大，并不是同样有利的。有些国家的政策，特别奖励农村的产业；另一些国家的政策，却特别奖励城市的产业。不偏不倚地同样看待各种产业的国家，怕还是没有的。自罗马帝国崩溃以来，欧洲的政策更有利于工艺、制造业、商业，即城市的产业，而更不利于农业，即农村的产业。本书第三篇，就要说明，是些什么情形使这种政策发生而至确立。

这各种计划最初也许由特殊阶级的私人利益和偏见出发，而不曾顾及或预料这各种计划，将如何影响社会的全般福利。可是，这些计划后来却惹起了极不相同的经济学说。其中，有的人力说城市产业重要；有的人则力说农村产业重要。这些学说，不仅对于学者们的意见产生了大的影响，而且左右着各国王公的政治行动。我在本书第四篇曾尽我所能，充分明确地解说这种种学说，并解说它们在各个时代各个国家已经生出了什么主要的结果。

本书前四篇的目的，就在于说明人民大集团的收入是怎样构成的，并说明各时代各国家逐年消费所征出的基金的性质。第五篇即最后一篇讨论君主或国家的收入。在这篇，我要努力说明：第一，什么是君主或国家的必要经费，其中哪一些应该出自全社会一般的赋税，哪一些只应该出自社会上特殊的阶级或特殊的人员；第二，有哪一些方法使全社会来负担那些应该由全社会负担的费用，是怎样征集的，这各种方法又有什么重要的利弊；第三，为什么几乎近代各国政府，都惯常把这个收入的某些部分作为债务的担保或订约借债，并且这种债务对于现实的财富，对于社会的土地和劳动的年生产物，又有什么影响。

第一篇　论劳动生产力改良的各种原因，并论劳动生产物依照来分配给人民各阶级的自然秩序

第一章　论分工

劳动生产力上最大的改良，以及在任何处指导劳动或应用劳动时所用的熟练技巧和判断力的大部分，都是分工的结果。

考察分工在某特殊制造业上如何发生作用，就更容易了解分工在社会一般业务上的结果。依照一般的设想，分工是最完全地实行在某些极不重要的制造业上，要是说不重要的制造业比其他更重要的制造业有较为周密的分工，那大概不全是事实，但这些不重要的制造业，因为只供给少数人的少量需要，所以全部工人为数必然是很小的。被使用在工作各不同部门的人往往集合在同一施工所（workhouse）内，观察者可以一览无遗。反之，那些大制造业因为必须供给多数人的大量需要，所以工作各不同部门，都雇有许多工人，要把他们全体集合在一个施工所内是不可能的。我们不容易同时看见一个部门以上的工人。这种大制造业，实际上，尽管比那些小制造业，把作业分成更多得多的部分，但工作的划分不能那样一览无遗，从而也更不为人所留意。

针制造业，是一种极微小的制造业。它的分工，曾屡为世人所注意，所以就把它当作例来说罢。分工已经使针的制造成为一

种特殊的职业。一个工人，如果没有受过这种职业的训练，是不知怎样使用这职业上使用的机器的（引起这种机器的发明的，也怕是同样的分工），纵令竭力工作，也许一日也不能造成一枚，要是说二十枚，那就决然是不可能了。但按照职业现在的方法，则不但这全部作业已经成为一种特殊职业，并且它还分成若干部门，其中大多数也同样是特殊的职业。计抽线者一人，直者一人，截者一人，磋锋者一人，钻鼻者又一人。但要钻鼻，已须有二三种不同的工作。搓之使利，擦之使白，乃至以针刺于纸上的工作，都成了一种职业。这样，制针的重要作业，就分成了大约十八种操作。有些制造厂，这十八种操作是分别由不同的职工去担任的，虽然在别的制造厂内同一个人有时会兼任二三门。我看见这样一个小制造厂，其内只雇用十个工人，其中有些人要做两三种不同的操作。但是尽管他们连必要的机器设备也不完备，但他们只要勤勉努力，一日也能成针大约十二磅，每磅合中等针四千枚以上。这十个工人，每日可以成针四万八千枚以上，一人一日，可以成针四万八千枚的十分之一。那就可以说是每人每日成针四千八百枚。如果他们分别地独立地工作，其中任何人都不熟习一种特殊业务，那么，他们不论是谁，漫说一日二十枚，就连一枚也会制不成。他们不独不能造出今日由适当分工和不同操作的结合，而有可能制成的数量的二百四十分之一,四千八百分之一也不行。

分工在其他各种工艺及制造业上和在这种极微细的制造上一样，虽然其中有许多不能像这样细分，其操作亦不能像这样简单化，但分工只要在每一种工艺上能够被采用，就可以按照比例引起劳动生产力的增加。各种职业所以能各各分立，似乎就不外是这种利益的结果。在产业与改良达到最高程度的国家，各种职业的分立通常最为发达。早期社会状态中一个人的工作，在改良的社会状态中，大都会成为若干人的工作。在每一个进步的社会内，农民往往就只是农民，制造业者往往就只是制造业者。生产一种完全制造品所必要的劳动，亦往往分给许多人去分任。以麻布和毛织物的制造为例，在其中各个部门内，从亚麻及羊毛的收割者到麻布的漂白工人、平熨工人，或毛织物的染色工人、整理工人，有多少相异的职业被使用着啊！农业的性质，固不能像制造业那样容许致密的分工，各种工作也大都不能判然分割开来。木匠的职业与铁匠的职业通常是分开的，但畜牧的业务与种麦的业务要一样完全地分开来，却是不可能的。纺者和织者几乎总是不同的人；犁者、耙者、播种者和收割者，却常常是同一个人。既然农业上这种种劳动在一年中随季节而转换，所以要一个人不断从事一种劳动，事实上是不可能的。农业上使用的劳动，一切不同的部门不能这样完全分离开来。也许就是这种技艺上劳动生产力的改良，所以总跟不上制造业上劳动生产力的改良的原因。固然，最富裕的国家，在农业上是和在制造业上一样优于一切它们的邻国。不过，它们在制造业方面的优越，比之农业方面的优越通常说是更显著的。它们的土地，大体说，也耕作得较好，投在土地内的劳动与费用也比较多，是比例于土地面积与自然丰度的，生产出更多的物品。不过，这种优越，很少能够超过于劳动和费用追加的比例。在农业上面，富国的劳动并不比贫国的劳动生产得多；无论如何决不像制造业上面的那样属实。所以，富国的谷物比之贫国的品质相同的谷物，并不是常常能够更便宜地走上市场。就富裕和进步说，法国是优于波兰的，但波兰的谷物，往往与同品质的法国谷物同样低廉。与英国比较，法国富裕的进步要较逊一筹，但法国的谷物在长谷的地区是和英国的谷物一样好的，并且在大多数年份内，几乎有一样的价格。但英国的谷田比法国的谷田，是耕作得更好的。法国的谷田比之波兰的谷田，据说是耕作得更好得多。贫国的耕作尽管是更差的，贫国的谷物，在品质及售价上，却能在相当程度内与富国相比赛。可是，这样的竞争，制造业上面是不能有的；至少，在富国的土壤气候和位置宜于这类制造业的时候，不能发生这种竞争。法国的丝，比英国的丝品质好，价格廉，因为丝制造业，至少，在今日原丝入口须抽高率关税的时候，是更与法国的气候适合，而不是同样适宜于英国的气候。英国方面的铁器和粗毛织物，却远胜于法国；如果品质相同，它们在英国也更便宜。据说，波兰除了国家适当生存所需的太为粗糙的家庭制造业，几乎没有任何的制造业。

相同人数为了分工而能成就的作业量的这种增加是由于三种不同的事情。第一，由于每个特殊工人的技巧的增进；第二，由于从一种工作到别一种工作，对通常会损失掉的时间的节约；第三，由于有许多机器被发明，以便利劳动，缩减劳动，使一个人能够成就许多人的作业。

第一，工人技巧的改良，必然会增加他所能成就的作业量，分工既然使各个人的业务还原为某一种单纯的操作，既然会使这种操作成为他一生的专业，所以必然会大大增进工人的技巧。惯于使用铁槌但不曾练习制钉的普通铁匠，没因特殊事由，必须尝试去制钉，我敢说，他一天至多只能成钉二三百枚，并且会逊劣不堪。即令惯于制钉，但只要他不以制钉为专业或主业，无论他怎样勉力，他一日成钉恐亦不过八百枚，至多一千枚。我曾见有几个以制钉为专业的不满二十岁的青年，从来不搞别的工作，但每人每日能成钉二三千枚以上。钉的制造，绝非最简单的操作。同一个人，要在需要的时候鼓炉添炭，要烧铁，要锻打钉的每一个部分；为了打造钉头，他还不能不调换工具。比较起来，制针业和制铜扣业所区分的各种操作，全部都是简单多了。以此为终生专业的人的技巧，通常会更大得多。此等制造业的某几种作业进行得如此迅速，不曾亲眼见过的人，绝不会相信人的手能够有这样大的成就。

第二，从一种工作转到别一种工作时通常会损失掉的时间的节约，是一种利益，那比之我们一下子可以想象得到的利益，是更大得多的。要敏捷地由一种工作转到地点不同、工器亦不同的别种工作是不可能的。耕作小农场的乡村织工，由织机转到耕地，再由耕地转到织机，总要丧失许多时间。

如果两种职业是在同一施工所内进行，时间上的损失无疑会更少得多。但在这个场合损失依然是很大的。人把他的手由一种工作转到别种工作时，总是不免暂时流于松懈。他开始新工作时，总是不很紧张不很习惯，这就像俗语所说，不免心不在焉。在一个时间内，与其说他是为好的目的而工作，倒毋宁说是在敷衍、松懈、偷懒、马马虎虎，对于每半小时要换一次用器，全生涯几乎每天必须做二十项不同工作的农村工人，是自然会养成的，甚至可以说非养成不可。这种种习惯，使他几乎一定要流于迟缓懒惰，在最吃紧的时候，也不能有活泼灵敏的活动。所以，除开技巧方面的缺陷不说，单是这个原因，已经必然会大大减少他所能成就的工作量。

第三，适当机器的利用，可以大大地便利和节省劳动。这是大家一望而知，不待举例的。我在这里只要考察，一切这样便利着劳动、节省着劳动的机器的发明，原来都是由于分工。人把注意指向一个对象，比之把注意分散于多种事物，是更易于发现达到目的的更简易更便利的方法的。当作的结果，各个人的全部注意，自然会倾注在某一种极简单的对象上。只要工作的性质还有改良的余地，我们就可以希望，被使用在各个特殊劳动部门内的人，这个或者那个，很快就会发现比较容易而便利的方法，来成就他们自己的特殊工作。分工最细密的各种制造业上所使用的机器，大部分原来是普通工人的发明，他们被使用在最简单的一种作业上，自然会想到要发现比较便易的操作方法。每一个经常考察制造厂的人都会看到，极像样的机械，那原来是普通工人，为了要便利和加速他们的担负的特殊工作，而发明出来的。最初的蒸汽机，必须不断使用一个儿童，按照活塞的升降，交替着开闭汽壶和汽筒间的通道。一个这样的儿童因为爱和朋友游玩，看到了把开闭通道舌门的把手，用一条绳系在机器的别一部分，舌门就会自行开闭，他就可以尽性和朋友们一道去玩。可是，并非一切机器的改良全是有机会使用机器的人的发明，在制造机器成为一种特殊的职业时就有许多改良，是由于专门机械师的智巧。还有一些改良，是由那些称为哲学家玄想家的人的智能。这种人的职业，是不做任何事情，但观察每一件事情，为了这个缘故，他们常能够把各种悬隔而不相类似的物力结合起来。在社会的进步中，哲学与玄想，像其他各种业务一样，成了市民中一个特殊阶级的、主要的和专门的工作。又和其他的业务一样，这种工作又分成了许多不同的部门，每个部门各自成为一种或一类的特殊哲学家的职业。哲学上这种分业，像任何别一种业务上的分业一样，增进了技巧，节省了时间。各人专长于他自己的特殊工作，全体所做的工作就更多了，科学的量就大大由此增加了。

由于分工之故，各种不同技艺的发展，就大大增加了。这种增加，在一个有适当统治的社会内，引起了一般的、普及于最低阶级人民的富裕。各个工人除开自身的需要，还有更多的工作可以由他去处分；既然每一个其他的工人的处境是相同的，所以他就能够以大量自己的财物，来交换其他工人所有的大量财物，换一个方法说就是交换其他工人所有的大量财物的价格。他对于别人所需的物品，充分地予以供给；别人对于他所需的物品，也同样充分地予以供给。一般的富，这样就普及于社会一切不同的阶级了。

考察一下文明而富庶的国家最普通的工匠或日佣劳动者的日

用物品罢！你就会感觉到虽然每一个工人都只用他的劳力的一部分，乃至极小的一部分，用来供他以这种日用物品，这种工人的数目难于数计。例如：日佣劳动者的毛织外套，看起来是粗糙的了，但亦是许多劳动者的结合劳动的生产物。为了造成这种日常的生产物，须有牧羊工人、选毛工人、刷毛工人、染色工人、粗梳工人、纺织工人、织布工人、使布匹光彩的工人[①]、缝纫工人以及其他许多人互相联合起来工作。加之，各种工人既然居住在隔离很远的地方，把材料由甲处运至乙处，其间又需有多少的商人和贩运者啊！染色工人所用的药料既然常常要购自世界辽远地方，所以要把各种药料搜聚拢来，其间又需要多少商业和航运业，该要雇用多少船工、水手、帆布制造者、绳索制造者啊！为了要为这些工人，乃至最下级的工人制造他们所使用的器具，又需要多少种的劳动啊！不说那些复杂的机器，例如，水手的船舶，使布匹光彩的水磨，织布工人的织机了。只说那种简单器械如牧羊工人剪毛时所用的剪刀罢。为了制造这种剪刀也就须有许多种工人把他们各色各样的手艺结合起来，例如矿工、熔炉的建造者、木材的采伐者、烧炭工人、制砖工人、泥水匠、熔炉的工人、机械安装工人、锻工、铁匠以及其他等等。假若我们照同样的方法再考察一下工人的服装和家用器具，贴身穿的粗麻衬衣，脚上穿的鞋子，睡觉时的床具，床具上的各种设备，调制食物的厨房，由地中心采掘出来，也许要经过长途的水陆运输，方才供给到他手里的煮饭的煤炭，厨房的其他一切什物，食桌上的一切用具，刀子和叉子，装食物和分割食物的陶器和白镴器皿，供给面包啤酒的各种人手，再考察那种热气和光线导入并遮蔽风雨的玻璃窗，再考察那种美丽而伟大的、使世界这些北部地方成为极快适居住地的发明，其所必须发

---

① fuller，即漂洗工人。——编者注

明出来的各种知识和技术，以及生产这种种便利品的工具罢，我敢说，如果我们把这一切事物考察一下，并把各种用在这上面的劳动考察一下，我们就会觉得，就说今日文明社会中一个最卑微不足道的人，一个被人们极其错误地认为生活极其单纯朴素的人的日用品供给，亦少不了万把人的协助和合作。和大人物的奢侈华丽相比，这种人的享受，无疑的是极朴素简单的了，但是一个欧洲国君在日常享受上，固然是优于一个勤俭农民，但这个农民不见得就会不至于优于许多个非洲国王（万把裸体未开化的生命和自由的绝对支配者）罢。

第二章　论分工原理

这种分工，曾经引出许多利益的，原来不是任何人类智慧的结果。分工引起了一般的富裕，但引起分工的并不是任何预料和想求一般富裕的人类智慧。那对于人性中某种确定的倾向，即互通有无、物物交换和互相交易的倾向，是必然的但极其缓慢、极其逐渐的结果。这种倾向，是从来不会顾念到那样的广泛的好处的。

这种倾向，在人性中，到底是一种原始的不容进一步解说的原理呢？或者多半是理性和言语的能力的必然结果呢？这不是我们现在要研究的问题。它为一切人所共有，但在其他各种既不知道这种契约，也不知道任何别种契约的动物中，是发现不了的。两只猎犬在同逐一兔时，往往也像是在做一种协同的动作。它们把兔逐向对方，或在对方把兔逐向自己这方面的时候，把兔子抓住。不过，这并不是任何契约的结果，而只好算是这个特殊时间，他们对于同一对象物，情欲上发生了偶然的一致。我们从未见甲乙两犬，公平审慎地交换骨头。也从未见一种动物，以姿势或自然呼声，向别一个动物示意说："这为我有，那为你有，我愿以此易彼。"一个动物想由某人或别一个动物取得某物，或他所需要的服务时，除了博得对方的欢心，不能再有别种说服的手段。所以，小犬为了得食，就向母犬百般献媚；家狗为了得食，就作出种种妩媚态，来吸引食桌上主人的注意。人也有时采取这种手段来对待他的同胞。如果他没有别的方法叫同胞们按照他的意志来做，他就会做出种种卑鄙的阿谀的行为，来博取对方的愿意。不过这种办法，只能偶一为之，是不可能应用到每一个场合去的。他在文明社会中，随时都要依赖多数人的协力和援助，但他毕生亦难博得几个人的好感。就几乎一切其他的动物来说，达到壮年期的个体就是完全独立的，在自然的状态下，不必要仰仗其他动物的帮助。但人几乎总是需要同类的协助。

但仅仅依赖人的恩惠，并不会更容易达到目的，如果他能够鼓动他们的自爱心，使其有利于己，并且告诉他们，如果他们为他而做他需要他们做的事情，他们就是为他们自己的利益。任何一个提议与旁人作任何买卖的人，都要提议这样做。请给我以我所要的东西，同时，你就可以获得你所要的东西：这是每一个这样的提议的意义。我们日常必要的那些好东西，几乎全是依照这个方法，从别人手里取得的。我们所需的食物不是出自屠宰业者、酿酒业者、面包业者的恩惠，而仅仅是出自他们自己的利益的顾虑，我们不要求助于他们的爱他心，只要求助于他们的自爱心。我们不要向他们说我们必需，只说他们有利。除了乞丐，没有一个人的生活，主要是仰给于同胞市民的恩惠。乞丐也不能一味依赖于这个。乞丐生活的全部基金，实际上是出自善人的慈悲。虽然最后发现是这个原理，供给乞丐以他所需的各种生活必需品，他这个原理既不会亦不能在他需要这些物品时，这些物品供给于他。

他和其他的人一样，要由契约、交换、购买，来供给他各种偶然需要的大部分。他用别人给他的钱，去购买食物，用别人给他的旧衣，拿去换更合身的旧衣，拿去换别一套更为合身的旧衣，或交换寄宿的地方，或交换食物，或交换钱，再用这些钱去购买他们需要的食物、衣服或住所。

我们需要的各种好东西，大部分是由契约、由交换、由购买得到的。同样，原来被分工引起的，亦正是这种互相交换的倾向。例如，在狩猎或游牧民族中，有善为弓矢者，他屡屡以自己制成的弓矢，与他人交换家畜兽肉，结果他发觉了，与其亲身到野外捕猎，尚不如与猎人交换，因为交换所得，是比较的多。为他自身的利益打算，他只好以制造弓矢为主要业务，如是，他便成了一个武器制造者。此外，另有一人，因长于建造小式茅房或移动房屋之间架屋顶，往往被人请去造屋，而得家畜兽肉为酬，遂亦终于发觉了，为自身的利益，自己宜于专门建造房屋，成为一个房屋建筑者。以下，依同样的方法，第三者成了铁匠或铜匠，第四者成了硝皮者制革者（皮革是未开化人类的主要衣料）。这样一来，人人都一定能够把自己消费不了的自己劳动的剩余生产物部分，换得自己所要的别人所产的剩余生产物。这就一定不期然而然地，激励大家各自委身于一种特定业务，使他们在各自的业务上发挥完成各自天赋的资质才能。

人们天赋资质的差异，实际并不如我们所想象的那么大。一个人到了壮年，所以有选定一种特殊职业的必要，有人说，这就因为各人的天资极不相同。但在多数场合，人们天资的差异，与其说是分工的原因，倒不如说是分工的结果。例如两个性格极不相同的人，一个是哲学家，一个是街上的挑夫，他们之间的差异，追究起来，大部分像是发因于习惯风俗与教育，并不发因于天性。他们生下来，在七八岁以前，彼此的天性也许极相类似。他们的双亲、朋友，恐怕也不能在他们两者间认出何等显著的差别。可是，刚好在这个时候，或者此后不久，他们就投身在极不同的作业上了。他们才能的差异，这刻才显露出来，往后相习愈久，差异愈大，结果，哲学家为虚荣心所驱使，简直不肯承认他们之间有一点类似的地方。然而归根说来，人类如果没有互通有无、物物交换和互相交易的根本倾向，各个人都须亲自生产自己生活上一切必需品、方便品，一切人的任务工作全无分别，从而，才能显然各异的唯一原因——工作的差异——怕亦就不能存在了。

使各种职业家的才能形成极显著的差异的，是交换的倾向；使这种差异成为有用的，也是这个倾向。同种但不同属的动物间，天资上的差等，有比较大的部分是得自天性。人类资质的差别，得之于天性的，是比较的少。未受教育习俗熏陶的人类，天性上的差别，实在不能算大。就天赋资质说，哲学家与街上挑夫的差异，比猛犬与尖嘴猎犬的差异，比尖嘴猎犬与长毛小猎犬的差异，比长毛小猎犬与牧畜家犬的差异，真可说是微小得很。不过，这些同种但不同属的动物，并没有相互利用的机会。猛犬的强力，决不能辅以尖嘴猎犬的敏速，辅以长毛小猎犬的智巧，或辅以牧畜家犬的柔顺。它们因为没有交换交易的能力和倾向，所以，不能把这种种相异的资质才能结成一个共同的资源，从而，对于本种族的幸福便利，不能有增进的能力。各动物依旧是各自分立，各自保卫。自然虽给了它们各种各样的才能，它们并不能从此享得何等利益。人类方面的情形，就完全两样了。他们彼此间，哪怕是极不相类的才能，也能交相为用。他们依着互通有无、物物交换和互相交易的一般倾向，把各种才能生出的各种不同生产物结成一个共同的资源，各个人都可以从这个资源随意购取自己需要的别人生产的物品。

第三章　论分工受限制于市场的范围

分工之起，由于交换力，分工的范围，亦往往受限制于交换的范围，换言之，常为市场范围所局限。市场过小，难与人以终生专务一业的刺激。因为在这种状态下，他不能用自己消费不了的自己劳动的剩余生产物，随意换得自己需要别人劳动的剩余生产物。

有许多业务，就连最下贱的业务，也只能插足在大都市上。例如搬运夫，就只能生在大都市。小村落，固不待言；就连普通城市，亦嫌小了，不能给他以不断的工作。散在苏格兰高原一带的荒凉孤寂的乡村农夫，不论是谁，也不能不为自己的家属兼充屠户、烙面师乃至酿酒人。在那种地方，要在二十哩①内找到同样的一个铁匠、木匠或泥水匠，也不容易。零星散居的人家，如果离这班工匠至少有八九哩之遥，就只有亲自动手做许多小事情（那些小事情，在人口众多的地方，却照例会雇请专业工人帮忙）。农村职工，几乎到处都是一个人兼营几项类似（所用的材料类似）的作业。农村木匠，要制造一切木制的物品；农村铁匠，要制作一切铁制的物品。农村木匠不只是木匠，同时，又是细工木匠、家具师、雕刻师、车轮制造者、耕犁制造者乃至三轮车②、四轮车

① 哩：mile，英里，1英里=1.609344公里。——编者注

② 三轮车：英文原文为Cart，一般译为二轮运货车、手推车。——编者注

制造者。木匠的工作如此繁杂，铁匠的工作还更繁杂。在苏格兰高原那样僻远的奥地，无论如何，总维持不了一个专门造钉的工人。因为他就便一日只能成钉一千枚，一年只劳动三百日，也每年成钉三十万枚。但那里一年，也消不了他一日的制造额，消不了一千枚。

比较单由陆运，水运之便可以开拓更广大得多的市场。所以，从来各种产业的分工改良，往往自然而然地开始于沿海沿河一带。这种改良，须经许久以后，才慢慢普及于内陆各地。现在，以御者二人、马八匹，驾广辐四轮车一辆，载重约四吨之货物，往返于伦敦、爱丁堡间，计需六星期日程。然以同样长的日期，由六人或八人驾驶船舶一艘，载重二百吨的货物，已能往返于伦敦、利斯间。照此比较，需一百人四百匹马五十辆四轮车搬运的货物，已可藉水运之便，由六人或八人搬运。而且，把二百吨货物，由伦敦运往爱丁堡，依最低陆运标准计算，亦须负担一百人三个星期的生活费和四百匹马五十辆四轮车的维持费以及消耗。若由水运，所应负担的，极其限，也不过是六人至八人的生活费，加载重二百吨船舶的消耗费，再加较大的保险费（水运的保险费较大于陆运）而已。所以，假若在这两都会间，舍陆运外，不复有其他交通方法，那除了少数对重量言有极高价格的货物，便没有什么商品能由一方运至他方了。从而，这两地间商业的发展，也怕只及得上现今一小部分。这两地相互提供的产业发达的刺激，也怕只有现今已有的一小部分。假令世界上单有陆运，远隔各地间的商业一定会无法进行。试想，有什么货物能负担由伦敦至加尔各答间的陆上运费呢？即令有这种货物，又有什么输送方法，能使货物安然通过介在这两地间那许多野蛮民族的领土呢？然而，现今这两都会已能相互举行大规模的商业了，已能相互提供市场了，并能在业务上相互给予颇大的鼓励。

水运之便，既可开拓全世界，使成为各种劳动生产物的市场，所以，工艺实业的改良，都自然发轫在水运便利的地方。这等改良，自然要许久以后才能普及于内陆各地。内陆各地，隔离河海，所以，许久不能取得更大的市场，来销售他们生产物的大部分。它们的市场范围，曾长期局限在邻近各个地方。它们的市场范围，有个长时期，须按照比例于邻接地方的财富与人口。结果，它们的改良进步，往往要后于邻接的地方。我国殖民北美所开发的栽培地，例皆沿近海岸江河。举凡离此过远的地域，简直是少有进展。

根据最可靠的历史记载，最先进入文明的，就是地中海沿岸诸国。地中海是今日世界上最大的内海，其中，除风起浪涌外，没有潮汐，从而，也没有可怕的波涛。加之，海面平滑，岛屿棋布，离岸甚近，在昔罗盘针尚未发明、造船术尚不完全、人皆愿远离海洋、视狂澜怒涛为畏途的幼稚航海状态下，只有这种大内海，最称适宜。古时，超赫尔克勒斯圆柱，换言之，超直布罗陀海峡西航，在航海上，久被视为最危险最可惊的企图。就连当时以造船航海事业著名的腓尼基人、迦太基人，也是过了许久才敢于尝试。而且，他们尝试过了好久以后，还没有别的国民敢于问津。

在地中海沿岸诸国中，农业或制造业发达最早改良最大的，又要首推埃及。上埃及的繁盛地域，均在尼罗河两岸数哩内；下埃及却不是这样。那里，有尼罗河无数支流，大大小小，分布全境；这些支流，只要略施人工，就不但可在境内各大都市间，在各重要村落间，甚而可在村野各农家间，提供水上交通的便利。这种便利，与今日荷兰境内的莱茵河、麦斯河，几乎全然一样。内陆航行，竟能广泛如此，便易如此，无怪埃及能有这样早的改良。

东印度孟加拉诸地和中国东部诸省，似乎极早就有农业上、制造业上的改良。不过，关于这种往古事迹的真相，我欧洲有权威的历史家，亦未能予以确证。印度的恒河及其他大河，亦分出许多通航的支流，与埃及的尼罗河无异。中国东部诸省，亦有若干大江大河，分成无数小支流和水道，相互交通着，扩大了内陆航行的范围。这种航行范围的广阔，不独非尼罗河、恒河任一河所可比拟，合此二大河，也许亦是远莫能及。但最令人奇怪的是，古代埃及人、印度人、中国人都不奖励外国贸易。他们的富，似乎全然得自内陆的航行。

非洲内陆地带，向称野蛮。居在黑海、里海以北极远的亚洲地带，如昔时之西徐亚[①]，今日之鞑靼及西伯利亚，亦终古无甚进化。鞑靼海是永久不能通航的冰洋。其附近地方，虽有若干世界著名的大河流贯其间，但因彼此距离过远，大部分皆不宜于进行商业和交通。内海为促进贸易联络交通之关键。在欧洲，有波罗的海与亚德里亚海；在欧亚两大陆间，有地中海与黑海；在亚洲，有阿拉伯、波斯、印度、孟加拉及暹罗诸海湾。但在非洲，却是一个大内海亦没有；境内大河，又复相互隔离过远，不能引起比较大规模的内陆航行。再者，一国境内，纵令有大河流贯其间，但若毫无支流，其下游又须经他国境界始注入海洋，这国商业亦就仍然不能有何等大的规模。因为上游国能否与海洋交通，随时都要受支配于下游国。对于巴略威[②]、奥地利、匈牙利诸国，多瑙河所生实效至为有限。设此河至黑海之全部航权，竟为三国中任何一国独有，效用怕就不可同日而语了。

① 西徐亚：Scythia，今译塞西亚。——编者注

② 巴略威：Bavaria，今译巴伐利亚。——编者注

第四章　论货币的起源及其使用

分工的局面，一经完全确立，一己劳动的生产物只能满足自身欲望的极小部分。他有大部分的欲望，须用自己消费不了的剩余劳动生产物，交换自己所需要别人劳动所生产的剩余物品来满足。于是，一切人都要依赖交换而生活，或者说，在相当限度内，一切人都成了商人，同时，社会本身亦就成了所谓商业社会。

但在分工发生之初，这种交换力的作用，往往极不灵敏。譬如，假设甲持有的某种商品，为自己消费不了；乙所持有的这种物品，却不够自己消费。这时，甲当然乐于出卖，乙当然乐于购买甲手中的剩余物品的一部分，但若乙手中，并未持有甲目下希求的物品，他们两者间的交易，就依然不能实行。比如屠户把自己消费不了的肉置于店内，酿酒家、烙面师，固可各自购取己所需要的一份，但这时，假设他们除了各自的制造品，就没有别种可供交易的物品，同时，又假设屠户对于麦酒面包，都已有充分供给，那么，他们彼此之间，就会全然没有进行交易的可能。屠户不能作酿酒家、烙面师的商人，酿酒家、烙面师也不能作屠户的顾客。彼此互相助益的功用，不免要减杀许多。然而，自分工确立以来，各时代各社会中，都不乏深思远虑之人，他为避免这种不便起见，自然而然的，要在自己劳动生产物外，身边随时安置一定量的特殊物品：这特殊物品，在他想来，拿去和任何人的生产物交换，都不会见拒。

为这目的，屡次被人们想到而且用过的物品，有种种色色。未开化社会，曾用家畜作商业上的共通媒介。家畜是极不便的媒介物，那是无疑的，但我们却发现了当时往往以家畜头数作为交换的评价标准，亦即用家畜交换各种物品。荷马曾说：狄阿米德的铠甲，仅值牛九头；格罗卡斯的铠甲，却值牛一百头。据说，阿比西尼亚以盐为商业交换的媒介；印度沿海某地，以某种贝壳为媒介；威基尼亚以烟草；纽芬兰以干鱼丁；我国西印度殖民地以砂糖；其他若干国则用兽皮或精制的鞣皮。据我所闻，今日苏格兰村民，犹不时以钉作媒介，购买麦酒、面包。

然而，不拘在任何国度，结果，总会依着几种不可抵抗的理由，使人们在一切物品中，特别为此目的而选定金属。金属不易磨损，那与任何其他商品比较，都无愧色。并且，它不仅具有很好的耐久力，它还能任意分割而全无损失，分割了，可再熔成原形。这性质，却为一切其他有耐久力的商品所无。那是金属的特点，亦即是金属成为商业上流通上适当媒介物的基本原因。例如，假设除了家畜，就没有别种物品可以换盐，想购买食盐者，一次所购价值，就势必要相当于牛一头或羊一头的全部。他所购买的价值，不能低于这个限度，因为他用以购买食盐的物品不能分割，分割了，就不能复原。如果他想购买更多的食盐，亦只有依同一理由，以牛或羊二三头，购入两倍或三倍多的分量。反之，假如他用以交易的物品，不是家畜，而是金属，他的问题就容易解决了，他可以按照他目前的需要，分割相当分量的金属，而购买价值相当的物品。

为此目的而为各国使用的金属，有许多种类。古斯巴达人用铁；古罗马人用铜；在一切富裕的商业国家间，多使用金银。

最初，用作交换媒介物的金属，都是粗型的条块，没有加以何等刻印铸造。蒲林纳[①]（参看他所著的《自然史》）根据古代历史家梯麦阿斯[②]所述：至色佛阿斯·条里阿斯[③]时代为止，罗马尚未见有铸造的货币，他们通常购物，皆使用没有刻印的条状铜块。换言之，这粗型条块，就是当时当作货币用的东西。

在这样粗陋状况下，金属的使用，有两种极大的不便：第一是秤量的麻烦；第二是试验的麻烦。贵金属在分量上有些许差异，在价值上便会生出颇大差别。但要正确秤量这类金属，又至少须备有极精密的法码和天秤。金的秤量，尤须小心。贱金属秤量稍差，在价值上，固然不会发生大的影响，从而，没有过细秤量的必要。但若一个穷人，买卖值一个铜板的货物，也须每次秤量这一个铜板的重量，就不免令人觉得麻烦极了。试验金属的工作，却还更为困难，更为烦琐。有些金属，不投之坩埚，用适当的熔解药，予以熔解，试验结果必不能十分正确。在纸币制度尚未实施以前，世人常因不精于这种困难烦琐的作业，而受到极大的欺骗。他们售卖货物所得，表面上，虽很像一磅纯银或纯铜，究其实，恐不免混有许多最粗劣低贱的原料。所以，进步诸国，为避免此种弊害，便利交易，促进各种工商业发达起见，皆认为本国普通购买货物所用的特殊金属的一定分量，须加盖公印。接着，就有铸币制度及称为造币局之官衙产生。这种制度的性质，类似于毛织物麻织物的检查官。他们的任务，同是加盖公印，确定市上这各种商品的分量，划一它们的品质。

最初，盖在货币金属上的公印，不过要确定那最须确定而又最难确定的金属品质与纯度。当时的刻印，与现今金块银条上所刻的纯度标记颇相类似。在金块上刻印，但只附在金属一面，

① 蒲林纳：Pliny，今译普林尼。——编者注

② 梯麦阿斯：Timaeus。——编者注

③ 色佛阿斯·条里阿斯：Servius Tullius。——编者注

不曾盖住金属全面的西班牙式标记，亦颇与此相类。它所确定的，只是金属的纯度，不是金属的重量。传载，亚伯拉罕，原秤银四百“雪克耳”给爱佛伦，作为马克培纳原野的代价。据说“雪克耳”是当时商人流通的货币。由此，我们知道，那时金属货币的流通，和今日金块银条的授受一样，都不论个数，只论重量。往昔，撒克逊人入主英格兰，其岁入，据说不是征取货币，而是征取实物，即各种食粮。以货币奉纳的习惯，是大威廉创始的。不过，当时纳入国库的货币，仍有许久是计重量，不计个数。

要秤量金属而毫无差误，是很麻烦的。这种麻烦，引出了铸币制度。铸币的刻印，不仅加在金属块片两面，有时，还附加在它的缘边。这种刻印，除了确定金属的纯度，还要确定它的重量。自是以后，铸币就全以个数授受，没有秤较重量的麻烦了。

铸币的名称，原要表明内含的重量或数量。罗马铸造货币，始于色佛阿斯·条里阿斯时代。当时，币名“亚斯”(as)或“邦图”(pondo)，正含有罗马纯铜一磅。一邦图分十二翁斯(ounce)，亦即实含有纯铜一翁斯。英国当爱德华一世时代，货币一镑，即含有纯银一台(tower weight)磅。一台磅，似较罗马一磅稍多，较现行造币局一磅略少。英国现行造币局重量一磅，系亨利八世第十八年采用的杜雷(troyes)磅[①]。法国币名“利佛”(Livre)。利佛亦磅，当查理曼帝时，重如其名，含纯银一台磅。当时所有欧洲国家都频繁地采用公正的杜雷磅，其权衡标准在当时著名的市场上颇为出名，并备受尊崇。[②]苏格兰货币一镑，自亚力山

① 杜雷为法国邑名。当时，欧洲贸易以法国为最繁盛，而杜雷又为国内诸市之辐辏处，故当地权衡多以之为名，并为各国所采用。

② 此处译文缺，编者加。

大一世[①]至布洛斯[②]时代止，皆含有与英币一镑同重量同纯度的银一磅。英苏法[③]三国的货币一便士，最初，通含有银重一便士。二十便士为一翁斯，故一便士为一磅二百四十分之一。先令亦为重量名称。亨利三世当时的法律规定："小麦一卡德值二十先令时，一法辛（farthing）上等小麦面包，须重十二先令四便士。"不过，便士对镑的比例，常不变；先令对便士、对镑的比例，却常变。法国古时所谓"苏"(sou)或"先令"，因情形不同，有时含五便士，有时含十二便士，有时含二十乃至四十便士。在古时撒克逊人之间，每一先令只抵五便士。其价值变动，与其邻法国先令比较，大抵相类。法国自查理曼大帝时代以来，英格兰自大威廉时代以来，镑、先令、便士的价值，虽各大有变动，但彼此间的比例，却和现今一样，没有多大变动。我相信，世界各国的君主，都是贪婪不公的。他们欺骗臣民，把货币最初所含金属之真实分量，次第削减。降至共和国后期，罗马一"亚斯"，已减价而等于原价二十四分之一，名为一磅，实只半翁斯。英格兰的镑和便士，现今价值，亦不过当初三分之一；在苏格兰，不过当初三十六分之一；在法国，不过当初五十六分之一。君王操制币之权，所为若此，原不过要以较小量的银，偿还债务，并履行各种契约。但实行结果，不仅使政府的债权人因此被剥夺了一部分应得的权利；影响所及，国内一切债务人，都取得了和君王相等的特权，他们同样能以新的劣币，偿还货币改铸前借来的金额。所以，这种措施，常有利于债务人，而有损于债权人；结果，对于个人财产，它们所招致的革命，真是巨大，真

---

① 亚力山大一世：即亚历山大一世，苏格兰国王，1107年至1124年在位。——编者注

② 布洛斯：Robert Bruce，今译罗伯特·布鲁司。——编者注

③ 英苏法：原文为English, French, and Scots，指英格兰、法兰西和苏格兰。——编者注

是普遍。像这样巨大普遍的革命，就连极大的公共灾祸，亦不能引得起来。

但货币就在这情况下，成了一切文明国商业上的一般媒介。依这媒介，一切货物乃能进行买卖，乃能相互交换。

但是，当世人以货币交换货物，或以货物交换货物时，究竟遵循何等法则呢？换言之，究竟如何决定商品的相对价值交换价值呢？这正是我现今要讨论的问题。

"价值"一词，有两种不同的意义。它有时表示特定物品的效用，有时又表示因占有其物而取得的对于他种货物的购买力。前者叫做使用价值，后者叫做交换价值。使用价值很大的东西，其交换价值往往极小，甚或绝无；反之，交换价值很大的东西，其使用价值往往极小，甚或绝无。例如，物类中，水的用途最大，但我们不能以水购买任何物品，也不会拿任何物品与水交换。反之，金钢钻虽无多大使用价值可言，但须有多量其他货物，才能与之交换。

因要探究诸商品交换价值的支配原则，我将努力阐明以下三点，即：

第一，什么是交换价值的真实尺度，换言之，构成一切商品真实价格的，究竟是什么？

第二，构成真实价格的，究竟是怎样几个部分？

第三，什么事情，使价格某部分或全部，有时高于其自然率或普通率，有时又低于其自然率普通率？换言之，使商品市场价格或实际价格①不能与其自然价格恰相一致的原因何在？

关于这三个问题，我将竭尽所能，在下三章内，给以充分明了的说明。不过，在研究的细目中，有些像似冗赘的地方，要请

① 实际价格，从原文actual price译转，与真实价格（real price）不同。

读者忍耐；有些地方虽经我竭力说明，恐仍不免难于理解，要请读者注意。我因要求十分明了，往往不惮烦琐。但这样一个极其抽象的问题，即令殚精竭虑，期其明了，结果，恐仍不免有些难于理解的地方。

第五章　论商品的真实价格与名义价格或其劳动价格与货币价格

一个人是贫是富，就看他能在什么程度上，享受人生的必需品、方便品和娱乐品。但自分工完全确立以来，各人所需要的物品，仅有极小部分仰给于自身劳动，最大部分已须仰给于他人劳动。所以，他是贫是富，已须看他能够支配多少劳动，换言之，看他能够购买多少劳动。对于占有其物，但不愿自己消费而愿以之交换他物者，这物究有多少价值呢？那等于它所能购买所能支配的劳动量。劳动是一切商品交换价值的真实尺度。

一切物的真实价格，即欲得此物的真实费用，亦即获得此物的辛苦勤劳。一切物，对于已得此物但愿以之交换他物者，真正值得多少呢，那等于因占有其物而能自己省免转加在别人身上的辛苦勤劳。自身作成的货物，固由自身劳动而得；以货币或货物购得的物品，亦由劳动购买。此等货币或货物，使我们能够免除相当的劳役。它们含有一定量劳动的价值，依此价值，我们可与其他在想象上[①]含有同量价值的物品交换。劳动是第一价格，是原始的购买货币。世间一切财富，原来都由劳动购买，非由金银。所以，一物对于已有此物但愿以之交换新物者，所值恰等于这物所能购得的劳动量。

---

① 在想象上：原文为“What is supposed at the time”。——编者注

霍布士[①]说：财富就是权力。但获得或承继大宗财产的人，未必就获得了或承继了民政上、军政上的政治权力。他的财产，即令可以提供一种获得政权的手段，但单有财产，不一定就会有政权在握。财产对他直接提供的权力，是购买力，是对于当时市场上各种劳动、各种劳动生产物的支配权。他的财产的大小，与这种支配权的大小，恰成比例。换言之，财产愈大，他所能购买所能支配的他人的劳动量，或他人的劳动生产物量，亦按比例愈大。反之，亦必按比例愈小。一种商品的交换价值，等于这物对于其所有者所提供的劳动支配权。

劳动虽为一切商品交换价值之真实尺度，但一切商品价值，通常非由劳动评定。要确定两个劳动量的比例，往往困难。两种工作所费去的时间，往往不是决定比例的唯一因数。测定比例者，不应忘记它们的困难程度熟练程度极不相等。难工作一点钟，比易工作二点钟，尽可包含较多劳动；需要十年学习的工作一小时，比较普通业务一月，所含劳动亦可较多。困难程度如何，熟练程度如何，不易寻出准确尺度。但劳动生产物互相交换时，对于这二事，又不得不有相当的斟酌。调节这种交换的，不是任何准确的尺度，却是市场上两不相亏的协议。这虽不甚准确，但日常实用，亦就够了。

加之，商品多与商品交换，从而多与商品比较；少与劳动交换，从而少与劳动比较。所以，评量商品交换价值，与其依照这商品所能购得的劳动量，倒毋宁依照这商品所能购得的别种商品量。而且，我们说一定量别种商品，比说一定量劳动，亦更容易使人理解。因为，前者是一个可以分明接触的物体，后者却是一个抽象的概念。抽象概念，纵能使人充分理解，亦没有具体物那

① 霍布士：Mr. Hobbes，今译霍布斯。——编者注

样明白，那样自然。

在物物交换已经停止，货币已成商业上一般媒介物的时候，商品就多与货币交换，少与别种商品交换。屠户需要面包麦酒，不是把牛肉羊肉直接携往面包店酒店去交换，却先把牛肉羊肉拿到市场去换取货币，然后再用货币交换面包麦酒。他售卖肉类所得的货币量，支配他后来所能购买的面包量麦酒量。因此，屠户计量肉类价值，自然多用肉类直接换来的物品量，即货币量，少用肉类间接换来的物品量，即面包麦酒量。说肉一镑值三便士或四便士，比说肉一镑值面包三斤或四斤，或值麦酒三升或四升，亦似乎更为合宜。商品交换价值，所以多依货币量计算，少依这商品所能换得的劳动量或其他商品量计算，原因即在于此。

像一切其他商品一样，金银的价值时有变动，时有高低，其购买亦时有难易。一定量金银所能购买所能支配的劳动量或他种商品量，往往取决于当时著名金银矿山的出产量。十六世纪美洲金银矿山的出现，减低了欧洲金银价值将近三分之一。此等金属，由矿山上市，所需劳动既已较少，故上市后所能购买所能支配的劳动，亦须依同一程度减少。并且，在金银价值上，这虽然是最大一次的变革，但不能说是历史上独一无二的变革。我们知道，数量本身会不绝变动的尺度，如人足一步，人手一握，决不是测定他物数量的正确尺度，同样，自身价值会不断变动的商品，亦当然不是评量他种商品价值的准确尺度。但在劳动的场合，却当别论。等量劳动，无论在什么时候，什么地方，对于劳动者，都持有同等的价值。劳动者如果精力如常，熟练程度、技巧程度如常，那要提供等量劳动，就非牺牲等量的安乐、自由与幸福不可。他所受得的报答品不论多少，他所支出的代价，总归一样。他的劳动，虽有时能购得多量货物，有时只能购得少量货物，但这是货物价值变动，不是购买货物的劳动价值变动。不拘何时何地，凡在生产上已增加困难而需要多量劳动的货物，价必腾贵；生产已较便易而必需劳动已较少的货物，价必低落。只有劳动本身的价值绝不变动，只有劳动可以随时随地较量各种商品价值，只有劳动是真实的价值标准。所以，劳动是商品的真实价格，货币只是商品的名义价格。

可是，同一量劳动，对于劳动者，虽常有同一量的价值，但在雇用劳动的人看来，它的价值，却时有大小高低之别。雇主购买劳动，有时须用多量货物，有时又只须用少量货物；从而，他眼中见到的劳动价格，与其他一切物品一样，价格常在变动。在他看来，以多量货物购买的劳动为高价，以少量货物购买的劳动为低价。这其实错了。在前一场合，其实是货物价跌；在后一场合，其实是货物价腾。

所以，按照通俗的说法，劳动亦可说有真实价格与名义价格之别。所谓真实价格，就是报酬劳动的一定量生活必需品、方便品。所谓名义价格，就是报酬劳动的一定量货币。劳动者的状况是贫是富，劳动报酬是坏是好，不与其名义价格成比例，只按照比例于其真实价格。

就商品与劳动说，真实价格与名义价格的区别，都不仅是玄理的问题。那在实用上，亦非常重要。同一真实价格的价值，往往相等；但同一名义价格的价值，却往往因金银价值变动而生极大差违。所以，假设一个人，要以地租永久不变为条件而售卖一批地产，如果他真要使地租的价值永久不变，那他万不要把地租定为一定额的货币。定为一定额货币，难免有两种变动：第一，同一名称的铸币，因时代不同，所含金银分量可以各异；第二，同一量金银，因时代不同，其价值可以全不一样。

在贪图近利的君王心里，实宁愿减少铸币内含的纯金属量。他们绝不会认为，增加铸币内含的纯金属量，于己有利。所以，我相信，各国铸币内含的纯金属量，都在不绝减少，那是从来不会增加。结果，货币地租的价值，不免常有向下减落的趋势。

美洲矿山的发现，减低了欧洲金银的价值。据一般人设想（虽没有何等确实论据），这种低落倾向，迄今仍在逐渐进行，一时还不会停止。根据此种设想立论，货币地租，纵令不定为铸币若干镑，而定为纯银或标准银若干翁斯，地租的价值仍会不绝减少，不会增加。

谷物地租，却不如此。谷物地租，就连在铸币名实一致的时候，亦比较货币地租，更能保持原有的价值。伊利沙白第十八年，令国内各学院的田产地租，仅三分之二纳货币，其余三分之一，规定须纳谷物，或按照当时最近市场上的谷价，折合货币。由谷物折合货币的部分，原不过占全地租三分之一，现今据柏赖斯登博士[①]所说，却已二倍于其他三分之二了。以此为断，各学院的货币地租，就已减而等于原价四分之一了。自腓力玛利治世以来，英国铸币，殆无变化；同一数量之镑、先令，或便士，几含有同一量纯银。由此可知，各学院货币地租价值跌落的原因，不能不说全是银价的低落。

设银价下落，同时，铸币内含的纯银量又日渐减少，货币地租的损失就会更大。苏格兰国币递轻，较英格兰为甚，法兰西又较苏格兰为甚。所以，这两地昔日颇为值价的地租，现在，几乎全无价值可言。

谷物价值的变动，实较少于金银价值的变动。如果我们想以同量金银常常购买同量劳动，未必可靠；想以同量谷物（劳动者生活资料）常常购买同量劳动，却是比较可能。同量谷物，要保持同量的真实价格，似较可能；换言之，有谷物者，要以同量谷物，

---

① 柏赖斯登博士：Doctor Blackstone。——编者注

常常支配或购买他人同一量的劳动，似乎比较更是可能。我只说，等量谷物比较等量其他商品，更能长此购买等量的劳动，因为谷物，其实也有几分靠不住。劳动者的生活资料，换言之，劳动的真实价格（如后章所要说明的），亦常因情形不同，而大相差违。劳动者所得而享有的生活资料，在进步社会较多于在静止社会，在静止社会，又较多于在退步社会。在一定期间内，谷物以外，其他一切商品所能购得的劳动量须按照比例于这商品当时所能购得的生活资料量。所以，谷物地租极其限，不过受影响于一定量谷物所能购买的劳动量上的变动。但由其他物品计算的地租，就不但要受影响于一定量谷物所能购买的劳动量上的变动，同时，还不免要受影响于一定量这物品所能购换的谷物量上的变动。

不过，我们要注意一点：谷物地租的真实价值，由一世纪一世纪观察，虽然比货币地租的真实价值较少变动，但由一年一年观察，却比货币地租的真实价值较多变动。如后章所要说明的，劳动货币价格，并不逐年随谷物的货币价格腾落而变动。它并不适应于谷物的暂时偶然价格，只适应于谷物的平均普通价格。以后，我们又会知道，谷物的平均普通价格，又受支配于银价，受支配于产银矿山的出产额，受支配于一定量银上市所必要的劳动量，从而又可说，受支配于为持送一定量银上市而被消费的谷物量。银价由一世纪一世纪观察，虽常有大变动，但逐年计，却很少变动。银的价值，有时，经过五十年一百年，还能保持原状。因此，谷物的平均普通价格，亦能经过长久期间，保持同一状态。依着这个情形，劳动的货币价格，至少在社会其他情形全无变动或几无变动的场合，不难保持原状。不过，谷物的暂时偶然价格，却年有变动，今年每卡德二十五先令，明年或不免腾至五十先令。在谷物价格变动的期间内，如果劳动的货币价格，以及许多其他物品的货币价格，能够继续保持原状，那么，在谷价每卡德腾至五十先令时，比较在谷价每卡德二十五先令时，不仅谷物地租的名义价值，乃至真实价值，亦怕会抬高两倍。换言之，比较起来，它所能支配的劳动量或其他商品量，会增加两倍。

这样看来，只有劳动是价值的普遍尺度正确尺度了。换言之，只有劳动，能在一切时代一切地方，比较各种商品的价值了。由一世纪一世纪观察，我们不能以一种物品所能换得的金银量，来评定这物品的真实价值；由一年一年观察，我们又不能以一种物品所能换得的谷物量，来评定这物品的真实价值。但无论由一世纪一世纪观察，抑由一年一年观察，我们都可以极其准确地，用一种物品所能换得的劳动量来评定这物品的真实价值。由一世纪一世纪观察，谷物比银较宜于为尺度，因为在这场合，同一量谷物，较之同一量银，更有支配同一劳动量的可能。反之，由一年一年观察，以银为尺度，又较胜于以谷物，因为在这场合，同一量的银，又较之同一量谷物，更有支配同一劳动量的可能。

真实价格与名义价格的区别，在订定永续地租或订结长期租地契约时，还有人用到；但在日常生活比较普通的买卖关系上，却很少有人顾到。

在同一时间同一地方，一切物品的真实价格与名义价格，是正相比例的。例如，在伦敦市场上售卖一种商品，所得货币愈多，则在同时同地，它所能购买所能支配的劳动量亦愈多。反之亦然。因此，只要是在同一时间同一地方，货币亦未尝不可作一切商品的真实交换价值的正确尺度。但一定要在同一时间同一地方。

在远隔的两个地方，商品的真实价格与名义价格，没有何等正常的比例；往来贩运货物的商人，亦只知道划算商品的货币价格。换言之，他所划算的，只是购买这商品所费去的货币量如何，将来这商品出卖，预想可以换得的货币量如何，二者差额又如何。

在中国广东地方，银半翁斯所可支配的劳动量或生活必需品、方便品量，与伦敦一翁斯银所可支配者比较，也许还要更大。所以，对于该地的商品所有者，广东值半翁斯银的商品，比伦敦值一翁斯银的商品，实际也许还更值价，更重要。不过，如果伦敦商人能在广东以半翁斯银购买的某种商品，竟能在伦敦以一翁斯银的价格出卖，他这趟买卖，就算获得了百分之百的利益，好像伦敦的银价，原是相等一样。因为，广东半翁斯银，比伦敦一翁斯银，是否能够支配更多劳动或更多生活必需品、方便品，对于这个商人，原无何等关系。他所希望的，只是伦敦一翁斯银运到广东去，所能支配的商品量，能二倍于广东半翁斯银所能支配的数量。

一切买卖行为的宜否，既然终受支配于商品的名义价格或货币价格，所以，在日常生活的商务关系上，一般人更不注意真实价格，只注意名义价格，原不足怪。

特本书所论，有时，又必须比较异时异地特定商品的真实价格上的差违。换言之，有时，必须考察不同场合上，特定商品对于其所有者所提供的劳动支配权，有怎样的不同。在这里，我们不大比较一种商品出售通常可得的银量上的差异，宁愿比较不等量银所能买得的劳动量上的差异。但时间隔远了，地方隔远了，劳动的时价如何，往往无从准确知道。正式记录谷物时价的地方虽然不多，但在性质上，谷物时价就相对更为人所了解，从而，也就更能引起历史家著述家的注意。大体上说，谷物时价虽然不能像劳动时价那样，供我们作最正确的价值尺度，但总算近似于最正确。所以，我们不能不甘求其次，常就谷物时价，来比较商品的真实价值。

随着产业进步，商业国发现了同时使用数种金属铸币的便利：大付款，用金币；中位价值的买卖，用银币；比较小额的用途，用铜币或比铜更贱的金属铸币。在这三种金属中，他们又往往特别选定一种，充为主要的价值尺度。在这种选择上，中选的，往往是最先用作商业媒介的金属。因为在他们没有其他货币可用时，就已认它作本位，以后，即令有了别种货币，相沿下来，往往依旧认它作本位。

据说，罗马在第一次布尼克战争[①]以前，只有铜币；银币铸造，始于这次战争前五年间。因此，继续下去，罗马共和国就常以铜币为价值尺度。罗马一切簿账，一切财产价值，都是以若干亚斯(asses)或若干色斯特(sestetius)计算。亚斯是铜币的名称。色斯特值两亚斯半，虽原为银币，但其价值，常以铜币计算。所以，在罗马，负债甚多的人，常说他借有别人多量的铜。

至若那些在罗马帝国废墟上立国的北方诸国民，定居之初，只有银币；甚而在此后若干时代，仍不知有所谓金币、铜币。撒克逊人入主英格兰时代，亦只行银币。金币的铸造，一直到爱德华三世时代，尚极有限。铜币，是詹姆士一世以后才有的。所以，在英格兰，并且，依据同一理由，我相信，在欧洲近代其他各国，一切计算，都尚以银为本位；一切货物一切财产的价值，都用银评量。要表述一个人的财产额，我们不说它值多少金几尼，只说它值多少磅纯银。

据我想，各国的法货[②]，最初，都只是被特认为价值标准的那种金属铸币。在英格兰，金铸币后许久，还不曾取得法货资格。金币银币价值的比例，未由法律规定，纯然取决于市场。所以，债务人如果以金偿债，债权人可以全然拒绝。不然，就须按照双方同意的金价计算。又比如，铜在今日，只用以兑换小银币，已经全然不是法货。所以，在这情形下，本位金属与非本位金属的区别，就不仅是名义上的区别了。

---

① 第一次布尼克战争：the first Punic war。——编者注
② 法货：a legal tender。——编者注

往后，人们同时使用数种铸币越发有了经验，越发知道各种铸币的价值比例，我相信，大多数国家，都感到了确定它们价值比例的便利。比方说吧，都用法律规定像这样的分量，像这样的纯度的几尼，应该兑换二十一先令；规定对于这样大的债款，可用这样的几尼充作法货。在这状态下，在法定比例继续有效的期限内，本位金属与非本位金属的区别，又只是名义上的区别。

不过，在法定比例发生变动时，本位金属与非本位金属的区别，又不仅徒有名义。例如，在一切账目皆以银币记入，一切债务皆以银币表明的场合，如果金币一几尼的法定价值，竟由二十一先令落至二十先令，或腾至二十二先令，以银币偿还旧欠，虽无异平时，然以金币偿还，则所差必巨。在一几尼低于二十一先令的场合，所需金币额数必较大；在高于二十一几尼的场合，所需金币额数必较小。在这情形下，与金价比较，银价似更不易变动。这时，好像是以银测金，非以金测银。金的价值，似取决于金所能交换的银量；银的价值，似不取决于银所能交换的金量。但这种差违，乃全然发因于账目款额多用银币表明的习惯。反之，例如达兰蒙氏期票[①]一纸，其上，若注明金币二十五几尼或五十几尼，则在法定比例发生变动以后，仍须以同额金币付还。这时兑付，若不以金币而以银币，所需额数，亦必依随法定比例的变动而有各种不同。从而，就这张期票的支付说，与银价比较，金价的变动又似乎较少。这时，又好像是以金测银，非以银测金了。所以，如果账簿、契约、债券，全都养成了以金币表明的习惯，特被认为价值标准或尺度的金属，就当是金，不是银了。

---

① 达兰蒙氏期票：Mr. Drummond's notes。——编者注

在诸金属价值的法定比例不变的场合，最昂贵的金属价值，支配一切铸币的价值。例如，英之币制，便士十二枚，以常衡（十六翁斯为一镑）计，重铜半镑。但因铜质不良之故，未铸铜半镑，能值银币七便士者，亦不多见。因法律规定铜币十二便士换一先令，于是，实际不够值七便士的铜币，仍在市场上作一先令使用，可随时换得一先令。英国，就连在晚近金币改革以前，金币犹不曾像一般银币那样低劣到标准重量以下，至少，在伦敦及其附近流通的金币是如此。可是，低劣的银币二十一先令，通常仍可兑换无大损耗的金币一几尼。最近，依法律限定，英国金币已尽量接近于标准重量。官署方面，非依重量计算，即不收受金币的命令，宜可保持金币的重量，使常与标准接近。可是金币改革，银币却是毁损低劣如故。市场上磨损了的银币二十一先令，依然可以兑换优良的金币一几尼。

似此，金币的改革，就明明抬高了能和金币兑换的银币的价值。

英国造币局，以金一磅，铸成四十四几尼半金币，以一几尼为二十一先令，一镑为二十先令计算，这额金币，就等于四十六镑十四先令六便士。又英国一磅为十二翁斯，故合重一翁斯的金币，等于银币三镑十七先令十便士半。英格兰向来不征收造币料，以重一磅或一翁斯标准金块持往造币局，可不折不扣换回重一磅或一翁斯的铸币。所以，每翁斯三镑十七先令十便士半，就成了英格兰所谓金的造币局价格，也就是造币局交换标准金块所须付给的金币量。

在金币改革前，市场上标准金块价格，多年在每翁斯三镑十八先令以上，有时为三镑十九先令，且有时腾至四镑。但就当时磨损的金币言，甚而四镑的数目，亦怕没有包含标准金一翁斯以上的重量。金币改革后，每翁斯标准金块的市价，已不大超过三镑十七先令七便士。改革前，其市场价格，常多少超过金的造币局价格；改革后，又不断低于金的造币局价格。其市价如此，又无分以金币易，抑以银币易。所以，晚近金币的改革，不仅对金块说，也许对一切其他商品说，已经相对抬高了金币的价值，并连带提高了银币的价值。不过，因为大部分其他商品的价格，尚受许多其他原因的影响，所以，与这各种商品相对而言，金币银币在价值上的腾贵，遂不至于怎样显著。

英格兰造币局，以标准银块一磅，铸成六十二先令银币。依一镑十二翁斯计算，每翁斯合五先令二便士，此即英格兰所谓银的造币局价格，也就是造币局交换标准银块所须付给的银币量。在金币改革前，标准银块的市场价格因时不等。有时，一翁斯值五先令四便士；有时，值五先令五便士；有时，值五先令六便士；有时，值五先令七便士；且有时值五先令八便士。不过，其中以五先令七便士为最普通。金币改革以来，标准银块一翁斯的市场价格，往往为五先令三便士，五先令四便士，或五先令五便士，很少超在五先令五便士以上。可是，银块的市场价格，虽因金币改革而低减了许多，但终未落到造币局价格以下。

就英格兰各种铸币金属的比价言，铜的评价，远过于其真实价值；银的评价，略低于其真实价值。法国荷兰纯金一翁斯，大约换纯银十四翁斯；英格兰纯金一翁斯，却能换得纯银约十五翁斯。即是说，银在英格兰的评价，不及在欧洲。然而，铜块价格，就连在英格兰，也不因铸币铜的评价过高而上腾；同样，银块价格，也断乎不因铸币银的评价过低而下落。银块与金，尚能保持适当的比例；此与铜块对银，尚能保持适当的比例，同其理由。

在威廉第三[①]时代，银币有所改革，此后，银块价格，依然多

① 威廉第三：William III。——编者注

少超在造币局价格之上。这种高价，据洛各[①]君说来，全然是允许银块输出而禁止银币输出的结果，因为允许银块输出，国内对银块的需要必大于对银币的需要。但此说亦不尽然。国内为普通买卖而需要银币的人数，确较多于为输出或为其他目的而需要银块的人数。并且，现在，我们也同样允许金块输出而禁止金币输出，金块价格，却依旧低在造币局价格之下。在那时亦像现今一样，铸币的银，与金相对而言，是评价太低了。在那时（那时，金币似尚无改革必要），亦像在现今一样，一切铸币的真实价值，皆受支配于金。从前的银币改革，既不能使银块价格低在造币局价格的标准限度以下，那么，现今任何类似的改革，亦当然不能做到这样。

假若银币能够像金币那样，与标准重量不致相差几何，则按照今日比价，金币一几尼所能换入的银币，就要多于它所能购买的银块。银币既含有十足的标准重量，所以，先把银币熔成银块，由银块交换金币，再以金币换取银币，依次循环，也颇有利可图。利之所在，人必争趋。要防止此种弊窦，计惟改变金银的比价。

就金银铸币的比价说，现今银的评价是太低了。固然，银的评价太高，也是不方便的。但是，如果同时又像规定铜币除了兑换先令即不得充作法货那样，规定银币除了兑换几尼即不得充作法货，那么，与评价太低的场合比较，则评价太高的弊害，也许要少些。熔解变换的弊窦，定会因而减少许多。依此规定，铜币评价过高的结果，即不致欺骗任何债权人。银币照样办下去，当亦不至于使任何债权人吃亏吧。我想，受这种规定之累的，只有一般银行家。现在，银行家的惯技，往往以最小的银币六便士支付款项，藉以延宕时间。这种规定的实行，却使他们不能再使用

① 洛各：Mr. Locke，今译洛克。——编者注

这种不名誉的方法，来避免立时的兑付。他们常须在金柜中储有更多量的现金。这于银行家，当然很不利，但同时，却正是债权人的大利。

固然，就今日最良的金币说，三镑十七先令十便士半（金的造币局价格），亦未必含有一翁斯以上的标准金块。从而，有人以为，用这个额数购换更多的标准金块，就很不应当。但是，金铸成币，其使用，实较金块为便；加之，铸造货币在英国虽不取费，但金块持往造币局，往往须越数星期，始能换回铸币，当造币局繁忙时，且须延迟数月之久。这时间上的拖延，等于抽了小额的造币料，同时，又是金币价值较高于等量金块价值的原因。所以，英国铸币银的评价，对于金，若能保持适当的比例，那么，即令不依照我所拟议的办法，使银币评价略高，又规定银币不得充作法货，银块价格犹不免要低在造币局价格以下；因为，就连现今磨损了的银币价值，也还受支配于银币所能兑换的优良金币价值。

对于金币银币，课以小额造币料或税金，结果，会使铸币金银对同量条块金银所持的优越，益形增大。即是说，造币课税，势必按税额比例，增加铸币价值。此典范金为器，将依范金所费的比例，增加金器价值，同其理由。铸币对金块的优越性，不仅可阻止铸币的熔解，同时，并可阻止铸币的输出。万一因当前某种急需，有输出货币必要，亦定有大部分，会随出随入。铸币流在外国，只能按照条块的重量出售，在国内，却持有这重量以上的购买力。输出货币之再行输入，颇为有利。法兰西对于铸币，课百分之八的造币料。据说，法国输出的货币，都会再输回本国来。

金银条块市价不时变动的原因，同于一切其他商品市价不时变动的原因。此类金属的运输，在海上陆上，都有遭逢意外损失的可能；在镀金、范金、镶边、彩饰各种事业上，会有不绝消耗；

在铸币及用器上，会有日甚一日的磨损。所以，不曾占有矿山的国家，因要不绝弥补此等损失消耗，有不断输入金银的必要。逐利的金银输入商人，亦是一个商人。我相信，他们会看准当前的需要，竭其力，使金属输入，合于当时的需要。可是，他们在供求的较量上，无论如何周到，总不免有时失之过与不及。假如金银条块的输入，较多于其需要，他们往往不愿再冒输出的危险与困难。即令市价略低于普通平均价格，他们亦宁愿在国内售去若干；反之，如果输入少于需要，他们可得的市价，就会高于普通平均价格。至若，在这种不时变动之下，金银条块的市价，若竟能连年固定下去，持续下去，保持着它们高于造币局价格或低于造币局价格的状态，我们就敢说，那一定发因于铸币本身的某种情状。因为有这情状，一定量铸币所值，才连年较贵于或较贱于铸币内实应含有的纯金量纯银量。结果的固定持续性，暗示了原因的固定持续性。

货币是价值尺度。不过，这种尺度，究竟在这时这地准确到了什么程度，却须视这时这地通用的铸币，是在什么程度上，符合于它的标准。换言之，须视铸币内实含的纯金量纯银量，是怎样符合于它的应有额。例如，英格兰四十四几尼半，如果正含有标准金一镑（即纯金十一翁斯加合金一翁斯），此种铸币，就自然可以在这时这地作一般商品实际价值的最正确的尺度。此四十四几尼半，若因磨损消耗，没有一镑标准金重，而且，磨损的程度又参差不一，这种价值尺度，就会像其他各种度量衡一样，难免有些不正确。恰好适合标准的度量衡既不多见，所以，商人们决定物价，往往不按照应当的度量衡标准，却依据各自的经验，平均酌量，实事求是，而按照事实上的度量衡标准。在铸币紊乱的场合，结果亦复如此。诸商品价格，将不取决于铸币应当含有的纯金量纯银量，只取决于铸币在经验上平均上实际含有的分量。

在此，我们应当注意一件事。我所谓商品货币价格，只指这商品出售所得的纯金量或纯银量，与铸币名称无关。例如，爱德华一世时代六先令八便士的货币价格，和今日一镑的货币价格，就被我视为同一的货币价格。根据我们所能判断的，那时六先令八便士，几乎含有今日一镑同一量的纯银。

第六章　论商品价格的构成部分

无资本蓄积亦无土地私有制度的初期野蛮社会，获取各种物品所必要的各种劳动量间的比例，就是这各种物品相互交换的唯一标准。例如，狩猎民族杀海狸一头所需劳动，若二倍于杀野鹿一头所需，海狸一头，当然换野鹿二头。通例，二日劳动生产物的价值，当然二倍于一日劳动生产物；两点钟[①]劳动生产物的价值，当然二倍于一点钟劳动生产物。

与别种劳动比较，如果这种劳动较为困苦，我们自然要特别加以斟酌。一点钟困苦较大的劳动的生产物，往往可以交换两点钟困苦较小的劳动的生产物。

又，某种劳动，因需要普通以上的技巧智能，为尊重具有这种技能的人起见，对于他的生产物，自然要与以本分以上的价值。一种技能的获得，常须经验多年；给他们生产物以高价，要不外，对于获得技能所须费去的劳动与时间，给以合理的报酬。进步社会，对于特别困难及需要特别熟练的劳动，报酬常在劳动工资上斟酌。在初期蒙昧社会，也许，也不能不有这种斟酌。

在初期蒙昧的社会状态下，劳动全生产物，皆属于劳动者自己。一种物品通常应可购换支配的劳动量如何，只取决于生产这物品一般所需的劳动量。

---

① 两点钟：原文为two hours，一般译为两个钟头或两个小时。——编者注

迨资本一经蓄积于特殊人掌中，他们因见劳动生产物的变卖，或劳动在原料价值上的附加物，可以提供一种利润，他们就为了这种利润，投下资本，供勤劳阶级以材料与生活资料，而使他们劳作。因之，与货币、劳动或其他货物交换的完全制造品的价格，除了足够补偿原料代价和劳动工资，还须剩有一部分，作为企业家冒险投资的利润。因之，劳动者附加在原料上的价值，这时，就须分作两个部分：一部分支给劳动者的工资，又一部分支给雇主的利润，来报酬他垫付原料代价和工资的那全部资本。假若劳动生产物的变卖，所得报酬，不能多于他所垫付的资本，换言之，并无何等利益，他便不会有雇用工人的兴味；并且，他所得的利润，对于他所垫付的资本量，如果不成一种比例，他也不会感到大投资较胜于小投资。

也许有人说，资本的利润，不外是特种劳动的报酬。换言之，不外是监督指挥（这也是一种劳动）的报酬，不外是工资的别名。但利润与工资截然不同，它们受着两个完全不同的原则支配。而且这种所谓劳动的报酬，毫无关于其劳动之数量难度与技巧，那完全受支配于所投下的资本价值。利润的多少与资本的大小，恰成比例。比方，假定某处制造业资本的普通年利润率为百分之十，那里有两种不同的制造业，各雇用劳动者二十人，工资每人每年十五镑，即每年务须支工资三百镑。又假定一方所制造掉的粗糙原料，所值不过七百镑，另一方的精良原料，值七千镑。合计起来，前者逐年投下的资本，不过一千镑，后者却有七千三百镑。结局，前一企业家的利润，每年仅及百镑；后一企业家的利润，每年却可预期七百三十镑。他们的利润额虽多少不等，他们的监督指挥却无甚差别，甚或全然一样。许多大工厂，此类劳作，大抵委托重要的职员。这种职员的工资，才真正表示了监督指挥那一类劳动的价值。在决定此种工资时，固不仅须如普通场合，斟酌其人之勤劳熟练，且须酌量其人之信用；不过，这种工资的决定，无论如何，亦不和他们所管理监督的资本，保持何等比例。但毫不劳作的资本家，却不妨期待其利润与其资本保持一定比例。所以，在商品价格中，资本利润，截然不同于劳动工资，它们受支配于两个完全不同的原则。

在此状态下，劳动全生产物不单属于劳动者了。劳动者，大都须与供给资本雇用他的雇主共分。于是，一种商品一般所应交换、支配或购买的劳动量，已不仅仅取决于生产这种商品或者获取这种商品一般所须投下的劳动量了。对于支付工资提供材料的资本，亦须付以利润，所以，须添上一个追加量。

一国土地，一旦完全成为私有财产，有土地的地主，便爱在别人播种的土地上，取得生产物，甚至，对于土地的自然生产物，要求地租。森林地带的树木，原野的荒草，大地上种种自然果实，在土地共有时代，只须略费采集之劳的，现今，已须添上一个追加价格。因此，劳动者要采集这些自然物，非支给代价不可。换言之，他不能不把他所生产所采集的物品一部分，贡献于地主。这一部分，或者说，这一部分的代价，就是土地的地租。在大多数商品价格中，我们于是有了第三个构成部分。

以上这三个构成部分，各自的真实价值如何呢？那须取决于各自所能购买所能支配的劳动量。即是说，价格中分解为劳动部分的价值，固然由劳动测定；分解为地租部分利润部分的价值，亦由劳动测定。[①]

无论在什么社会，商品价格，终可分解成为这三个部分。或为其中之一，或为其中之二，或三者兼有。在进步社会内，有大部分商品的价格，兼有三个部分。

---

① 这里所说的“劳动”，与“工资”同义。斯密常常把这两个名词混起来用。

试以谷物价格分解作例。其中，一部分是地主的地租，另一部分是生产上被雇劳动者的工资及代劳家畜的维持费，第三部分是农业家的利润。谷物的全价格，或直接由这三部分构成，或结局由这三部分构成。在一般人看来，农业家资本的收回，家畜或他种农具消耗的补充，似当作为第四个构成部分。但农业上一切用具价格，本身就由上述那三个部分构成。就耕马说，那就是饲马土地的地租，牧马劳动的工资，再加上农业家垫付地租工资的资本利润。因此，在谷物价格中，虽须以一部分，支付耕马的代价及其维持费，但其全部价格，仍须直接或结局分解而为地租、劳动及利润三部分。

就面粉价格说，我们必须在谷物价格上，加上磨粉家的利润及其雇工的工资；就面包价格说，我们须再加上烙面师的利润及其雇工的工资。但由农家运谷物往磨粉家，复由磨粉家运面粉往烙面师，又需若干劳动；垫付这种劳动的工资，又需若干资本。这种劳动的工资和这种资本的利润，亦须加在这两种物品合计的价格内。

亚麻价格，与谷物价格同，可分解为三个构成部分。麻布的织成，既须理麻师、纺师、织师、漂白师那各种职工的劳动，而分途雇用那各种职工的人，又须分途投下资本，所以，这种种劳动的工资，这种种资本的利润，亦须加在麻布价格内。

物品制造，所需工程愈多，其价格属于工资利润的部分，比较属于地租的部分，亦就愈见加大。随着制造的进程，一步一步下去，不仅利润的项目增加，而且居在制造后段者，比较居在制造前段者，所得利润往往更多。因为，居在制造后段诸制造家，比较居在制造前段诸制造家，所需资本，往往更多。例如，雇用织工的资本，须较大于雇用纺工的资本。因为，雇用织工的资本，除了要偿还雇用纺工的资本及其利润，还要支给织工的工资。利润对于资本，又常常保持着比例。

然而，就连在最进步社会内，也有少数商品的价格，只能分解为劳动工资及资本利润两个部分。且有更少数商品的价格，单由劳动工资构成。例如，海产鱼类的价格，通常只有两个构成部分：其一支付渔夫的劳动，又其一支付渔业资本的利润。有时，在此种价格中，也含有地租，但极稀罕。关于这点，我们以后还要讲。江河的渔业，却往往与海上渔业不同。至少，就欧洲大部分言，它们的情形，截然两样。欧洲的鲑渔业，大体上，皆支给地租。这种地租，虽难遽然称为土地地租，但无疑与工资利润同为构成鲑鱼价格的部分。苏格兰某地方，有少数穷人在海岸拾集通常叫做苏格兰玛瑙的斑色小石。雕石工人支给他们的价格，就全是他们的劳动工资；其中，没有地租部分，亦没有利润部分。

总之，无论什么商品的全价格，结果，终不能不分解为这三个部分，或为其中之一，或为其中之二，或兼有三者。在商品价格中，除去土地的地租以及商品生产制造乃至搬运所必要的全部劳动价格，剩余的部分必然归作利润。

分开来说，一件商品的价格或交换价值，既可分为三个部分(或为其中之一，或为其中之二，或三者兼有)；全体看去，构成一国劳动年产物全部的一切商品价格，也同样可以分为三个构成部分。那必须当作劳动工资、土地地租及资本利润，而配分给国内各居民。社会上，年年由劳动采集生产的商品全部，或者说，它们的全部价格，原本就是按照这个程序，配分于社会上各人。工资，利润，地租，对于一切交换价值，可以说是三个根本源泉，同时，对于一切收入，也可说是三个根本源泉。一切收入，结果，都是这三种收入的派生。

不论是谁，只要自己的收入出自自己的资源，他的收入就一定出自这三个源泉：劳动、资本或土地。出自劳动的收入，称为工资。出自资本的收入，称为利润。有资本，不自用，却以之转借他人，从而取得收入，这种收入，就当称为货币得的利息或使用金。出借人既给求借人以获取利润的机会，求借人即以利息为之酬。由借金获得的利润，一部分当然属于冒险投资而负担勤劳的求借人，另一部分，则当然属于使求借人有获取利润机会的出借人。利息，常常是一种派生的收入。求借人只要不是为还债而借债的浪子，那么，在不由投资获取利润以偿还利息时，他一定会由他种收入的源泉弥补。至若，专由土地生出的收入，通常称为地租，属于地主。农业家的收入，有一部分是得自劳动，另一部分则得自资本。在他看来，土地不过是藉以获取劳动工资并造出资本利润的工具。一切赋税，一切以赋税为来源的收入，一切俸金恩恤金，以及各种年金，结局都出自这三个根本的收入源泉，都直接间接从劳动工资、资本利润或土地地租支出。

在这三种不同的收入属于各别的个人时，其区别易见；但在属于同一个人的场合，就不免相互混同，至少，在日常用语上，是如此。

有土地的乡绅，可以自行经营土地的一部分。他收回耕作费后，便须以地主的资格获得地租，以农业家的资格获得利润。可是，对于这全部收益，他往往笼统呼之为利润，于是，把地租利润混同了。至少在日常用语上是如此。我国在北美西印度殖民者，大部分是经营自己的土地，从而，我们只听他们说殖民耕地的利润，不常听他们说到殖民耕地的地租。

普通农家的耕作事业，不常雇用监工的人来指导。他们通常兼任各种农事工业。他犁，他刈，他作许多事情。因之，在全收获中，除去地租，残余的部分就不仅包含农业资本及其普通利润，且含有他们自己劳动自己监工应得的工资。但按照通常的说法，则换还资本支给地租后，余下的一切，统称为利润。这所谓利润，明明含有工资在内。所以，在这场合，工资又与利润混为一谈了。

假若一个独立的工匠，持有足够的资本来购买原料并维持生活至货物上市，那么，他所获得的收益便应有两项：其一，以工人资格领取工资；又其一，以老板资格由售卖工人出品而取得利润。但他这两项收益，普通亦统称为利润。在这场合，工资亦与利润混同。

一个愿亲自动手培植农园的种园家，一身兼有地主、农业家、劳动者三种资格。他的生产物，自应同时对于他一个人，支给地主的地租、农业家的利润和劳动者的工资。但通常却认他的收入，全是劳动的获得。由是，地租、利润二者，又都与工资混为一谈了。

文明国内，交换价值单由劳动构成的商品极不常见。大部分商品，都含有多量的利润地租。因之，社会全劳动年产物所能购买所能支配的劳动量，殆远过于这年产物生产制造乃至运输所必要的劳动量。假若社会每年所能购买的全劳动量，能每年被社会雇用，那么，因为劳动量将年年大增的缘故，各年度的生产物，亦将依次比较前年度的生产物，持有更大的价值了。不幸，事实上，无论哪个国家，都非用全部年产物来维持勤劳阶级。无论哪个国家，每年都有大部分生产物归游惰阶级消费。一国年产物的普通平均价值，是逐年增加，是逐年减少，抑是逐年不增不减，皆取决于这国年产物，是逐年按照什么比例，配分给这两个阶级的人民。

第七章　论商品的自然价格与市场价格

各社会各邻近地域，各种用途的劳动工资和资本利润，都有一种普通率或平均率。如后章所说明，这普通率，一部分自然受规定于社会贫富进退的一般情形，又一部分则受规定于各种用途的特殊性质。各社会各邻近地域，地租亦同样有一个普通率或平均率。如后章所说明，这普通率，一部分受规定于土地所在社会所在地域的一般情形，另一部分则受规定于土地的自然丰度与人造丰度。

此等普通率或平均率，颇宜称为当地当时一般通行的自然工资率、自然利润率或自然地租率。一种商品价格，对于这商品生产制造乃至上市所曾使用的土地劳动资本，如果不多不少，恰足依照此等自然率而支给地租、工资、利润，这商品便可说是以自然价格出售。

商品这样出卖的价格，恰恰相当于其所值，或者说，恰恰相当于这商品上市所费。普通所谓商品原费，虽没有包含贩卖这商品的利润，但贩卖者，若不得到当地普通率的利润，就把这商品卖掉，他就明明是商业上的损失者。因为他把资本投在其他方面，却可以希望得着普通率的利润。况且，他的利润就是他的收入，也就是他生活资料的真正资源。他在完成商品把它送往市场去的当中，不但要垫付劳动者的工资或生活资料，且须垫付他自身的生活资料。他自身的生活资料，大体上说，与他出卖商品所可期待的利润相当。商品出卖，若不能给他以利润，那就等于说，他没有从这商品的出卖取回他自身的实际费用。

能提供这种利润的价格，虽然不常是一般商人出卖货物的最低价格，但就相当长的时期说，那就不免是最低的；至少，在绝对自由，各人能随意变更职业的地方，情形是如此。

商品通常出卖的实际价格，就是所谓市场价格。市场价格，有时在商品自然价格以上，有时在自然价格以下，有时恰与自然价格一致。

商品的市场价格，实际受支配于这商品的供求比例。市上现有多少存货呢？愿支付商品自然价格者，换言之，愿支付商品上市所必须支给的地租、劳动、利润之全价值者，又需要多少这种货物呢？愿支付商品自然价格的人，可称为有效需要者；他们的需要，可称为有效需要。因为这种需要，使商品上市得以有效。此种需要，与绝对需要不同。贫民也许有一辆六辔马车的需要，但绝对没有商品，会因要满足他的需要而提往市场。像他这种需要，就不能说是有效需要。

市上的商品量，如果不够满足对这商品的有效需要，有效需要者，就不能全部得到供给。他们因恐落空，遂不惜支给较大的价格。于是，竞争发生于需要者方面。市场价格，遂多少高腾在自然价格之上。高腾程度如何，往往要看缺乏程度及竞争者富有程度浪费程度，究竟引起了怎样激烈的竞争。但在同样富有同样奢侈的竞争者间，缺乏程度所能促起的竞争程度如何，又往往要看这商品对于求购者究竟有怎样的重要。所以，在都市封锁或饥馑场合，生活必需品的价格，不免会异常腾贵。

反之，如果市上某种商品量超过了它的有效需要，这商品就不能全由有效需要者购买，其中一部分，必须售给出价较低的人。这一部分价格的低落，使全体价格随之低落，从而，它的市场价格，遂多少降到自然价格以下。下降程度如何，往往要看超过额的大小怎样增进了卖方的竞争，或者说，要看卖方怎样急于要把商品卖出。所以，超过程度尽管相同，有腐败性的商品输入过多，与有耐久性的商品输入过多比较，往往会惹起卖方更大的竞争。例如，柑橘输入过多，与古铁输入过多比较，就可以惹起卖方更厉害的竞争。

如果市上商品量不多不少，恰够供应它的有效需要，市场价格即与自然价格一致，或者，在我们能够判断的范围内，与自然价格最为接近。因之，市上的商品，全都能以自然价格售卖。不能赚得较高价格，也无须承认较低价格。

市上商品量与其有效需要适合，是一种自然趋势。因为商品量不超过有效需要，才是一般使用土地、劳动或资本而以商品提供市场者的利益；不少于有效需要，才是其他一切人的利益。

如果市上商品量，一旦超过了它的有效需要，那在价格诸构成部分中，就有某部分不得不降到自然率以下。设下降部分为地租，地主的利害关系将立刻促他撤回一部分土地；设下降部分为工资或利润，劳动者或雇主的利害关系，也不免要敦促他们把劳动或资本由原用途撤回一部分。由是，市上商品量，不久就会恰好足够供应它的有效需要无余，价格中一切构成部分，不久就都升达于自然率，全价格再与自然价格一致。

反之，如果市上商品量，不够供应它的有效需要，那在价格诸构成部分中，就不免有某部分，会高腾到自然率以上。设高腾部分为地租，则一切其他地主的利害关系，自不免要敦促他们准备更多土地，来生产这种商品；设为工资或利润，则一切其他劳动者或营业家的利害关系，也会马上敦促他们使用更多的劳动或资本，来制造这种商品提往市场。由是，市上商品量，不久就能充分供应它的有效需要。因之，价格中一切构成部分，皆下降而达于自然率？全价格又得与自然价格一致。

这样，自然价格就成了中心价格；各种商品价格，都须不断受其吸引了。意外的事件，固然有时会抬高商品价格，使较高于这中心价格，有时又会强抑商品价格，使较低于这中心价格；换言之，市场价格，要定着这恒固的中心，固然不免有各种障碍，但结果，它是无时无刻不向着这个中心。

为提供一种商品上市而使用的勤劳[①]全量，自然常常依着这种调节倾向，而适合于其有效需要。其目的，在于使供给程度，恰与其有效需要程度相等，不会更多。

但是，投下同一量的勤劳，在有些业务上，逐年所产出的商品量，可以大不相同，在有些业务上，却往往相等，或几乎相等。例如，同数农业劳动者，所产出的谷物、葡萄酒、油、藿蒲[②]各种商品量，就一年不同于一年；但同数纺织工所产出的麻织物毛织物量，却年年相差不远，甚或全然一致。就前一场合的产业说，适合有效需要的生产额，只是这产业的平均生产额。如果实际生产额，竟然较平均生产额更大得多或更小得多，那就是市上商品量，竟然大超过于其有效需要，或竟然很不够供应有效需要，那么，有效需要纵令能够保持同一程度，商品的市场价格，仍不免时有变动。但就后一场合的产业说，则因同量劳动常可生产同量或近似同量的商品，所以，这生产物的数量，特易适合于其有效需要。在有效需要持续同一状态的当中，商品市场价格亦持续同一状态，而与自然价格一致，或者在我们能施判断的范围内，极近于一致。大家知道，麻织物毛织物的价格，没有

---

① “勤劳”二字，由Industry译转。Industry一字，在亚当·斯密《国富论》中，有各种不同的用法，有时，应译为“工业”，与“农业”相对；有时，又应译为“产业”，则包括工业(制造业)、农业；有时，与“劳动”之意相当；有时，又包括地主、资本家及劳动者的勤劳。

② 藿蒲：hop，即啤酒花。——编者注

谷价那样多的变动，也没有谷价那样大的变动。因为，前者价格，只随需要变动而变动；后者价格，则不仅依需要变动而变动。为供应这需要而提往市场的商品量的更为巨大更为频仍的变动，亦可引起它的变动。

商品市价上临时的一时的变动，大抵影响价格中工资部分利润部分者多，影响地租部分者少。用货币确定了的地租，无论就比率说，就价值说，全不受其影响。以原生产物一定比例或一定数量计算的地租，也只能在年租的价值上，不能在年租的比率上受其影响。因为，地主以田授农夫，非依照生产物暂时的价格，来决定地租率。那往往尽他所知，参照生产物平均价格来决定。

这所谓临时的一时的变动，往往会按照当时市场上积存商品或劳动的过多或不足，换言之，往往会按照当时市场上既成作业或待成作业的过多或不足，而在工资或利润的价值及比率上，发生影响。在国丧的场合，黑布存货往往感到不足，以致市价腾贵，因而，持有多量这种商品的商人的利润，便从而增加。可是，这所增加的，单是商人的利润，于织工们的工资毫无影响。因为，这时市上感到不足的，是商品，不是劳动。换言之，是既成作业，不是待成作业。不过，国丧虽不能影响织工们的工资，却会抬高缝工们的工资。因为，在这场合，感到不足的是劳动；对于劳动，换言之，对于待成的作业，有效需要已较大于现有供给量。国丧，一方面固可抬高黑布价格，他方面却亦会低减花彩丝织品棉织品的价格。就后一场合言，不但持有多量花彩丝棉织品的商人的利润，会因而减少，并且，精制这商品的劳动者的工资，亦不免减少。因为这时候，对于这类商品，从而，对于生产这类商品的劳动者，需要都不免要停顿半年，甚或一年。于是，这商品与这劳动，都供过于求。

各种商品的市场价格，虽常有引向自然价格的趋势，但有许多商品，有时因特殊的意外事故，有时因自然的缘故，有时又因特殊政策的规定，常能在相当长期间内，以其市场价格，遥遥超过于其自然价格。

当某商品因有效需要增加而市价较高于自然价格时，这商品的供给者，例皆小心慎重的，想瞒住这种事变。如果这种事变被人探知了，其利润之大，定会诱致许多新竞争者来这方面投资，结果，有效需要完全得到供给，这商品的市场价格，遂须低落而等于自然价格，甚或落在自然价格之下。设供给者距市甚远，竟能保持秘密数年，他在这数年内，亦就可独享异常的利润。不过，这秘密，究不能长此保守下去，所以，这异常的利润，亦不能长此独享下去。

制造业方面的秘密，比较商业方面的秘密，能保守长久些。一个染业者，如果发现了一种染色材料，所费仅及普通染法之半，而处理又甚妥当，那他要终生独享这方法的利益，也未始不能。甚至，要把这秘方传给子孙，亦是可以办到的。这种格外利得的来源，虽是他个人劳动的高价格，虽是他个人劳动的高工资，但因他加投下一部分资本，就可多取得一部分利益。换言之，他的报酬总额与其资本总额，保有一定比例。所以，通常都不说它是劳动的高工资，却说它是资本的格外利润。

像这种市场价格的增高，分明是发因于特殊的意外事故。不过，它的作用亦往往能够持续许多年数。

有些自然生产物的产出，需要一种特殊土壤与特殊位置。所以，一国之大，适于这生产物栽培的土地，即令全被使用，怕仍不够供应有效需要。从而，在这种场合，提供到市场上去的这生产物，全都能售得自然价格以上的价格。这种高价，往往经数世纪不变。大体说来，它价格中，分解为地租的部分，往往会较高于地租的自然率。生产珍贵生产物的土地的地租，例如持有优良土壤和位置的法国珍贵葡萄园的地租，与邻近丰度同改良程度同的其他土地的地租比较，不能保持正常的比例。反之，在这种价格中，分解为劳动工资及资本利润的部分，与邻近其他业务上的劳动工资及资本利润比较，却常能保有自然的比例。

像这种市场价格的增高，分明是发因于自然的原因。这种原因有时会妨碍有效需要，使不能取得充分的供给。它的作用，每每永远继续下去。

给个人或商业公司以独占，其作用与商业上制造业上保守秘密同。独占者会不断使市场存货缺乏，使有效需要永不能得到充分供给。因为，要这样，他们始能以超过自然价格的市场价格，出卖他们的商品。他们的报酬，无论包含在工资方面或包含在利润方面，都大超过了自然率。

独占价格，无论怎样，都是可能的最高价格。反之，自然价格或自由竞争的价格，虽不是在一切场合，但在长期内，却可说是可能的最低价格。独占价格，在一切场合，都是能向买者榨取的最高价格，或者是想象中买者愿给的最高价格。反之，自然价格或自由竞争的价格，却是一般所可获得的最低价格，也就是他藉此始能继续营业的最低价格。

同业组合的摊外特权、徒弟制度以及限制特殊职业上竞争人数的各种法规，虽然在程度上，不及独占，但在趋向上，却与独占相同。它们，可以说是扩大的独占。这种种法规，往往使某种职业的全部经若干时代尚能维持商品超在自然价格以上的市场价格。同时，生产这商品的劳动工资及资本利润，亦因而可以多少超过其自然率。

像这种市场价格的增高，分明是发因于各种法规的限制。在这种种法规继续有效的期间内，它们的市场价格亦可继续提高。

特定商品的市价，虽不妨长此续高于其自然价格，但不能长此续低于其自然价格。价格中，不拘任何构成部分，只要是低于自然率而累及人们利害关系时，人们就会立即感到损失，会立即从现在的用途，撤回各自的土地劳动或资本的一部或全部。从而，市场上这商品的供给，亦随着减少，至仅足供应有效需要之时为止。因之，市场价格，不久，便将升而与其自然价格一致。这情形，至少在改业完全自由的场合，可以常常见到。

在制造业繁荣时，徒弟制度与其他各种法规，虽可提高劳动工资，使高在自然率以上，但一旦制造业衰微，却亦不免低减劳动工资，使低在自然率以下。因为，这些制度法规，在前一场合，固可妨阻他人挤入他的职业，在后一场合，也可妨阻他改就别种职业。不过，实际上，这些法规，在抬高劳动工资的结果上，虽有持续的效力，但在低落劳动工资的结果上，却没有持续的效力。因为，就前一场合说，这些法规的作用，有的可以继续至数世纪之久；就后一场合说，它们的作用，却不能持续很久。他们学好了的职业，固然一时不易改变，但他们会死。在这些劳动者中，如果死去了一部分，以后，学习这职业的劳动者数，自然会适合于有效需要。至若，像印度埃及那样，各个人依据教规，都有承继祖父职业的义务，变更职业，即科以最可怕的渎神之罪，那就无论对于什么职业，亦不难使其劳动工资或资本利润低在自然率以下，历数代之久不变。

关于商品市场价格与自然价格一时的差违或永续的差违，我认为，我们所须考虑的，当止于此。

自然价格本身随其构成部分（即工资、利润、地租）的自然率，一同变动。但无论在什么社会，这各种自然率，又须依随社会状况的贫富进退而变动。我在下四章内，将竭尽所能，充分明了地说明这诸种变动的原因。

第一，我要努力说明，决定工资率的，自然是几种什么情形。这几种情形，又怎样受影响于社会状况的贫富进退。

第二，我要努力说明，决定利润率的，自然是几种什么情形。这几种情形，又怎样受影响于社会状况的贫富进退。

货币工资与货币利润，虽因劳动资本之用途不同而非常不同，但各种劳动用途的货币工资，各种资本用途的资币利润，其间比例却似乎都有一定。如后章所说明，这种比例，一部分取决于各种用途的性质，另一部分则取决于所在社会的法律和政策。不过，在许多方面，这种比例虽为当前法律和政策所支配，但不大受影响于所在社会状况的贫富进退。换言之，无论社会贫富进退，这种比例常是一样，或几乎常是一样。因之，第三，我就要努力说明支配这比例的各种情形。

第四，我要努力说明，什么情形支配土地地租，并使一切土地生产物的真实价格，时而腾贵，时而下落。

第八章　劳动工资论

劳动生产物构成劳动的自然报酬或自然工资。

在土地尚未私有，资本尚未蓄积的原始社会状态下，劳动全生产物，皆属于劳动者，没有地主分配，亦没有雇主坐享。

这种状态如果继续下去，劳动工资即将随劳动生产力由分工而起之种种改良而益形增加。但一切物品，却将渐趋低廉，因为生产它们所必要的劳动量更小了。我们讲过，由同一量劳动生产的各种商品，自然会互相交换，所以，这时，这诸般商品的购买，也同样只需较少量劳动生产物。

一切物品，尽管实际上都已更趋于低廉，但外表上，却有些物品似已较从前昂贵，因为它们已可交换较多量的其他货物。假定说大多数业务上的劳动生产力改善了十倍，换言之，在大多数业务上，现今一日劳动所能遂行的作业量已十倍于从前一日劳动；同时，某种特殊业务上的劳动生产力，却只改善了两倍，换言之，在这特殊业务上，现今一日劳动所能遂行的作业量，只二倍于从前一日劳动。在这场合，这大多数业务上一日劳动生产物，如果与这特殊业务上一日劳动生产物交换，则前者以原工作量之十倍，不过购入后者原工作量之二倍。因之，后者的一定量，例如一磅，比较从前，现今就似乎昂贵了五倍。但究其实，却是比从前低廉了二分之一。购买这一磅货物所需的其他货物量，虽已五倍于昔，但生产或购买这一磅货物所需的劳动量，却不过等于既往的二分之一，换言之，比较以前，现今获得此物，已更容易了两倍。

但劳动者独自享有全劳动生产物的原始状态，一经有了土地私有、资本蓄积，就宣告终结了。所以，在劳动生产力尚未有显著的改良以前，这种原始状态早已不复存在；此种状态对于劳动报酬（即工资）的影响究竟如何，无须乎进一步的探索。

土地一旦成为私有财产，劳动者想由土地生产而采集物品，就不能不在所产物品中,以一定份额分给地主,而称为地租。因之，曾使用土地的劳动生产物，就不得不第一次扣下一部分来，作为地租。

一般农耕者，大都没有维持生活至收获完了的资料。他们的生活费，通例是由雇主（即役使他们的农业家）的资本项垫支。这般雇主，如果对于劳动者生产物，不能享受一定份额，换言之，投下资本，假若得不到相当的利润，他们当然会不愿投资，不愿雇用劳动者。因之，曾使用土地的劳动生产物，又不得不第二次扣下一部分来，作为利润。

其实，利润的扣除，不仅农业生产物为然。一切其他劳动生产物,莫不如是。不拘在什么工艺或制造业上,都有大部分劳动者，在作业完成以前，需雇主为他们垫支材料、工资与生活费。雇主就对于他们的劳动生产物，换言之，对于劳动附加在材料上的追加价值部分享有一份，而构成利润。

一个独立的工人，有时也有资力自行购买材料，并维持自身生活至作业完了。他兼为劳动者及雇主，而享有劳动全生产物，换言之，劳动附加在材料上的全部追加价值，都由他一人占有。因之，在他享有的利得中，实际上，是包含两种收入，即资本利润与劳动工资，那通常为两种人所有。

可是，这种实例不很多。就全欧洲说，往往是二十个职工，在一个老板名下做事。而且，我一说到劳动工资，大家都会以为我所说的情形，是劳动者为一人，雇用他们的资本所有者另为一人。

劳动者的普通工资，到处都取决于当事两方所订的契约。这两方的利害关系并不一致。劳动者盼望多得，雇主盼望少给。劳动者为提高工资而团结，雇主为低减工资而联合。

但在普通的争议情形下，要预知当事两方，谁占有利地位，谁能使对方屈服于自己提出的条件，绝非难事。雇主方面的人数较少，团结较易。加之，他们的结合是法律所公认的，或至少不受法律禁止。但劳动者方面的团体，却常横被法律禁制。议会的条令，只取缔为提高劳动价格而结合的团体，不取缔为低减劳动价格而结合的组织。况且，在争议当中，雇主方面总比劳动者方面较能持久。一般地主、农业家、制造家、商人，纵令不雇用一个劳动者，亦往往能依赖已经蓄得的资本，维持一两年生活；失业劳动者，能支持一星期生活的人，已不多见，能支持一月的更少，能支持一年的，简直没有。就长时期观察，雇主依赖劳动者的必要，虽无异于劳动者依赖雇主，但雇主的依赖没有劳动者那样迫切。

一般人说，工人们的结合，是不时闻到的，至于雇主的结合，却颇为稀少。可是，我们如果因为这一般的说法，就想象雇主实际很少结合，那就未免昧于世故，全然不了解这问题的真相了。雇主辈因要使劳动工资不能超过实际工资率以上，随时随地，都有一种默契而持恒统一的团结。破坏团结，随时随地，都是最不名誉的行动，将为近邻同业者所耻辱。我们所以不常闻到这种团结，正因为那是一种普通状态，或者说是一种无须乎谈到的自然状态。此外，雇主辈因为要减低工资，使落在实际工资率以下，往往有一种特别的不常被人知道的结合。此种结合，至达到目的为止，常在极度的沉默与秘密中。劳动者，虽在这时痛切感到不利，往往犹不免无抵抗地屈服。知道的人，亦就不多。不过，雇主方面的种种结合，亦有时不免为劳动者所反抗，从而，有防御的结合发生。并且，就连在没有雇主结合的刺激时，劳动者也不时为提高劳动价格而自然结合起来。他们所持的理由，有时是食粮腾贵，有时是雇主的利润甚多。他们的团结，无论是防御式或攻击式，往往总是声闻遐迩。为求争点迅速解决计，他们常狂呼呐喊，甚而诉之于极可怕的暴烈行为。他们所处的境地，除非让自己饿死，不然，就非胁迫雇主屈服不可。其处境如此绝望，所以，就不得不铤而走险，甚至出于非法的暴动。这时，在雇主方面，也同样喧呼呐喊，请官厅援助，要求提出取缔工人结合的严峻法规，来严厉执行。从而，劳动者方面，很少能依非法暴动得到利益。其团结，一方面因官厅干涉，一方面因雇主较能持久，又一方面因大多数劳动者为了生计而有暂时屈服必要，所以，往往于首事者受到惩罚或败亡后，遂一无所得地归于瓦解。

不过，在争议上，雇主虽居于有利地位，但劳动工资的降落，终有所底；在相当长时间内，就连最低级劳动的普通工资，也似不能减到这一定标准之下。

凡依劳作而生活的人，其工资至少须足维持其生活。在许多场合，工资还得多少超过此种限度，否则，他将无从赡养家室，无从延续劳动者族类至一代以上。侃梯龙君[①]曾根据这种计算，推定一个必须照料儿童的妻，其自身劳动只能支持自身，所以，最下级普通劳动者，也至少须为供养儿女二人而取得倍于自身所需的生活费。但就一般的算法，常有半数儿童，在未成丁以前夭亡。因此，最贫穷劳动者，至少也想养育儿童四人。可是，依据侃梯龙氏推想，儿童四人的必要抚养费，也许只与一个成人的生活费

① 侃梯龙君：Mr. Cantillon。——编者注

相等，并且，他说，一个健康奴隶的劳动，约有倍于其生活费的价值；一个最低级劳动者的劳动所值，也不能在一个健康奴隶以下。这样，我们就正可以说，为赡养家族计，就连普通最低级劳动者夫妇的劳动，所必须取得的额数，也须超过于维持他俩自身生活所必要的程度。但是，这种超过额的比例如何呢？是如上所述的比例呢，抑按照其他的比例？那我现今不要过问。

在一定条件下，劳动者有时也能立于有利地位，使工资抬高到普通最低生活标准以上。

不论何国，对于依赖工资为活的劳动者、散工、斯役等的需要，如果继续增加，换言之，逐年雇用的劳动若均较多于其前年度，劳动者就没有为提高工资而团结的必要。劳动者不够自会诱发雇主间的竞争，雇主为猎获劳动者而致相互角逐。他们防止工资提高的自然结合，亦自趋于破灭。

对工资劳动者需要之增加，正与维持劳动支付工资的基金之增加成比例。这种基金有两个来源：一、维持生活必要程度以上的收入；二、雇主自需用费以上的资财。

地主、年金领受者、有钱人，如果计算收入，觉得在维持身家外，尚有余剩，他们一定会把剩余额的全部或一部用来雇用若干家仆。这剩余额增加，他们所雇用的家仆亦增加。

织工鞋匠这一类独立工人所持资本，如果除了购买材料，维持生活至事成而尚有余剩，他自然也会以这剩余额雇用一个乃至数个散工以谋利润。这剩余额增加，他所雇散工的人数亦必增加。

因此，对工资劳动者的需要，必随一国收入及资本之增加而增加。收入及资本没有增加，对工资劳动者的需要决不会增加。但收入及资本的增加，就是国富的增加。所以，对工资劳动者的需要，又必随国富增加而增加。国富不增加，对工资劳动者的需要，亦不增加。

然而，劳动工资上腾的诱因，不是国富的现实庞大，却是国富的继续增加。最高的劳动工资，不能发现于最富的国度，那只能发现于最繁昌，换言之，最迅速趋于富裕的国度。就今日英吉利言，确较北美各地为富，然北美各地的劳动工资，却比英吉利各地为高。纽约地方，普通劳动者一日的工资为美币三先令六便士（合英币二先令）；造船匠为美币十先令六便士，外加值英币六便士之糖酒一品脱（全部合英币六先令六便士）；泥水匠及建筑木匠为美币八先令（合英币四先令六便士）；缝工为美币五先令（合英币二先令十便士）。这诸般价格，都在伦敦以上。据说，其他殖民地的工资，亦与纽约同样高昂。食料品的价格，北美各地皆远较英吉利为低廉。北美从无何等饥荒现象。就连在歉收的年度，极其限，不过是减少输出，绝不致有供给不足之感。因之，北美劳动的货币价格，如果已较母国各地为高率，则其真实价格(即其货币价格能对劳动者提供出来的对生活必需品、方便品的实际支配权)，当更较母国为高。

北美虽没有英吉利那样富裕，但较英吉利为繁昌，那里，是以更大的速度，趋于富之获得。一国繁昌最明白的标识，就是居民数的增加。英吉利以及欧洲其他国的居民，在五百年内，不敢说有一倍的增加，但在北美英领殖民地一带，不到二十年或二十五年，就增加了两倍。这种迅速增加的主要原因，现在并不能说是居民的继续移入，只能说是种族的繁殖甚速。据说，当地高龄居民，往往能亲见五十、一百，甚至一百以上的直系子孙。因劳动报酬优裕，子女过多，不独不为两亲之累，反而是家庭富盛的源泉。在离去两亲家庭以前，每个儿女的劳动，推算起来，足有纯收益一百镑的价值。一个有子女四五人的青年寡妇，在欧洲中流及下流人民间，虽颇少求得第二丈夫的机会，但在北美地方，那些儿女，简直是诱致男子向她求婚的财产。儿童的价值，是结婚的最大鼓励。所以，北美人的早婚，是毫不足怪的。可是，早婚尽管会招致人口的过度增加，当地却仍不断因劳动者不足而感到困难。劳动需要的增加，换言之，维持劳动基金的增加，与劳动供给的增加比较，似乎更速得多。

一国尽管非常富有，设治化不进，长久陷于停滞状态，我们就绝不要希望在那里发现极高率的工资。支付工资的基金，换言之，居民的收入和资本，也许有颇大的额数。但这额数，如果数世纪间不变，或近似不变，每年雇用的劳动者数，就很容易得到供应。也许，翌年所需劳动者数，尚不仅不愁缺乏供应，且虑有余。在这场合，劳动者既不缺少，雇主间亦就不复因要获得劳动者而相互竞争。在另一方面，劳动者的增加，却自然会超过雇佣机会的增加。雇佣机会常感不足。于是，劳动者间，反而因要获得工作而相互竞争。假如，该国劳动者的工资，本来足够扶养他们各自的身家有余，劳动者间的竞争和雇主们的利害关系，怕远会马上把工资低减，使仅等于普通适合人道的最低标准。中国一向是世界上最富的国家，其土地最沃，其耕作最优，其人民最繁多，且最勤黾。然而，许久以前，它就停滞于禁止状态了。今日旅行家关于中国耕作劳动及人口状况的报告，与五百年前客居该国之马可·波罗所记比较，殆无何等区别。若进一步推测，恐怕在马可·波罗客居时代以前好久，中国财富就已发展到了该国法律制度所允许的极限。各旅行家的报告，虽有许多相互矛盾之点，但关于中国劳动工资低廉，劳动者难于赡养家族的记述，则众口一词。中国劳动者终日孜孜劳作到晚，所得报酬若够购买少量稻米，也就觉得满足。一般职工状态，就更恶劣。欧洲职工，是漫无所事地，在自己工场内，等候顾客；中国职工，却是随身携带作业器具，为搜寻，或者说，为乞求工作，而不断在街市彷徨。中国最下级人民之贫困程度，实远过于欧洲最贫乏的国民。在广东附近，往往有数百家族，数千家族，因在陆上没有居处，而栖息于浮在水面的小舟中。因为食料缺乏，这般人往往争取欧来船舶投弃船外的最污秽的废物。死猫死犬之类，纵令肉已半腐而发恶臭，他们受之，比于外国人获得最滋养的食品，亦不见得会更不高兴。结婚，在中国是受到了奖励的，但奖励的方法，不是为了儿童有出息，而是为了有杀害儿童的自由。在各大都会，每夜总有若干婴孩，委弃在街头巷角，或者像小狗一样，被投在水里。而这种令人战栗的杀儿工作，甚至传说是一部分人谋饭吃的手段。

中国虽然是停滞于静止状态，但还未曾退步。那里，被居民遗弃的都市，未曾见过。被放弃的开垦地，亦不见有。每年被雇的劳动仍是继续不变，或近似不变；维持劳动的基金，绝未显然减少。最下级劳动者的生活资料虽甚缺乏，但尚能勉强敷衍下去，使其族类存续，其人数如常。

在维持劳动基金显然减少的国度，情形就截然两样了。维持劳动的基金减少了，那在各级职业上，对于仆役及劳动者的需要，次一年度，都不免要较少于前一年度。这样，不能在上等职业找得工作的上等阶级人民，不得不乐于降格，而从事于最下级的职业。最下级职业的劳动者，原本已是供过于求，更加上等劳动者降格挤入，结果，职业的竞争益形剧烈，劳动工资逐低减到极悲惨、极贫乏的生活标准。而且，就令忍受种种苛刻条件，犹有许多人找不到职业。这般失业者的境地，要么就是饿死，要么就是乞食，不然，就只有凭藉大恶不道的行为来获取生活资料。穷乏、饥饿、死亡的惨害，最先流行于最下阶级，从这里波及其他上等阶级，终至减少国内人数，使人民数目再与暴乱灾厄后残存的收入及资本相称。东印度、孟加拉及其他若干英领殖民地，就有这种情形。如果一国原是丰饶，人口又经大大减少，生活资料却仍感不足，年年仍不免有三四十万人因饥饿而陷于死亡，我们就可断言，那是因为该国维持贫乏劳动者的基金正在迅速减少。英国统治北美的宪法精神与滥用权威压制东印度的商贾精神，是怎样不同啊，那最好由两地情形不同而说明。

可见，劳动报酬优裕，乃国富增进的必然结果，同时又是国富增进的自然征候。反之，贫穷劳动者生活维持费的缺乏，是社会停滞于静止状态的征候；劳动者不免饥饿而死，就是社会急速退步的征候。

目前，大不列颠的劳动工资，分明超过了维持劳动者一家生活所必要的数额。要充分表明这种事实，我们无须用烦琐而暧昧的计算，来推求劳动者养活一家至少究需若干。大不列颠各地，有很多象征指示了那里劳动工资不以适合人道的最低率为准。

第一，大不列颠各地，就连最低级劳动，亦有夏期工资与冬期工资的区别。夏期工资常为最高工资，但冬季有薪炭的临时开支，故冬季家庭生活费在一年中为最大。生活费最低时，工资反而最高，这就表明了劳动工资不受支配于最低生活的必要额，而受支配于工作之量及其拟设价值。有人说，劳动者为支销冬季用费，势须贮藏夏期工资的一部分。所以，就全年度说，他全年的工资，并没有超过他一年中维持身家所必要的数额。至若奴隶，或绝对仰赖他人为活的人，却并不受这种待遇。他们的日常生活资料，乃按照比例于他日常的必需。

第二，大不列颠的劳动工资，不随食品价格变动而变动。食品价格到处都几乎年年变动，月月变动。但有许多地方的劳动的货币价格，往往经过半世纪，尚保持原状。因此，假若此等地方的贫穷劳动者，在食品最昂贵的年度，已能维持他的身家，那么，在中平的年岁，必能过安适生活；在食品异常充饶的年度，就更要舒服了。大不列颠有许多地方的食物昂贵，并不曾伴以劳动的货币价格的显著提高。固然，确有些地方的劳动的货币价格提高了，但那与其说发因于食物的昂贵，倒宁可说发因于劳动需要的增加。

第三，就不同年度言，食品价格的变动，较劳动工资的变动为大；就不同场所言，劳动工资的变动，又较食品价格的变动为大。面包屠肉的价格，在大不列颠各地，几乎一样。这两种商品，以及其他为一般劳动贫民零买的商品，在大都市上，比较在僻远地方，价格是同样低廉，或者，大都市方面，还要比较低廉。但大都市与其附近地带的劳动工资，往往较数哩以外地方的劳动工资昂贵五分之一，乃至四分之一。伦敦及其附近之普通劳动价格，每日约计十八便士。数哩以外，即低减至十四便士或十五便士。爱丁堡及其附近之普通劳动价格，每日约计十便士，数哩以外，就低落至八便士。苏格兰低原一带，普通劳动的普通价格，亦是八便士。劳动价格上的差异，虽不必会驱使一个人由一教区移到其他教区去，但这差异影响到商品上，就有许多容积巨大的货物，不能不在各教区间，在一国各地间，在全世界各国间，往来转运，立即使这诸般商品的价格比较更接近于水平线上。人性见异思迁，虽早有定论，但根据我们的经验，人类却又是安土重迁，最不易移动的。劳动贫民，如果在大不列颠劳动价格最低廉的地方，尚能维持家属，那在大不列颠工资最高的地方，就一定能过相当优裕的生活。

第四，劳动价格的变动，无论就时间说，抑就场所说，都不但不与食品价格的变动一致，且往往正相反。

一般人常食的谷物，苏格兰较英格兰为高价。苏格兰每年须由英格兰输入大宗谷物。英格兰所产谷物的价格，在输入地，当然较输出地为高，即英格兰谷价较廉于苏格兰。就品质的比例说，英格兰所产谷物，决不能在同一市场上，卖得较高于苏格兰本地谷物的价格。谷物品质的良否，通常皆由可以磨得的粉量多寡而定。在这点上，英格兰谷物远胜于苏格兰谷物。所以，从外表看，从容积的比例看，英格兰谷物的价格，虽然高于苏格兰谷物的价格，但就其实质、品质或重量说，却适得其反。但谷价在苏格兰虽较昂于在英格兰，劳动价格，在苏格兰却反而较低于在英格兰。因此，劳动贫民在帝国治下的苏格兰，如已能维持其家属，那在英格兰，就一定能享受更丰裕的生活。现今，苏格兰普通人民，以燕麦为常食之最良食物，但在英格兰，同阶级的人民，却将此认做恶劣的食品。世间往往误认为，这种生活方法的差异，即是两地人民的工资差异的原因。其实，这不是工资差异的原因，却是工资差异的结果。甲富而乙贫，并非甲因持有马车而富，乙因徒步而贫，乃是甲富故备有马车，乙贫遂出于徒步。

各年度平均计算，前一世纪英苏两地谷物价格，都较现世纪为高。此种事实，在今日，已经没有丝毫疑问。如必欲加以可能的实证，则在苏格兰比之在英格兰方面，更为明确。因为苏格兰施行之公定谷价方法，就每年符应于实际市场状况，依宣誓手续，评定所属各地种种谷物的价格。取决于此，当无大误。否则，我还可列举欧洲许多国（尤其是法国）的事实，作为旁证。

不过，前世纪英苏两地谷物价格，多少较高于现世纪，虽无可置疑，前世纪两地劳动价格，远较低于现世纪，亦同样无可置疑。因此，假如劳动贫民，在前世纪，尚能支持他的家属，到现在，他们就一定能享受很舒服的生活。前世纪，苏格兰普通劳动工资，大抵夏时一日六便士，冬时一日五便士。一星期三先令的工资，迄今犹继续盛行于苏格兰高地及西部诸岛若干地方。现今，在苏格兰低原，普通劳动最普通的工资，一日为八便士。在爱丁堡附近，在邻近英格兰并受英格兰影响的地方，在最近劳动需要已着着增进的格拉斯哥、卡伦、亚尔夏等州附近[1]，普通劳动一日，工资为十便士，有时或为一先令。英格兰农工商业的改进，远较苏格兰为早。从这时候起，其劳动价格，自不得不伴随此等改良而显著增加。前世纪，现世纪，英格兰的劳动工资，固然都较高于苏格兰，但试一比较前世纪与现世纪英格兰的工资，又可以看到英格兰工资的增加。不过，英格兰各地支给的工资，较之苏格兰更为多种多样，所以，要确定英格兰工资的增加率，也较苏格兰遥为困难。一六一四年，步兵一名一日的饷银，与现今同为八便士。当初规定这种饷额时，必然是以普通劳动者普通工资为标准，因步兵大都出身于这个阶级。查理二世时代，高等法院院长赫尔斯，推算六口（两亲及略能工作的子女二人，全不能工作的子女二人）合成的劳动家庭用费，一星期六先令，一年须二十六镑。他设想，如果劳动者不能获得这相当的额数，他就不得不由乞食或盗窃来弥补。赫尔斯关于这问题，很下了一番研究。以熟习政治的数学，博得德费兰脱博士[2]非常推赞的格列高里·钦格[3]，也曾于一六八八年，推算一般劳动者及户外仆役的普通收入，以为平均由三个半人合成的家庭，一年须费十五镑。从表面上看，钦格的计算，似与赫尔斯院长的计算颇有出入。但根本上，却大体一致。他们都想象这种家庭一星期的用费，每人约当二十便士。自那个时候起，国内多数地方，这种家庭的货币收入与货币费用，都有大的增加，虽然增加的程度因地方不同而很不相同。最近刊布的关于现今劳动工资增高的报告，虽是夸张得不符事实，但其额数，就帝国大多数地方说，却确有显著的增加。不过，我们要

---

① 格拉斯哥、卡伦、亚尔夏：原文分别为Glasgow、Carron、Ayrshire。——编者注

② 德费兰脱博士：Doctor Davenant。——编者注

③ 格列高里·钦格：Mr. Gregory Kingo。——编者注

知道，任何场所的劳动价格，都不能极正确地确定。因为，就连是同一场所同一种类的劳动，也往往依照劳动者的巧拙，雇主的宽吝，而在价格上生出种种差异。在工资没有法律规定的场合，我们极其限，只能勉强确定最普通的工资。而且，如经验所示，法律虽曾屡次潜越的规定工资，但实际上却从未予以适当的规定。

现世纪，劳动真实报酬（即劳动者由劳动而得的生活必需品、方便品的真实数量）的增加比例，较劳动货币价格的增加比例，为尤大。这原因，不单是谷物价格多少趋于低廉，同时，一般勤劳贫民日用各种卫生的美味的食料价格，亦在大大跌落。例如，现今国内各地马铃薯价格，推算起来，不过抵三四十年前的半价。昔用锹铲栽培，今日普通用犁具栽培的芜菁、胡萝卜、椰菜等菜蔬的价格，大体上，也与马铃薯相同。一切园艺产物，亦逐渐趋于低廉。我们知道，前一世纪英国消费的大部分苹果、玉葱[①]，都是由伏兰德输入的。麻布制造业、毛织物制造业的改良，对于劳动者提供了更廉价更良质的衣服。贱金属制品的改良，不仅对劳动者，提供了更低廉、更精良的职业用器，而且提供了许多快意的便利的家具。石硷[②]、食盐、蜡烛、皮革及发酵饮料[③]之类，大体上虽因课税而抬高了价格，但其中，为劳动贫民所必须消费的分量，却极其有限。这小部分商品价格的昂贵，决不足抵杀其他多数物品价格的下落。世人往往说他们已不甘于旧日生活上的衣食住，从而，慨叹今日奢侈之风已广被于一般下等阶级，其实，他们这种慨叹，正使我们确信劳动的货币价格与其真实价格，都颇有增加。

下层阶级生活状况的改善，究竟是社会的利益，抑是社会的

---

① 玉葱：onions，即洋葱。——编者注

② 石硷：soap，即肥皂。——编者注

③ 发酵饮料：原文为fermented liquors。——编者注

不利呢？一看就知道，这问题的解答极为明了。各种仆役、劳动者、职工，在任何大政治社会中，都占最大部分。社会最大部分境遇的改善，决不能视为社会全体的不利。居民有大部分陷于贫乏悲惨的状态，决不能说是繁荣幸福的社会。而且，供给社会全体以衣食住的人，在自身劳动生产物中，享有自身所需的衣食住的相当份额，决不能算是非分。

一般而论，贫困虽然会使人不愿结婚，但不仅不能阻止结婚，且往往有利于繁殖。苏格兰高地的半饥妇人，常生子女二十人以上，饱食暖衣的悠闲贵妇人辈，有的竟一儿莫产，顶多生了两三个，就觉精疲力竭了。不妊症，虽为贵妇人所常患，在下等社会，却极少有。奢侈、贪欢、纵欲的女性，大抵生殖力微薄，甚而绝无。

贫困虽不能阻止繁殖，但极不利于子女的抚养。柔嫩植物，即令发芽生长于土地寒冽、气候严酷的场所，不久亦就会归于枯萎凋亡。闻说，苏格兰高地，一母产子二十人，常有结局难于育成二人的实例。又据许多富有经验的军官说，兵卒在联队内生产的全部儿童，漫说后来用以补充联队的缺额，即用以充当联队的吹鼓手，亦嫌不够。此等儿童能成长至十四五岁者不多。有些地方的儿童，在四岁前死去一半，有许多地方，在七岁前死去一半。在九岁十岁前死去一半，几乎是一种普遍现象。像这么大的死亡率，在下等人民间特易看见。他们不能像上等人民、中等人民那样注意养育子女。他们的结婚，虽比时髦人物更为多产，但在他们儿童中，仅有极小部分能够达到中年。与普通人民的儿童比较，育婴堂及区立慈善会内收养的儿童，死亡率还更大。

各种动物，都自然会按照比例于其生活资料而增殖。没有一种动物能增殖到这个限度以上。然文明社会的人类，因生活资料缺乏而限制增殖的，特只有下等人民。由结婚而增殖的儿童，除了毁杀一大部外，再也没有其他方法可以节制他们种族的繁殖。

劳动报酬若较为丰裕，劳动者自然会改善儿童的给养，且能养育较多儿童。结果，增殖的范围必因而扩大。不过，我们应注意一件事，人口增殖范围的扩大，势须在可能范围内，与劳动需要所需的人口数，保持极相近的比例。劳动需要继续增加，人口亦须继续加大以为供应。因之，劳动的报酬，必须足够鼓励结婚与繁殖，使人口能继续增加。设若劳动报酬不够引起相当的人口增殖，劳动者的缺乏马上会抬高劳动的报酬。又若劳动报酬不仅足够鼓励相当的人口增殖，而且有余，劳动者的过多又马上会低减劳动的报酬。在前一场合，市场上的劳动供给如此不足，在后一场合，市场上的劳动供给又如此过剩，结果，都将强制劳动价格，使复归于目前社会所必要的适当程度。因此，像商品需要必然支配商品的生产一样，人口需要亦必然支配人口的生产。生产过于迟缓，则加以敦促；生产过于迅速，则加以抑制。世界各地，不论在北美，在欧洲，或是在中国，支配人口繁殖程度的，都不外是对人口的需要。这需要，在北美，成了人口增殖迅速的原因；在欧洲，成了人口增殖缓慢的原因；在中国，就成了人口不增不减的原因。

一般人说，奴隶的亏耗，其损失在主人；自由雇工的亏耗，其损失在被雇人自身。其实，后者的亏耗与前者的亏耗，同是役人者的损失。各种职工、仆役所受的工资，都须按照社会对人口的需要增加、递减或停止，使他们足够延续他们的族类。自由雇工体力的亏耗，结果，亦须在雇主支出的工资内予以弥补。不过，自由雇工的亏耗，虽然一样是雇主的损失，但与奴隶亏耗比较，则雇主所受损失又比较有限得很。用做补充或修补——姑如是说——奴隶亏耗的资金，通常都由放漫的主人或疏忽的监督者管理。但修补自由雇工亏耗的资金，却由自由雇工自己管理。一由经济漫无秩序的富者管理，所以管理上亦漫无秩序；一由遇事节省遇事小心的贫者自己管理，所以管理上亦是节省小心。目的虽同，所需费用，却就因而大相悬殊。所以，征之一切时代一切国民的经验，我相信，由自由雇工做成的作品，与由奴隶做成的作品比较，结果，都更低廉。就连在普通劳动工资颇高的波斯顿[1]、纽约、菲列德尔菲亚[2]，亦不免有这现象。

劳动工资丰裕，是财富增加的结果，又是人口增加的原因。反对工资抬高，无异反对最大公共繁荣的必然结果与原因。

但我们应该注意，劳动贫民（即大多数人民）境况最幸福最安乐的时候，并不是社会已达到绝顶富裕的时候，只是社会日进于财富的时候。劳动者的境遇，在社会静止状态下，是艰难的；在退步社会状态下，是困苦的。前者黯淡，后者阴惨。只有进步状态是社会各阶级快乐兴旺的状态。

丰裕的劳动报酬，一方面会促进普通人民的繁殖，同时，并会增进其勤勉。劳动工资，是勤勉的奖励。勤勉有如人类其他各品质，愈受奖励即愈向上。丰富的生活资料，往往使劳动者体力增进，并在生活改良晚景优裕的愉快希望中，使他们益加努力。所以，高工资地方的劳动者往往比低工资地方的劳动者，格外活泼，格外勤勉，格外敏捷。比如在这几点上，英格兰的劳动者实较优于苏格兰的劳动者，大都会附近的劳动者实较胜于僻远农村的劳动者。固然，劳动者在能以四日劳作的报酬维持一星期生活的场合，或不免把其余三日偷闲度过，但就大多数人说，并不如此。许多劳动者，在工资点件计算时，每易陷于劳动过度，不几年，就把身体糟蹋个尽。伦敦及其他某地的木匠，通常不能持续最精壮的气力至八年以上。此种现象，在工资点件计算，工资较通常为高的时候，常有发生。制造业大都点件数计算工资，农村劳动

---

① 波斯顿：Boston，今译波士顿。——编者注

② 菲列德尔菲亚：Philadelphia，今译费城、费拉德尔菲亚。——编者注

亦有时如此。大概，各种匠人经营特殊作业，往往因过劳而生特殊疾病。意大利著名医家拉莫治[①]，关于这类疾病，特著有一书。我们通常总以为兵卒习于怠惰，不能力作，但在他从事某项特殊工程而点件领受工资时，军官常须与领工者相约，使其每日报酬不能超过一定额数以上。否则，兵卒将不免因相互竞争，且因希望大报酬之故，以过劳毁其身体。然则，如世间嚣然大鸣不平的四日劳作三日游惰云云，一考其实，却正因四日劳动过度，不得不有三日休息。我们知道，无论谁在精神上、肉体上，继续数日大劳动之后，都自然会伴以休养的强大欲求。这欲求，若无暴力或特别苦衷为之拘束，其来势殆不可抵抗。安息，甚而游惰，乃是自然的欲求。这时，若非任其安息，任其游玩，以图和缓，结果将不免发生危险，丧其性命，不然，迟早亦会迫他染着职业上的特殊疾病。所以，雇主假若能听从理性及人道主义的主宰，就不应常常激励劳动者勤勉，应当让他们紧张的劳作时时得到缓和。我相信，一个人的劳作，若能长此适度，不致中辍，那他就不仅能长此保持健康，一年一年下去，他的作业亦定能出人头地。这种事实，在任何职业上，都可以见到。

有人说，在物价低廉的年度，劳动者大抵较平常为游惰；在物价高昂的年度，则较平常为勤勉。由此推论，生活资料丰富，劳动者的工作将因而弛缓；生活资料不足，其劳作必因而紧张。真的，生活资料略较平常丰富，或不免成为一部分劳动者偷闲的原因。但若说大多数劳动者都会因此怠于作业，或者说，一般人当营养不良时比营养佳良时，当意气沮丧时比精神爽快时，当苦

---

① 拉莫治：Ramazzini，即Bernardino Ramazzini（1633—1714），意大利医学家，职业病和工业卫生学先驱，著有医学史上第一本职业病专著《论工匠的疾病》。书中介绍了50余种职业疾病，并提出了个人防护方法。——编者注

于疾病时比康健状态时，更能勤勉劳作，却就远于事实。就一般说，饥馑的年度，往往物资减杀，人工废置，盖因普通人民多陷于疾病死亡。

当物资丰厚、物价低廉时，雇役往往离开主人，自依劳作生活。但食品价格的低廉，若能增加维持劳动的基金，亦就会奖励主人——特别是农业家——使他雇用更多的工人。因为在这场合，农业家，与其以低廉市价出卖谷物，倒不如以谷物维持较多劳役者，以期待较大的利润。对雇役的需要增加，供应这需要的人数却减少。劳动价格，往往在物价低廉时腾贵。

在物资缺乏的年度，生计的困难与摇动，或不免驱迫这一些雇役，切望复得旧有的工作。但食品高价，可减少维持劳动的基金，因而，使雇主急于要减少现有的雇工，决不肯增加。况且，以前的贫穷独立劳动者，亦将因物价腾贵，购置材料的少额资本，不得不全部提出来消费，终于为了生计，再变为雇工。求职的人数，既然超过了就职的机会，许多人就只好接受低等的条件，来获取职业。所以，仆役、雇工的工资，常在物价昂贵时低落。

因此，雇主与劳动者订结契约，在物价高昂的年度，多有利于雇主；在物价低廉的年度，多有利于劳动者。劳动者在前一场合，往往比在后一场合，更为恭顺，更愿为附属。所以，雇主辈往往乐于在物价高昂的年度进行他们的事业。地主及农业家更会如此，因为他们的地租和利润，颇有赖于食粮价格的提高。不过，若说人类一般在为自己工作时，工作常较少，在为他人工作时，工作常较多，却未免是大笑话。点件工资劳动者，已经没有独立贫穷劳动者那样勤勉，一将享有自身勤劳生产物之全部，他则须与雇主分享。且制造厂中的雇工，每易受恶友诱惑，以致道德沦亡。独立劳动者却不易受此影响。至若工资以年月计的雇工，则比较独立劳动者，将更易流于怠惰。但是，物价低的年度，独立工人与各种雇工比即可增加，物价高的年度，独立工人与各种雇工比即将减少。

麦省斯氏[①]是法国一位博学多能的著者，曾充圣·爱梯安[②]选举区泰理税（taillies）收吏。因要明示一般贫穷劳动者在物价低廉时比在物价高昂时能成就更多作业，他曾就三种工厂——爱尔彼夫[③]的粗毛织物工厂，卢昂遍地皆是的麻布工厂及丝织工厂——在物价低时及物价高时所生产的货物量及价值加以比较。据他由官署登记簿抄下的报告，这三种工厂在物价低时所生产的货物量及价值，大概比在物价高时为大。物价最低的年度，生产量与价值，往往最大；物价最高的年度，往往最小。这三种工厂的生产量，逐年计算虽略有出入，但大体说来，却都在没有进步也没有退步的静止状态中。

苏格兰的麻布业，约克州西区的粗毛织业，同为骎骎日上的工业。其生产量与价值虽时有变动，但大体上，总是不绝增进。不过，我们一审查关于此等制造业年产额公布的记录，终没有发现它们那种变动，与各时期的物价高低有何等显著关系。在物资非常不足的一七四〇年，这两地制造业固然都有显著衰退的倾向，但在物资仍是非常不足的一七五六年，苏格兰制造业的进步，就非常年所及。但同年，约克郡制造业却反形衰退。其生产额，直至一七六六年，换言之，直到美洲印花税法废止以后，才恢复一七五五年的原状。一七六六年及其翌年，约克郡生产额的增加，又为向所未有。这种增加，迄今犹在继续。

原来，以贩销远地为目的的一切大制造业的生产量，更不取

---

① 麦省斯氏：Mr. Messance，即Louis Messance（1734—1796），法国著名经济学家，著有《法国人口论》。——编者注

② 圣·爱梯安：St. Etienne。——编者注

③ 爱尔彼夫：Elbeuf。——编者注

决于生产所在国各时期商品价格是高是低，那多取决于消费所在国各时期商品需要是大是小，换言之，取决于消费所在国是治是乱，那里非同业但可与此业竞争的制造业是盛是衰，那里主要顾客的兴趣是浓是淡。加之，物价低廉时期经营的特殊作业，还有大部分未曾登记在制造业调查录上。不再为雇役的男子，将成为独立劳动者。有许多女工，会回到父母家中，为自身及家族而纺丝。有许多独立职工，常常为邻人雇请，以制造家庭用品。他们的生产，都显然没有登记在制造业调查录上。然而，有许多非常夸大的记录就出自这种调查录。有许多商人制造家，就根据这种记录，妄断大英帝国的盛衰，那当然不会正确。

劳动价格的变动，不但不与食物价格变动一致，且常全然相反，这是已经讲过的。但我们决不能因为这个理由，就想象食品价格对于劳动价格没有一点影响。劳动的货币价格，必然受支配于两种情形：其一，是对于劳动的需要；其二，是生活必需品、方便品的价格。按照当时的劳动需要，是增加是静止抑是减少，换言之，按照当时社会对人口的需要，是增加是静止抑是减少，可以决定劳动者所得生活必需品方便品的数量，是增加是静止抑是减少。劳动的货币价格，又须取决于购买此数量所必要的金额。所以，在食物低廉的场合，劳动货币价格虽然有时也会高昂，但在食物昂贵的场合，劳动需要若又继续不变，劳动的货币价格就将益见高昂。

劳动的货币价格，在突然异常的丰年腾贵，在突然异常的歉岁下落。原因是：前一场合的劳动需要增加，后一场合的劳动需要减退。在突然异常丰饶的年度，许多雇主手中虽存有雇用追加劳动者的基金，但对于这突然增加的劳动需要，恐不能立时有所供给。结果，希望雇用追加劳动者的雇主间，遂不免相互竞争，从而，把劳动的货币价格及真实价格抬高起来。

在突然异常的歉岁，情形正相反。雇用劳动者的基金，既较前年度为少，便有许多人不免失业，他们遂为获得职业而相互竞争。结果，劳动的真实价格与货币价格均见低落。譬如一七四〇年歉收，有许多人只要有饭吃就愿工作；以后数年，天年丰饶了，雇用劳动仆役的条件，就加难了。

食品高价格，固可提高劳动价格，但物价昂贵年度的歉收，因将减少劳动需要，亦可减低劳动价格。反之，食品低价格，固可减低劳动价格，但物价低廉年度的丰收，因将增加劳动需要，亦可抬高劳动价格。在食品价格通常变动的场合，这两种对立的原因，似乎是相互平衡。劳动工资，所以到处都较食物价格更为经久不变，这也许是一部分理由。

劳动工资增加，必然会按照比例于价格中工资部分的加大，而抬高许多商品的价格，同时，并在国内国外，按照比例，减少这些商品的消费。但是，使劳动工资增加的理由——资本增加——又有增进劳动生产力的趋势，使少量劳动可成就多量的作业。资本家为自己的利益打算，势必妥当配分所雇那许多劳动者的业务，使在可能范围内生产最大量的出品。他自己，他的工人，总之，他们大家所能想到的优良机械，他都会依据同一理由设法采用。发生在特殊工厂内劳动者间的事实，又往往依据同一理由，会发生于全社会的劳动者间。劳动者人数愈多，他们分工就愈精密。想发明优良机械的工人愈多，机械愈易发明。赖这诸般发明与改良，用较前为少的劳动，即能生产较前为多的商品。商品生产所需劳动量减少了，用此以补偿劳动价格的腾高，只有过之，无不及。

第九章　资本利润论

资本利润之腾落，与劳动工资之腾落，同样取决于社会财富之盛衰。但财富状态及于两者的影响，颇不相同。

资本增加虽会提高工资，但同时却会减低利润。在同一事业上，如有许多富商投下资本，他们相互间的竞争，既不免减低这一事业的利润；同一社会各种事业的资本，如果全都同样增加了，则由于同样的竞争，也将在全般事业上发生同样的结果。

我们在前面已经讲过，劳动的平均工资，就连在特定场所特定时间，也不易确定。勉强推定的，不过是最通例的工资。但就资本利润说，却连最通例的利润也罕能决定。利润极易变动，从事特定职业者，也不大能够说出他逐年的平均利润。利润，不但会受影响于出售商品价格上的变动。竞业者及顾客的际遇，商品在海陆运输上，甚或在堆栈内，不免遭遇的意外事变，都有影响于他的利润。利润率不仅年年变动，日日变动，甚至时时刻刻都在变动。要确定一大国各职业一般的平均利润，已够困难，至若追寻既往或极远过去时代的利润，求其正确，就全不可能了。

不过，我们要相当正确决定过去或现在的资本平均利润，虽无法可施，但参考各时代通行的货币利息率，却也可略略推知其梗概。使用货币所获较多的地方，通常对于货币使用权，皆支给多额的报酬；在使用货币所获较少的地方，通常对于货币使用权，亦支给少额的报酬。这很可说是一个公例。我们由此确信：一国普通市场利息率变动了，资本的普通利润亦不得不相应而一同变动。利息率下落，利润亦随而下落；利息率上腾，利润亦随而上腾。所以，利息的推移，使我们大体上知道利润的推移。

亨利八世第三十七年，以法令宣布，一切利息不得过百分之十。可见，以前的利息一定在百分之十以上。其后，爱德华六世受宗教热忱的鼓舞，禁止一切利息。但这种禁令，与同性质的其他各种禁令，同样成为具文。其结果，高利贷的弊害，不仅没有减少，却反而增加了。由是，亨利八世的法令，又由伊利沙白女皇第十三年的法令第八条复活了。此后，百分之十常为法定利息率。至詹姆士一世第二十一年，始制为百分之八。复辟后不久，利息率又减至百分之六。安皇后[①]第十二年，再减至百分之五。这一切法律的规定，皆极为适当，那都随在市场利息率变动之后，换言之，随在普通借款利息率变动之后，并不抢在前头。自安皇后时代以来，百分之五的利息率，与其说在市场利息率以下，倒毋宁说在市场利息率以上。在晚近战争以前，政府曾以百分之三的利息率借款。帝国首都及其他许多地方的著有信用者，借款利息率，亦只有百分之三点五、百分之四、百分之四点五。

我国自亨利八世以来，财富与收入均在不断增进，而在此进步过程中，其速度只有日加，没有日减。不仅日在进步，而且进步一天快似一天。不过，这期间的劳动工资，虽随国富增进而增加了，但大部分工商业上的资本利润却在减少。

在大都市上经营一种事业比在乡村，往往需要更多的资本。各种经营上资本的庞大和富有竞业者人数的加多，也就是都市资

① 安皇后：Queen Anne。——编者注

本利润率低于农村资本利润率的原因。都市的劳动工资，大体上，都较农村为高。因为拥有多量生产资本的人，都麇集于繁盛都市，他们争雇劳动者的结果，遂致工资抬高，同时，利润低落。然在没有充分资本来雇用全体劳动者的偏僻地方，情形却正相反。一般人为获得职业而相互竞争，于是，劳动工资低落，同时，资本利润抬高。

苏格兰的法定利息率，虽与英格兰相同，市场利息率却比较高。该地著有信用者，通常不能以少于百分之五的利息率借款。就连爱丁堡的私立银行，对于随时兑现全部或一部的信用券，也须附给百分之四的利息。伦敦的私立银行却不如此，他们对于储入的资金不付丝毫利息。在苏格兰经营事业，所需资本，大抵较英格兰为少。从而，其普通利润率，就不得不多少较英格兰为高。从而，其劳动工资，如上面所说明的，亦必较英格兰为低。苏格兰不仅较贫于英格兰，其进向改良状态的速度，亦远较迂回而迟缓。

自从一七〇〇年以来，法国法定利息率，不常受支配于市场利息率。一七二〇年的法定利息率，曾由二十分之一便尼，落到五十分之一便尼，即由百分之五落到百分之二。一七二四年提至三十分之一便尼，即提至百分之三又三分之一。一七二五年再提至二十分之一便尼，即提至百分之五。一七六六年，拉斐狄[①]执政，当时又落到二十五分之一便尼，即百分之四。其后，大主教特雷[②]，重又恢复到原来的百分之五。据一般所想象，法定利息率所以横被抑制，其目的乃在低减公债的利息率。而且，这目的有时确曾达到。法国一直到现在，恐尚不及英国富裕。法国的法定利息率，虽较英国为低，一般市场利息率，却较英

① 拉斐狄：Mr. Laverdy。——编者注

② 大主教特雷：The Abbe Terray。——编者注

国为高。这就因为法国和其他各国，同样有一个极安全的方法，可以回避法律。据经商于英法两国间的英国商人所述，商业的利润，法国大抵较高于英国。许多英国人不想把资本投在重商的本国，却愿投在轻商的法国，要不外基于这个理由。况且，法国的工资，又较英国为低。你如果由苏格兰走到英格兰，你所目击的这两地普通人民服装容姿间的差异，已可充分指示这两地社会状态的差异。然而，假如你从法国归英，其对照必定更大。法国无疑较富于苏格兰，但其进步速度却似不及苏格兰。对于苏格兰，世俗一般的意见，皆谓其地正在退步，但据吾人所见，此说即令对于法国亦属错误。如果你二三十年前曾视察过苏格兰，现在再往该地视察，你一定会感到今昔大不相同。

就领土面积及人口的比例说，荷兰确较英格兰为富。该国政府借款，年利百分之二，著有信用的私人借款，年利百分之三。劳动工资率，据说，荷兰较高于英格兰。大家又都知道荷兰人经营事业，所获利润，比较欧洲其他任何国民，都觉更低。有些人说，现今荷兰实业正在衰退。就其中某几种实业说，也许确是如此。但如上所述的诸征候，却很可证实该国实业并未一般衰退。由来，利润减少时，商人辈即诉说实业衰退。不知道利润减少，正是实业繁盛的自然结果，换言之，既然投下了比以前更多的资本，就自然会生出这种结果来。在晚近英法战争中，荷兰人乘机获得了法国贩运业的全部。现今战事虽已平定，那犹有一部分，操在荷兰人手中。英法的国债，早已成为荷兰人一宗大财产。据说，单就英国方面言，已计有四千万镑（我以为这不免有几分夸张）。此外，荷兰人还把巨额资金贷给较本国利息率为高的其他诸国的私人。这种事实正好表示他们资本的过剩，或者说，表示他们资本增加所达到的程度，已不能以相当利润投在本国的适当事业上。那绝没有表示那里事业的衰退。

由经营特定事业而获得的私人资本，虽增加到不能尽行投在这事业上的程度,这事业仍不妨继续增进。大国资本亦可有这情形。

我国北美及西印度殖民地一带，劳动工资，货币利息，从而资本利润，都较英格兰为高。诸殖民地的法定利息率和市场利息率，均在百分之六至百分之八。高率劳动工资和高率资本利润并行，也许是新殖民地特有的现象。与其他各国比较，新殖民地在最初开垦时，一定有一个期间，资本与领土范围比例而言，觉得过少；劳动人数与资本量比例而言，亦觉得过少。他们所有的土地，多于他们资本所能耕作的土地，所以，他们只把资本投在丰度最大、地位最宜的土地上，即投在海滨及航河沿岸各地。购买这等土地的价格，且往往较低于其自然生产物的价值。为购买并改良这等土地而投下的资本，势须生出颇大的利润，因而支给非常高率的利息。资本在这种有利用途上的急速蓄积，使耕作家所须雇用的工人数的增加，非新殖民地所可供应。被雇劳动者的报酬，当然会丰裕起来。但是，随着殖民事业的增进，资本利润却不免逐渐减少。丰度最大、位置最好的土地，既全被占有，丰度位置较劣的土地，亦必开始耕作；由此等土地所取得的利润，必益形减少。从而，用在土地上的资本，亦只能提供较低的利息。在现世纪行程中，我国殖民地大部分的法定利息率和市场利息率，都着着低减。财富、改良及人口增进了，利息自不得不趋于低落。劳动工资，却不与资本利润共同跌落。不论资本利润如何，对劳动的需要必随资本增加而增加。利润尽管减低，资本却不妨照旧增加，甚或较以前更迅速地增加。在这点上，勤劳国民的处境，与勤劳个人的处境，全然一样。大资本利润虽低，但比较高利润的小资本，却更能迅速增加。此即世俗所谓，货币产生货币。已经取得了少许，不愁不能取得更多。最困难的，是这少许的取得。在前面，我已就资本的增加和业务的增加，换言之，就资本的增加和对有用劳动需要的增加，论述其关系之一部分，以后，我更当详加说明。

新领土的获得，新事业的开展，结果，就连在财富正迅速增加的国度，也会提高资本利润，因而增加货币利息。这新领土新事业所展开的全范围，若不能全部被人们经营，他们只把所有的资本，投在利润最大的事业上。以前投在其他事业上的资本，亦必有一部分撤回来，从事更有利的新事业。旧有事业上的竞争，既较从前为减迟，市场上各种货物的供给亦必减少。货物减少，价格必多少腾贵，从而，对经营者能提供较大的利润。结果，他们亦得以较高于从前的利息率借入资金。在晚近战争终了以后不久，著有信用的个人，乃至伦敦最大的商号，通以年利百分之五借款。在战前，他们却不曾支付百分之四或百分之四点五以上的利息。要说明这现象，最好举我国占领北美、西印度曾增加我国领土与事业那种事实，用不着说我国资财已经减少。资本照旧，所经营的新事业却大增，那自然会使大多数事业上的资本量锐减，结果，同业竞争已较和缓的各种事业，利润遂不得不因而增加。我相信，晚近战争虽耗去了巨大金额，但大英帝国的资财，却并不曾因此减少。我所以会这样相信，以后还有说明的机会。

社会的资财减少，换言之，维持产业的基金减少，劳动工资亦必减少，同时，资本利润、货币利息必因而提高。社会上残存资本所有者，一因，劳动工资低落了，以货品提供市场所需的费用比从前为少；二因，为提供货品上市而投下的资本减少了，货物售价又须比从前为高。所费较少，所得较多，他们的利润，就由这两方面增加了。利息率，亦随利润加大而提高。孟加拉及英领东印度其他殖民地，要获得巨大资产并不见困难，这事实正可证实此等颓废地方的劳动工资低和资本利润大。其货币利息，则与利润相应。孟加拉农家，往往以百分之四十、五十、六十的利息借入资金，并以下期的收获物作为抵押。须担负这种高利息率的高利润，既不免吸去地主地租的大部或全部，同时，这极端的高利息，又不免要吸去利润的大部。罗马共和国没落以前，各地方都在总督虐政之下，厉行同样的高利息。参考西塞罗的书简，我们知道有德的布洛达斯[①]，也曾在赛浦路斯岛，以百分之四十八的利息贷借。

一国所获的财富，若已尽其国土壤、气候、位置所许获得的限度，此后，就没有进步的可能，但在它尚未退步的状态中，劳动工资及资本利润，也许都非常低落。一国人口的繁殖，如已充分达到其领土所可支持或其资本所可雇用的极限，此后，亦就不能再有增加。这时，对于职业的激烈竞争，必然会使一向较高的劳动工资，低落到仅足支持现有劳动者数的程度。又，一国资本若与国内各种必须经营的事业比例而言，很是充满了，换言之，资本增加若已达到全事业所可容纳的最高限度，资本间的竞争，一定会大到无可再大，普通利润一定会小到无可再小。

幸而，没有一国的实富程度曾经达到这种境地。就连长期停滞于静止状态的中国，其富裕虽在许久以前就已达到该国法律制度所许有的极限，但若易以其他法制，则按照该国土壤、气候、位置说，离此极限的距离其实很大。一个忽略或鄙视国外贸易，除了二三港口，即不许外国船舶通航的国家，如能改变法制，所可经营的事业还有很多。一个只有富翁大资本家享受安全，贫民小资本家不独不能安全，且时常在法律名分下，被下级官吏横征暴敛的国家，国内经营的各种事业都不能按照各种事业所能容纳的程度投下足够量的资本。在各种事业上，贫民所受压迫，都会

① 布洛达斯：Brutus，今译布鲁图（公元前85—前42年），罗马政治家，是公元前44年刺死恺撒的密谋集团头领。——编者注

确立富翁的独占。富翁垄断一切事业而获有最大利润。所以，中国的普通利息，据说是年利百分之十二；普通利润，须担负这高率的利息，亦可想见。

法律上的缺陷，往往抬高利息率，使不按照比例于其国贫富状况。法律如果失去了强制契约履行的效力，一切求借人所处的地位，与法制修明国破产者或信用不好者的地位比较，怕会相差不多。出借人要收回借金，既毫无保障，他当然会拿对付破产者的方法，来对付一切求借人，而要求高率的利息。昔时侵略罗马帝国西部各地的未开化民族间，有许久完全不过问契约是否切实履行。契约履行与否，一定于当事者的信义。他们王朝的裁判所，很少过问此事。当时利息率，所以会那么高，恐怕这亦是一部分原因。

法律完全禁止利息，决不能得到效果。多数人有借入资金的必要，同时，因为有这法律，对于这资金的使用，所有者将不仅要求相当的报酬。他要回避法律，困难危险，在所不免，所以，又不免要求相当的保险费。否则，他决不肯贷出资金。据孟德斯鸠说，一切回教国利息率的高昂，都不是因为他们贫穷。其中原因，一部分是法律禁止利息，一部分是贷金难于收回。

最低的普通利润率，除了补偿投资往往遇着的意外损失，还须有若干剩余。所谓纯利润或净利润，即此剩余。普通所谓总利润，除了包含这剩余，还包含为补偿意外损失而保留的部分。求借人所能支付的利息，只与纯利润成比例。

出借资金，即令相当谨慎，亦有意外损失之可能。所以，同样，最低普通利息率，除了补偿贷借往往遇着的意外损失，还须有若干剩余。设无此种剩余，他决不会有出借资金的动机，除非为了慈善或友情。

国富若已达到极度，投在各种产业上的资本，若均已达到最大限度，则普通纯利润率必甚低，同时，这利润所能提供的普通市场利息率亦甚低。因之，一个人，如非大富豪，决不能靠货币利息生活。小产中产所有者，都不得不自己监督自己的资本用途。一切人，几乎都要成为实业家，都有从事某种产业的必要。荷兰国的现状，似与此相类。不是实业家，就不能算是该国的时髦人物。必要的苦衷迫着他们一切人去经营实业。习俗又到处支配时髦。自己不与一般人穿上同样的服装，便觉难看；自己不与一般人同样从事实业，也不免失去身份。一个无所事事的游惰者，立在实业家中间，正如一个文官，侧身在军队中间一样，不但会感到拙劣，并且惹人轻视。

最高的普通利润率，有时竟在大部分商品价格中，吸去应当归作地租的部分，仅余恰好足够的数量，对于商品生产及上市所需的劳动，提供最低的工资，使仅足生存。因为，劳动者在工作当中，势不能不有食物，但地主却不常有这种必要。东印度公司职员在孟加拉经营事业的利润，恐怕与这最高率相去不远。

通常，市场利息率对普通纯利润率的比例，必随利润腾落而变动。英国商人辈以二倍利息的利润，为妥当适中合理的利润。据我所见，这所谓妥当合理的利润，不外就是普通利润。在普通纯利润率为百分之八或百分之十的国度，借资营业者，以所得利润之半，作为利息，颇称允当。因为，固然无论投资安危，求借人终须对出借人负完全责任，但大部分事业，有其余一半利润，也就很够补偿他担当这种责任的危险和运用这种资本的辛劳。可是，一国普通利润率如果大大超过此限以上，或大大低在此限以下，利息和纯利润的比例，就不能这样。利润率过低时，必不能以一半作利息；利润率过高时，以一半作利息，犹恐不够。

财富迅速增进的国度，常在多数商品的价格上，以低率的利润弥补高率的劳动工资，从而，它们的商品，始能与繁荣程度较低、劳动工资较低的邻国商品，同样廉价出售。

实际上，高率利润，比之高率工资，尤有抬高生产物价格的倾向。例如，麻布制造厂各种劳动者——梳麻工、纺绩工[①]、织工等的工资，如果每日各提高二便士，麻布一匹价格必须由此腾贵的额数，只等于为生产这一匹麻布而被雇的工作人数，乘为生产这一匹麻布他们的工作日数，再乘二便士而已。换言之，经过一切制造阶段，商品价格分解为工资的部分，只照工资腾高，按等差级数而递次增加而已。但雇用这各级职工的雇主利润，如果全抬高了百分之五，那么，经过一切制造阶段，商品价格分解为利润的部分，就须照利润腾高，按等比级数而递次增加。即，梳麻工的雇主，在卖麻时，对于自己垫支的（材料工资）全价值，定会要求百分之五的追加利润。纺绩工的雇主，对于自己垫付的全价值，也会要求百分之五的追加利润。推而至于织工的雇主，也同样会要求百分之五的追加利润。所以，工资腾贵对于商品价格抬高的作用，恰如单利法对于债额累积的作用。利润腾贵的作用，则如复利法。我国商人制造家，对于高率工资之提高物价，从而减少国内外销路的恶果，常发不平之鸣。但对于高率利润的恶果，他们却三缄其口。关于因自己利得而生的恶果，他们保持沉默。关于因他人利得而生的恶果，他们却大鸣不平。

---

① 纺绩工：原文为the spinners，可译为纺纱工人、旋床工人。

第十章　论劳动与资本因用途不同工资与利润亦不均等

劳动及资本的用途不一，各有各的利与不利，但综合计算，在同一地带内，各用途的利害，总是均等的，或不断趋于均等。在同一地带内，假若某用途，分明较其他诸用途，为更有利或更不利，一定有许多人会离去更不利职业，而簇集于更有利职业方面。结果，这用途的利益，再与其他各种用途相等。至少，在诸般事物纯任自然推移的社会上，即在一切均听其自由，各个人都能自由选择自己认为适当的职业，并能随时自由改业的社会上，事情确是如此。各人的利害关系，必然会敦促他寻求有利的职业，避去不利的用途。

欧洲各地的货币工资及货币利润，固曾依劳动资本的用途不同而极不均等，但这种不均等，一部分是基因于各种职业本身的性质，一部分则基因于欧洲诸国的政策。就前者言，职业本身的性质各有不同。实际上，或者，至少在一般人想象上，某种职业的货币利得虽少，但有其他的好处足以相偿；另一职业的货币利得虽多，但有其他的坏处足以相杀。所以，同是使用劳动与资本，货币利得却颇不一样。就后者言，欧洲各国的政策，皆不许一切事物顺从自然的推移。他们的政令规约既不相同，无怪劳动及资本，会因用途不同，工资及利润亦不能均等。

因要分别研究，我把本章分作两节：

第一节　基因于职业本身性质的不均等

据我的观察，货币利得少的职业，犹不乏人经营的主要原因有五:第一，职业本身有愉快有不愉快;第二，职业学习有难有易，学费有多有寡；第三，工作有安定有不安定；第四，职业担负的责任有重有轻；第五，营业成功希望有大有小。

第一，劳动工资，因业务有难易有污洁有尊卑不同而不同。例如，大多数地方，通一年计算，缝工的利得，较织工为少，就因缝工的工作较为容易。织工的利得，较铁匠为少，就因为织工的工作较为清洁。又，铁匠虽是一种匠，但十二小时工作所得，往往不及一个徒能劳动的炭坑夫八小时工作所得，这就因为铁匠的业务，不像炭坑夫那样污秽危险。并且，他还是在地面上日光下工作。名誉的尊卑一端，对于一切尊贵职业，可以说是报酬的大部。如本节后面所述，从事此等职业的报酬，在金钱利得一点，都极有限。反之，在卑贱的职业上，情形正相反。屠户的职业，本甚粗蛮、讨厌，但有许多地方，他们所得的利益，实远较大部分其他普通职业为多。又，刽子手的职务是一切职业中最可嫌恶的，可是，与作业量比例而言，他的报酬，在一切普通职业中，也算最大。

未开化社会视为最重要的渔猎，在进步社会，却成了最愉快的娱乐。古时为必要而渔猎，今日是为快乐而渔猎。惟其如此，所以在进步社会内，把别人消遣的方法当作职业生活的人，都是极贫苦的。自狄奥克利图[①]时代以来，渔夫已极贫乏（见《伊

① 狄奥克利图：Theocritus，今译忒奥克里托斯。希腊诗人，牧歌的创始人。——编者注

底里昂》[①]第二十一篇)。英国各地猎者，要不外是极苦贫民。在严禁私猎国中，特许狩猎者的状况，也决不优裕好多。总之，此等业务上的自然兴趣，常使多数人乐于为此。因之，他们所获，殆难于提供优裕生活。加之，他们劳动生产物的价格，与其劳动量比例而言，往往过于低廉，业此者，除了最少量的生活费，实不能更有所得。

不愉快、不名誉所及于资本利润的影响，与其所及于劳动工资的影响相同。旅寓酒店的主人，决不能支配他的旅店，醉客之横蛮无理，有时还得赔笑周旋。这种职业之不名誉不愉快，可见一斑。但在普通营业中，却不易寻到像这样以这样小额资本提供这样大额利润的职业。

第二，劳动工资，因业务学习有难易，学费有多寡而不同。

高价机械的设置，至少，总期望这机械在磨毁以前所成就的作业可以收回投下的资本，并获得普通的利润。同样，一种费去许多工夫时间才能学会的特殊技巧熟练之职业，也至少，期望由他生前的作业可取得普通劳动以上的工资，收回学费全部，并取得普通利润。加之，人类的筹算，不如机械耐久期间那样确定。所以，考较起来，他更须于较短的合理时间内，收回这成本和利润。熟练劳动的工资和普通劳动的工资，所以会互相差异，就根基于这个原则。

欧洲诸国的政策，大抵认机械师、技术师、制造师的劳动为熟练劳动，认一切农村劳动者的劳动为普通劳动。这种政策，似乎假定前者的劳动比之后者的劳动，带有更精致、更巧妙的性质。在若干场合确是如此，但在多数场合，却反乎事实。这是我们下面要顺次说明的。欧洲诸国各地的法律习俗，往往因要给某人以

---

① 《伊底里昂》：Idyllium，即《田园诗集》，忒奥克里托斯的作品。——编者注

从事特种工作的资格，而规定宽严不一的徒弟服务制度（有些劳动，则全听人自由）。在徒弟服务期中，一切徒弟的劳动，皆为师傅所有。徒弟这时的生活费，有许多场合，还是仰给于双亲或亲戚，甚至于衣服之类，也统由双亲或亲戚备办。依照普通习惯，徒弟还须给师傅若干学费。不能给学费的徒弟，则提供时间，换言之，延长服务年限，作为报偿。但徒弟往往因利不于己，习于怠惰，因之，这报偿既无益于师傅，亦无利于徒弟。反之，农村方面的劳动，却完全两样。农村劳动者往往在被雇在简易业务上的时候，无形中，逐渐学会了比较繁难的部分。在受雇期间，无论在何阶段，他皆能以自身劳动支持自身生活。因此，欧洲诸国的机械师、技术师、制造师的工资，论理当然要多少高于普通劳动者的工资，而在实际中也是如此。这种情形，使他们成为一种更上等阶级的人民。其实，他们这种优越程度，实很有限。制造亚麻布、毛织物那一类职工一日或一星期所得，平均计算，不过稍稍较多于普通劳动者一日或一星期的工资。但因他们业作比较持久均一，故全年总计所得的优越亦就不少。但无论如何，这种优越亦不过足够补偿他们教育费的高昂而已。

精巧艺术和自由职业的学习，更需要长期间和大费用。所以，画家、雕刻家、法律家、医生的货币报酬，当然要特别优裕，而实际也确是如此。

但在资本利润方面，却不大受影响于职业学习的难易。大都市各种投资方法，就学习难易的程度说，殆完全相等。都市上无论什么种类的业务，国内的或者国外的，都不比别种业务更觉繁难得多。

第三，各种业务的劳动工资，因业务安定与否而不同。

有些职业，特较其他职业为安定。大部分制造业的职工，在他能够劳作的限内，一年中几乎每日都有工作。泥水匠，当着密雾或气候不良时，便完全没有事做。并且，就连在天气晴和的时候，他们有无工作，仍须取决于顾客的临时要求。因之，他们会常常失业。他们在有职业时所得，不仅要足够他们失业期间维持生计，对于他不安定境遇中不时感到的焦虑失望的痛苦，亦须予以若干报偿。所以，大部分制造业工人所得，推算起来，与普通劳动者工资比较，几乎立在同一水准上，但泥水匠所得却大概有普通劳动工资的一倍半，乃至两倍。普通劳动者一星期如可获得四先令、五先令，泥水匠往往可得七先令、八先令。前者如为六先令，后者即为九先令、十先令。前者如为九先令、十先令（如伦敦），后者常为十五先令、十八先令。但在各种熟练劳动中，泥水匠那样的劳动，却似乎最易学习。伦敦制椅工人，往往当夏期，就从事泥水匠的职业。所以，这类劳动者的高率工资，与其说是熟练的报酬，就毋宁说是不安定的报酬。

建筑木匠所从事的业务，较泥水匠的工作，似更为精致、更为技巧。但就许多地方说（虽不能概括一切），建筑木匠每日的工资，却稍较低廉。这就因为他的工作之有无，虽也主要取决于顾客的临时要求，但不像泥水匠那样，完全取决于顾客的临时要求，且又不像泥水匠那样受气候影响。

安定职业的工资，对于普通劳动者的工资，通常保持一定的比例。但若在特殊场所，这种安定的职业，竟现出不安定的情状，这职业的工资，亦就会腾到这比例以上。伦敦一切工匠，几乎无异于其他各地的日佣劳动者，每日每周，都有由雇主雇入或解雇的机会。因此，伦敦普通劳动者的工资，尽管每日以十八便士推算，但这种工匠，就连最下级的，如缝工之类，一日也能获得半克郎（一克郎约合二先令六便士）。在小都市及农村地方，缝工的工资往往仅等于普通劳动者的工资，不过，他们是几乎天天有工作；伦敦缝工则动辄数星期无所事事，尤其是暑中。

假令一种职业上，不安定，困难，不愉快，不清洁，门门齐备，那即令是最普通劳动者，工资亦有时不免腾贵到最熟练工匠的工资以上。点件计值的炭坑夫，在纽喀萨，工资约二倍于普通劳动者，在苏格兰许多地方，则约三倍于普通劳动者。不过，这种工资的高率，不是由于职务的不安定，那是由于工作的困难、不愉快，不清洁。许多地方的炭坑夫的职业，大都能够依照希望持续下去。就困难、不清洁、不愉快那三点说，伦敦运炭夫的职业，殆与炭坑夫的职业相同，但因炭船入口期颇不规律，大部分运炭夫的业务，不得不陷于极不安定的状态，因之，炭坑夫所得，若已须二倍、三倍于普通劳动工资，运炭夫所得，就使四倍、五倍于普通劳动工资亦不为过。依据数年前的调查，运炭夫每日的工资，竟有六先令至十先令者。就六先令言，已四倍于伦敦普通劳动工资。不论何种职业，普通最低的报酬，大概即是从事这职业者一般所得的报酬。在外表上，他们所得，无论怎样破格，但实际上，如果除了补偿职业上一切不适意情形，还觉有些破格，那就除非那种职业持有一种独占的特权，不然，必有许多竞争者相率侵入，接着，使工资率不得不立即降落下来。

至于资本的普通利润，那就无论在什么事业，皆不受资本用途安定或不安定的影响。资本是否继续使用，不取决于所营的职业，只取决于经营职业的人。

第四，劳动的工资，因劳动者所须负担责任之大小而不同。

金匠、宝石匠与其他许多劳动者比较，尽管所需技巧一样，所得工资仍必较优。且不仅如此，与需要更优良技术的劳动者比校，他们所得工资亦必较优。这就因为他们被付托有贵重的材料。

我们把身体的健康委托于医生，把财产有时甚至把生命、名誉委托于律师或辩护士。像这样重大的信用，决不能安然委托于卑微不足道的人物。因之，他们所得的报酬，须足够保持他们堪此重任所必要的社会地位。加之，社会地位的获得，又少不了长期教育与巨额费用，于是，他们的劳动价格就更加抬高了。

就资本场合而言，情形亦有些两样。一个人如仅使用自己的资本，即无所谓付托。至若，他能否由他人取得信用，却又不取决于事业的性质，只取决于一般人对于他的财产名誉和智虑作如何意想。因此，各种事业利润率的差异，不能发因于各自所须担负责任之大小。

第五，各种职业的劳动工资，又按照成功希望之大小，各有等差。

各人对于所学职业之成功希望，因职业不同而有大小之别。大部分机械职业殆皆有成就的可能，自由职业的成就却颇少把握。例如，送子学做鞋匠，他无疑能习得制造的技术；但若送子学习法律，成功与否，就颇不一定了。想靠法律吃饭的人，二十个中，不过一个人成功罢了。比之购买完全公平的彩票，中彩者所得必为落彩者所失的全部。就成功者一人，不成功者二十人的职业说，这成功的一人，必须单独享有不成功二十人应得而不能得的全部。所以，年近四十，始能依职业造得若干财产的辩护士，所得报酬，不仅要足够补偿这长岁月的教育和这巨额的教育费，同时，尚须使他所得可以赔偿全无所得的那二十人的教育时间与费用。辩护士的报酬，有时看来似乎过分，但他真实应有的报酬，必不只此。就某特定场所的鞋匠、织匠这一类普通职业言，我们如果把他们一年间收入的总额和他们一年间支出的总额计算，就知道他们一般的收入优于其支出。但我们如果用同样的方法，总计各法院、各法律学校的辩护士及法律学生的支出与收入，纵令尽量提高他们逐年收入的估计，并尽量低减他们逐年支出的估计，他们收入的全部,亦只够补偿支出的极小部分。即是说,学习法律这种彩票,是颇不公平的。这职业与其他许多名誉的自由职业相同，从所得金钱一点看去，报酬是太少了。

但这类职业常能与其他职业，保持一个水平线。其出路虽令人气短，但世间一般最放达而具有自由精神的人，都争先恐后地向这方面挤来。这其间，盖有两种鼓舞他们的原因：第一，世上没有谁不希望名誉，但能精人所不能精的职业，即有名誉；第二，对于自己的才能甚至于幸运，一切人都天生有一种自信心。

一个人如果在一种做到平凡地步尚不容易的职业上，特别露出头角，那会最显著的，表示他有天才或卓越的才干。由这卓越才干取得的名誉，常常是他的报酬一部分。这部分报酬的大小，即按照比例于名誉的大小。这种报酬，就医生说，已占全报酬的大部；就法律家说，更是全报酬的大部；但若就诗人、哲学家说，就简直是报酬的全部。

有几种非常适意优良的才能，若能取得，当亦为人所称许，但他若用这才能来图利，世人就往往会根据理性或偏见，视之为公娼行为。因此，为图利而运用此种才能的人，所得金钱，就不但要补偿他学习这种技能所费的时间、劳力与费用，且须补偿他由这行为而致声名玷辱的损失。俳优、歌剧唱角、歌剧舞蹈者等，所以有过分报酬，即基因于这两个原则。一、才能罕有而美好；二、由运用这才能而蒙受的声名上的损失。我们通常在一方面鄙视其人格，同时，却又过度报酬其才能。骤然一看，这似乎很是无聊。但是，正因为我们鄙视他们的人格，所以要厚偿他们的才能。假若世人对于这职业的意见或偏见，竟能一旦改变，他们金钱上的报酬，必会骤然激减下来。即是说，这种职业不但不被人轻视，甚或被人敬重，则从事这职业的人数必增加。人数加多，自不免因竞争而减低他们劳动的价格。像这类的才能，虽颇不普遍，但也决不若世人所想象的那样稀罕。备有这种才能而不屑用以图利谋生的人，实不在少数。假设这种才能的使用不至于损害名誉，那长于为此者，必定更多。

大多数人，对于自己的才能，往往过于自负。这是历来哲学家、道德家所指称的人类通病。但世人对于自己的幸运，往往发生不合理的妄想，却不大为识者所注意。实际上，对于幸运发生妄想的人，比较对于才能过于自负的人，恐怕还更多数。身体精神相当健旺的人，对自己的幸运总不免抱有几分自信。他们把利得的机会，评价过高；同时又把损失的机会，评价过低。至少，一个人在身体精神相当健旺的状态下，决不会把损失的机会，过于重视。

人类，自然而然的，会把利得的机会评价过高。这心理，我们可由一般人购买彩票的事实窥知。彩票是一种投机事业，经营者都是想从中获取大利。完全公平的彩票，换言之，以全利得抵偿全损失的彩票，不独从来没有，以后亦永远不会有。就是国营彩票，就买彩票者说，也是所与之值，多于可得之值，但市面通例，仍不妨以二成、三成乃至四成的赢利售卖。这种需要发生的唯一原因，究不外是大家的期望，碰得好，可以中得大彩。一个很稳重的人，虽明知用以购买彩票的小额资金比中彩票机会的实际价值，要高过百分之二十或三十，但亦不认以小额资金钓取一万镑乃至二万镑的中彩机会，全是痴想。奖金不过二十镑的彩票，纵令在其他诸点上，较之普通国营彩票更近于公平，但要购这种彩票的人，怕会更少得多。因要增加得中大彩的机会，有的人，同时购买彩票数张，有的人，更兴致勃勃，买许多分条的彩票，但所购愈多，损失的机会亦愈多，这是数学上一个确凿不移的定则。一个人假若冒险购买彩票全部，他的损失就成了无可置疑的事实。他购买彩票的条数愈多，他的损失也就愈接近于这种事实。

对于损失机会，往往评价过低，不常评价过高的事实，又可由保险业者的利润轻微那一点上征知。把火灾保险、海上保险当作一种事业经营，普通保险费自然要够充分补偿普通的损失，支付经营的费用，并提供资本的普通利润。被保险者所出，若不更多于此，亦即不更多于危险的真实价值，换言之，不更多于他在合理程度上所能希望的最低保险价格。保险家虽大都能由此取得微利，但由此取得大资产的人，实在很少。就此点考察，利得与损失，两相比较，保险业其实不见得更有利，其他可以致人于富的普通事业，亦不见得更为不利。然而，因多数人过于轻视危险之故，保险费虽轻微，他们亦不愿支少额的保险费。就全英国的家屋平均推算，二十户中，就有十九户，甚或百户中有九十九户，不曾有火灾保险。海难，在许多人看来，较火灾更为可怕，所以，保险船舶对未保险船舶，所持比例，远较火灾保险的比例为大。但无论在什么季候，甚至在战争期中，犹有许多未保险船舶往来航行。像这样未保险的航海，有时，亦不能遽然断为不慎。一大公司或一大商人，若有船舶二三十只同时航行海面，这全部船只，就可相互保障，而由此节约下来的保险费，亦就足够补偿普通危险所惹起的损失而有余。可是，忽视海运保险与忽视家屋保险的心理正同。大体上，那都不是这样精密计算的结果，只是轻率无谋，在推想上，轻视危险的结果。

忽视危险奢望成功的心理，在我们全生涯中，以青年期选择职业时最为活跃。这时期对于任何不幸运的恐怖，都不足减杀他对于幸运的希望。此种心理，我们试一观察上流社会青年热衷于所谓自由职业的事实，已可明了，若再观察普通青年乐于充当陆军或投身海上的事实，就更为明了。

普通兵士所可蒙到的损失，是很明白的。然少年志愿兵终不顾危险，敢于应募，而且在新战开始时，特别踊跃。事实上，升进的机会虽几乎没有，但他们却在少年意气的空想里，活描出了无数可以获得，但事实上却并不能获得的荣誉拔擢的机会。这许多浪漫的希望，形成了他们流血的全部代价。至若报酬较普通劳动者为低，实际勤务上的劳顿远较普通劳动者为大的计较，却为他们所不注意。

海上生活的彩票，本来没有陆军生活的彩票那样不利。一个稳健的工匠的儿子，往往先得父亲的允许，再从事海上生活。可是，在他应募陆军的场合，却往往要隐瞒父亲。因为在前一职业，他人亦能见到几分成功的机会，在后一职业，就除了当事人，谁也不会承认那有成功的机会。以海军陆军比较，青年们就更愿意充当陆军。从来的海军上将，都没有陆军上将那样博得民众崇拜。就光辉荣誉说，海上服务的最大成功，决不能与陆上同等的功业相比。这样的差别待遇，且不限于上将，等而下之，海陆两方各同级的军官，亦不免略有被人歧视之处。依据等级的规定，海军的舰长，原来与陆军上校属于同一阶位。但在一般的评价上，却没有把舰长与上校同样看待。像彩票一样，大彩当然更少，小彩当然更多。普通海兵所得的幸运，所得的升进机会，远较普通陆兵所得为多。一般人所以愿意子弟充当海军，不愿其充当陆军的，这就是主要的原因。可是，一般海员的熟练与技巧，也远胜于一切其他职工。他们全生涯都寄托在不断的困难和危险舞台上。在他们继续充当普通海员的时候，对于他们全部的熟练技巧，对于他们全部的困难危险，他们所受的报酬，除了在显露他们的熟练技巧，克服环境的困难危险时，颇能生出一点快感外，还有什么，就难说了。他们的工资，仍取决于港口普通劳动者的工资，绝没有超在他们之上。但因他们不断往返于各海港间，所以，一切由英国航出的船舶，水手每月工资与其他劳动者较，更不易因地点不同而有差等。现在，伦敦港船舶出入最多，其地海员工资率，遂规制其他各港口的海员工资率。伦敦各种工人大多数的工资，约有爱丁堡同类工人的工资两倍。但由伦敦出航的水手工资，与由利斯港出航的水手工资比较，每月计算，差到了三四先令，就算了不得的大。平时伦敦商船上的水手，每月工资二十一先令至二十七先令不等。然伦敦普通劳动者以一星期九先令至十先令计算，每月也可得四十先令乃至四十五先令。固然，水手除工资外，还领有食粮。但其价值，恐亦不致超过他所得工资及普通劳动者所得工资之较差。即令有时超过了这差额，但超过额仍不能算是水手的纯利。水手无从把这种食粮，分给他在家所不得不养给的妻儿。

冒险生活的艰难险阻，均不足以沮丧少年一往直前的意气，有时，却反而可以鼓励他们去选择这类职业。下等人的慈母，所以不肯把儿子送入海港地带的学校读书，正恐儿子被航船的情景、水手的言行所引诱。海洋生活上虽有许多意外，但我们就希望凭着自己的勇敢与机警，予以征服。海上生活，决不会引起我们不快的感想。从而，这类职业的劳动工资，决不因危险困难而提高。然在勇敢机警已无所用的职业上，情形却就两样了。以不宜于卫生著称的职业，其劳动工资常特别丰裕。因为不卫生即是一种不愉快。其所及于劳动工资的影响，应并在一类。

各种资本用途的普通利润率，常多少随其收还之确实与否而变动。资本的收还，在国内商业上常较国外贸易为确实。而在国外贸易上，某一部门又较别一部门为确实。例如，对牙买加贸易的资本比对北美贸易的资本，收还就比较可靠。普通利润率，虽常随危险程度而多少上腾，但上腾的程度，不常按照比例于危险的程度。腾高的利润，不一定能够完全抵偿危险。破产，在最危险职业上最常见。最危险的事业，要算秘密输入，在冒险成功的场合，其得利固厚，但结局多不免破产而终。加之，成功的奢望，在此种事业上比在其他事业上，作用正相同。多数人因大利润的诱惑，不断竞向这种危险事业，于是，低减的利润，有时竟不够抵偿这事业的危险。要使这事业的危险，完全得到补偿，其普通收益势必在资本普通利润外，还须弥补他一切不时的损失，换言之，还须对于冒险家提供一种与保险家利润同性质的利润。这危险事业的普通收益，必须相当于这诸般的利润，然后，这事业的破产危险，才不比其他事业更为常见。

因此，使劳动工资发生变动的五种事情，只有两种事情——业务愉快与否，安全与否——会影响于资本利润。就愉快与否一点说，大多数资本用途都是相差不远，或者全无差别，但在各种劳动用途间，却存有极大的差异。加之，资本的普通利润，大体上，虽随危险程度而上腾，但其上腾程度又不必按照比例于危险程度。由此等事实推论，我们知道在同一社会或同一地带，各种资本用途的平均普通利润率比较更接近于一个水准，各种劳动的货币工资却比较多有些差违。而且，事实上也正如此。普通劳动者所得和生意好的律师、医生所得比较，差异很大。任取两种事业的普通利润比较，差异也不见有这大。况且，各种事业的利润，外表上虽有差异，但那种差异又大都基因于我们的含混。什么应该算作工资，什么应当算作利润，我们往往不加区别。

药剂师所得利润之过分，一般人常引为笑谈口实。其实，这种表面上的大利润，往往不更多于他们合理的劳动工资。药剂师的熟练远较其他一切工匠的熟练，为更绵密微妙。他所付托的责任也远较为重要。他常充当贫民的医生，而在病痛危险较轻的场合，亦不时充当富人的医生。由熟练及重任付托而取得的报酬，往往大部分包含在出售药品的价格中。大商业都市中最兴旺的药剂师，每年出卖的全部药品，所费于他的，虽然也许不过三四十镑，他所得的却在三百镑、四百镑，换言之，他们虽以十倍的利润出售药品，但其实，这利润也许只够支付他应得的工资。他应得的工资，除了加在药品价格上，简直没有第二种方法取得。他表面上特大的利润，其实，只是他应得的工资。表面上称作利润的，实际却有大部分是工资的化装。

在海口小镇市上，资本百镑的小杂货商人，尽管能获得百分之四十或五十的利润，但同地资本万镑的大批发商人，却很少能够获得百分之八或百分之十的利润。杂货商的营业，为该地居民便利上所必要，但因市场狭小，许投在这职业上的资本，不得过大。况且，藉此职业谋生的人，又须具有经营这职业所须有的各种资格。除了具有小额的资本，他又必须能读，能写，能算，并须有能力判断五六十种商品的价格品质及其最廉贩买处。简言之，这种商人，必须具备大商人所须具备的一切知识。因为，他所以不能成为大商人，只因他没有充分的资本。像这般完全的人，每年取得三四十镑，作为劳动的报酬，决不能认为过分。假若从他这一看好像颇大的资本利润中，除去他应得的工资，则剩余下的部分，恐不会更多于普通利润。因之，表面上利润的大部分，在这场合，仍不外是真实的工资。

零售商表面上的利润，与批发商表面上的利润，在大都会地方的差异，较在小市及农村为小。如果投资一万镑在杂货商业上，则杂货商人的劳动工资，对于这大资本的真实利润，就不过是很小的一个附加部分。从而，这时富裕零售商表面上的利润，与批发商的利润比较，就比较更接近于同一水准。都会零售商的货物售价与小市及农村方面比较，所以同样低廉，且常遥为低廉的，要不外基因于这个理由。例如，都会地方的杂货与小市及农村方面比较，是更低廉得多；面包与肉类，则与小市、农村同样低廉。杂货上市，大都市所费，固不必较多于小市、农村，但大都会所需的谷物、家畜，却不得不取给于远地，故与农村比较，运输费是比较多。杂货的原费，都会、农村既然一样，所以，在货物价格中附加利润最少的地方（大都会），其价最廉。面包、肉类的原费，大都会既较农村为高，所以，大都会的利润虽较低，其售价不一定较低，只往往同样低廉。就面包及屠肉这类商品而言，其表面利润减少的原因，即其原费增加的原因。市场的广大，一方面由所投资本较多，而减少其表面利润；别一方面，又由仰给于远方的必要，而增加其原费。这表面利润的减少与原费的增大，在许多场合很可互相抵消。所以，谷物及家畜的价格，虽然在全国各地很不相等，但面包及肉类的价格，却几乎是通国一样。

零售商及批发商的资本利润，虽然在都会方面，都较小于小市、农村方面，但以小资本开始经营，终至成为巨富的人，则在大都会方面常有，在农村、小市方面却几无一人。小市、农村，因市场狭隘，不能常随资本的增加而扩大营业，所以，这些地方，特殊商人的利润率虽甚高，利润的总额却不甚大。结果，他们年年的蓄积额亦就有限。反之，大都会的营业则能随资本的增加而扩大，商人若能勤俭向上，则其信用的增加，更远较速于其资本的增加。这样，他的营业就得比例于其信用及资本的合计额而扩张。其利润总额，比例于其营业的扩张而增加；其常年蓄积，又比例于其利润总额的增加而加大。不过，在大都会方面，想依某种正规确定且为世所周知的营业而获得巨大财产，仍须经长岁月的勤勉、节约和注意，否则，仍是没有多大希望。固然，大都会中，往往有依投机事业而突然致富的，但投机商人并不是经营正规确定且为世所周知的业务。他今年是谷物商，明年是酒商，后年也许又是砂糖商、烟草商或茶商。不论何种职业，只要他预先看见了这职业有超过普通利润的希望，他便马上加入，一旦预先看见了哪种职业的利润将要降落而与其他职业相等，他又马上离开。因此，他的利润和损失，殆不能与其他任何正规确定且为世所周知的营业保持正规的比例。大胆的冒险者，有时或竟由两三次投机的成功而获得莫大财产，有时也许会由两三次投机的失败而丧失莫大财产。此等事业，除大都会外，在其他任何场所，皆无法进行。因为经营此等事业所必要的预测，只能进行于商务最繁盛消息最灵通的场所。

上述五种情形，虽可使劳动工资与资本利润发生颇大的不均等，但各种职业在实际上想象上的利与不利，却不能由上述五种情形，而发生大体上的不均等。上述诸情形，乃所以使金钱利得少的职业得到补偿，金钱利得多的职业有所抵杀。

但要使一切用途的利与不利，大体上互相均等，那就连在最自由的地方亦须具备三个必要条件：第一，各种职业均须为邻近所周知，且已在当地确立甚久。第二，各种职业均须在普通状态下，即所谓自然状态下。第三，各种职业均须为从事者的唯一职业或主要职业。

第一，只有在各种职业均为邻近所周知且已在当地确立甚久的场合，才能有这种均等。

在其他条件一致时，新职业的工资大都较高于旧职业。在企谋家拟设立一新制造业时，他最初必须以较高于其他职业的工资，或较高于本职业应有的工资，从其他职业招诱工人过来，但工资一经提高，那非经长时间他决不敢把工资降落至普通标准。有一类制造品的需要，完全由于时尚幻想，故其业不免常在动摇，历期之长，不易视为确立甚久的职业。反之，若需要起于效用与必需，则变动较少，同一的形式构造，或可历数世纪，尚为人所需要。所以，前一类制造业与后一类制造业比较，工资常常较高。伯明翰的制造业，多属于前一类；席斐尔德[①]的制造业，多属于后一类。因为这两地的制造业有这种性质上的差异，所以，据说这两地的

① 席斐尔德：Shefield，今译谢菲尔德，英国著名钢铁城市。——编者注

工资亦按这差异而差异。

新制造业、新商业、新农业的设立，常常是一种投机。企谋家总期望从那里获取格外的利润。这种利润，有时诚然是很大的，但有时是，也许更常常是利润甚微。总之，这种新职业的利润与邻近旧职业的利润比，并不保有正常的比例。如果计划成功了，利润最初是很高的。但职业一经确立而为邻近熟知，即因有竞争，其利润又将降而与其他职业相等。

第二，各种用途利害大体均等的趋势，只能在这各种用途的普通状态下，即所谓自然状态下实现。

几乎对各种劳动的需要都不免时有高下，有时较平常为大，有时又较平常为小。在前一场合，用途的利益腾贵到普通水准以上，在后一场合就会低落到普通水准以下。对于农村劳动的需要，一年中在割草期，收获期特形浩大，其工资遂亦伴随此需要而上腾；当战争中，四五万原为商船服务的海员，被迫而为国王服务，因之，海员大感不足，商船海员的需要必大增，从而这时海员的工资便由平时每月二十一先令至二十七先令，腾到每月四十先令至六十先令。然在日趋凋落的制造业上，情形却正相反。许多劳动者不愿舍去旧来的职业，所以，按照工作性质照常应得的程度，工资虽然觉得太少，却也只好认为满足。

资本的利润依随这资本所生产的商品的价格而变动。某种商品的价格如腾贵到普通率或平均率以上，则至少为这商品上市而使用的那一部分资本的利润，必腾贵到其本来水准以上。如落在普通率或平均率以下，则其利润亦会降到其本来水准以下。一切商品的价格，原来是免不了有多少变动的。不过某种商品的价格变动，特别较其他商品为常。为生产人类勤劳生产物而年年雇用的勤劳量，必然受调节于这生产物常年的需要。这调节作用，在可能范围内，竭力使逐年平均的生产额，等于逐年平均的消费额。

前面讲过，有些职业，以同一量劳动常可生产同一量或近似同一量商品。例如，在亚麻或羊毛制造业上，同一人数的劳动者，年年几乎制造同一量的麻布或毛织物。所以，像这类商品的市场价格变动，就只能发因于需要上的偶然变动。国丧虽可使黑布的价格昂腾，但对于素朴麻布及毛织物的需要，则几乎没有变动，所以，其价格亦几乎没有变动。但在他方面，还有些职业，以同一量勤劳不会生产同一量商品。例如，谷物、葡萄酒、藿蒲、砂糖、烟草等的生产，逐年由同一量勤劳而生产的数量，就颇不相同。从而，这类商品的价格亦会极度动摇，因为它不仅随需要变动而变动，同时，又随供给量变动而变动。在这种职业上，供给量的变动，既甚巨大，且甚频繁。结果，经营此类商品者的利润，也就必然要和商品价格一同发生动摇。一般投机商人的活动，就大都在这类商品上进行。他们看着哪种商品将要腾贵，立即买入；看着哪种商品将要跌落，立即卖出。

第三，各种用途利害大体均等的趋势，只能在各用途成为经营者之唯一职业或主要职业的场合发生。

有一种人，虽依某种职业谋生，但那职业并不占有他大部分的时间。在这场合，他往往就利用闲暇去从事其他职业。他由此所得的工资，显然没有达到按照那职业性质应当要求的限度，但他不暇计及。

苏格兰许多地方，迄今犹有称为廛居者那一种人存在。这种人，现在较数年前，是减少了。他们是地主农业家的户外雇役。他们通例由雇主取得的报酬，是一间住宅，一块栽培菜类的小园，一块够饲养一头母牛的草场，再加上一两亩不良的耕地。当雇主需要他们的劳动时，他也许还每星期支给他们两培克[①](Peck)燕麦

① 培克：今译配克，1配克约等于9.09升。——编者注

粉，约值十五便士。主人需要他们劳动的时候，在一年中，原来不多，或竟大半年，是全不需要，同时他们自身的小耕地上，又不够消费这余下的得由自己任意处理的时间。所以，当这些廛居者数，远较现今为多的时代，据说，他们都乐于极小额报酬，向任何他人提供其闲暇时间，情愿以低于一切劳动者的工资而劳作。在古代，这种住民遍布于欧洲各地。设无此等住民，则在耕作未发达、人民尚稀薄的国度中，就有大部分地主和农业家，无法于特别需要农村劳动者的季节，加雇临时劳动者。此等劳动者，每日或每星期劳动所得报酬，分明不是他们劳动的全价格。他们借住的小屋，是他们劳动全价格的大部。有许多著作家，探究往昔劳动及食品的价格，特别喜欢把这两者的价格说得格外低贱。他们把这种劳动者一日或一星期偶然所得的报酬认做是那种劳动的全价格。

像这类劳动的生产物，往往以较低于应有的价格提供市场。苏格兰各地编制的袜价，较任何地方用机械织成的袜价为低廉。据说，那就是因为编织此等袜的劳动者，都依据其他职业，获得了他们的主要生活资料。每年，席得兰都有一千双以上的袜输入利斯，其价格每双由五便士至七便士。据闻，席得兰群岛[①]的小首都勒威克，普通劳动的普通价格为每日十便士，但他们所织成的丝袜，却有每双值一几尼以上者。

国家富裕，市场大抵非常广阔。如是，一个人只要从事一种职业，已可容纳他全部的劳动资本。依一种职业谋生，同时又由其他职业获得若干小利益的，那多半是贫国特有的情形。然而，依以下的实例所示，同一现象，却又能发现于最富裕国家的首都。房租较伦敦为高的都市，我相信，全欧洲没有一个。但是，余屋

① 席得兰群岛：Shetland islands，今译设得兰群岛，在英国苏格兰。——编者注

附有家具，租金却又最低廉的都市，我也要数伦敦。在伦敦租借余屋，不但远较巴黎低廉，且远较爱丁堡低廉。最令人奇怪的是，全房租的高价竟成了余屋租金低廉的原因，原来，大都会房租的高价，乃基于几种原因。一般劳动昂贵，一切必须由远地供给的建筑材料昂贵，地皮地租又昂贵。占有独占者地位的都市地主，对于不良街市地皮一亩，犹要求最优良农地百亩以上的地租。但除了上述那些原因，伦敦房租的高价还有一个原因，出发于伦敦人的特别风习，即在伦敦租借家屋时，各家主均有租借全屋的义务。通常所谓一个住宅，在法兰西、苏格兰及其他欧洲多数地方，单是指着建筑物的一层，在英格兰却包括屋顶以下所有的一切。伦敦商人，必须在顾客所在的城市中，租借一栋房屋的全部。他把最下一层作为自己的店铺，屋顶室作为一家的寝所。中间两层，则分租于寄居者。寄居者仅为他分担一部分房租。此等商人所期，是依营业支持其家族生活，并不希罕寄居人的租金。巴黎及爱丁堡的房屋承租人，却不是这样。他们的生活，完全依靠分租房间，因此，各房间的租价，就不但要分担家屋的全部租金，并须足够维持承租人全家族的费用。

第二节　基因于欧洲政策的不均等

这样看来，即令完全自由放任，但若缺少上述三要件之一二，各种用途利害大体均等的趋势已就无从发生了。况且，欧洲政策还不让有完全的自由。所以，由此又不免惹起更重要的不均等。

欧洲政策的影响，大体上，是依着以下三种方式：第一，限制某种职业上的竞争人数，使愿加入者不能加入；第二，增进某种职业上的竞争，使超越自然的限度；第三，妨害劳动及资本的自由活动，使不能由一职业转移到其他职业，不能由一场所转移到其他场所。

第一，欧洲的政策，限制某种职业上的竞争人数，使愿加入者不能加入。因而，在各种用途上，惹起了利害极不均等的现象。

同业组合的排外特权，是欧洲政策限制职业竞争人数的主要手段。

有组合的职业排外特权，势必在特权设立的市上，只许那班有经营此业自由的人相互竞争。得到这种自由的必要条件，通例，是在正当地有相当资格的师傅门下，完成徒弟的义务。组合的规约，有时限定各师傅所得容纳的徒弟人数，一般则又规定徒弟必须服务的年限。这两种规约的目的，不外要限制各该职业上的竞争人数，使愿加入者不能加入。徒弟数的规定，是直接限制这竞争；徒弟长期服务年限的规定，是由学习费用增加而间接限制这竞争，但一样有效。

席斐尔德的刀匠师傅，依组合规约，同时不得有徒弟一人以上。诺福克及挪利支的织匠师傅，同时不得有徒弟二人以上。违者每月奉纳国王罚金五镑。英格兰内地及英领各殖民地的帽匠师傅，亦不许同时有徒弟二人以上。违者月科罚金五镑。半归国王，半归呈报于记录处者。这两项规定虽曾由帝国公法确认，但其公布方法分明无异于席斐尔德的组合规约。它们的精神是一样的。伦敦丝织业组合，不到一年当中，就制定各师傅不得同时有徒弟二人以上。此后，这规约的废止还经过了议会一种特别法律手续。

往昔，全欧洲大部分有组合的职业，似乎都把徒弟服务期限定为七年。而这所谓组合，在昔，通称为优尼维斯特（University）。拉丁文的优尼维斯特，确是组合的拉丁文原名。铁匠优尼维斯特、缝工优尼维斯特，等等，在古时都市的特许状中常可看见。今日特称为大学的这个特殊团体，设立之初，获文艺硕士学位所必要的学习年限规定，说是模仿往昔组合职业之徒弟服务年限规定，亦似乎不错。一个人想在普通职业上获得称师受徒的资格，就得在具有适当资格的师傅门下服劳七年。同样，一个人想在文艺上成为专家、教师或博士（此三者在往昔原为同义的名词），取得收受学生或学徒（此两者原来亦是同义的名词）的资格，也得在具有一定资格的专家门下学习七年。

伊利沙白治世第五年，颁布徒弟条例。这条例规定此后无论何人，未完成七年徒弟义务，即不许从事当时英格兰已有的一切职业手艺或技艺。因此，以前英格兰各地特殊组合的规约，现在竟成了各通商都市一切职业上的公法。该条例的用语极为广泛，显然包括英国全土。但在解释上，其通用范围却只限于通商都市。农村劳动者则不受此条例的拘束。他不妨一时兼作几种未从师学习七年的职业。这就因为农村居民，在作业便利上，有同时兼营几种职业的必要，而且，农村的人民亦不够分配人数，使各专营一种职业。

再就条例的用语，加以严格解释，则其适用范围，又只限于伊利沙白治世第五年以前已在英格兰境内确立的职业，绝没有扩大至以后新立的职业上去。这种限制惹起了几种无聊的区别。例如，依当时法令的裁判，马车制造人，不得自行制造车轮，亦不得自行雇人制造，他必须向车轮匠购买。因为车轮制造业是伊利沙白第五年以前英格兰已有的职业。但车轮匠，纵令没有在马车制造家门下学过徒弟，却不妨制造马车，或雇人制造。因为马车制造业是徒弟条例制定以后英格兰始有的职业，所以，不受该条例的限制。在曼彻斯特、伯明翰、沃尔味罕吞[①]等地，有许多制造业，就根据这种理由，不列于徒弟条例中，不为徒弟条例所拘束。它

① 沃尔味罕吞：Wolverhampton，今译伍尔弗汉普顿，英国城市。——编者注

们是伊利沙白五年以后始见于英格兰的职业。

法兰西的徒弟服务期间，各市不同，各业不同。在巴黎方面，虽有大多数职业以五年为期，但一个人想取得某种职业上的师傅资格，他至少还须再作五年散工。在以后这五年间，他被称为师傅的工友。这五年期间，则呼为工友期。

苏格兰关于徒弟服务年限，没有普通规定的法律。职业不同，年限亦发生差异。大抵，在年限长的场合，常能以少额资金相偿来缩短期限。在大多数都市中，只要支给极少额资金，便可买得同业组合的自由。此外，那里的主要制造业，如亚麻布、大麻布的织工，以及附属于这类制造业上的其他各种机轮工匠、纺车工匠,不支出分文,亦不妨在有组合的市上从事作业。有组合的市上，一切市民都能自由在星期内的法定日自由贩卖生肉。若干极精贵的职业,徒弟服务期为三年。大体上论,欧洲各国的同业组合法律，皆不若苏格兰宽大。

劳动的所有权，是其他各种所有权的根本基础。所以，这种所有权是最神圣不可侵犯的。贫家所有的世袭财产，就是他们的体力与技巧。在他没有加害邻人，以正当方法从事劳作的限内，妨害他们体力技巧的使用，即是侵害他这最神圣的财产。而且，这不但明明侵害了这劳动者的正当自由，同时，还侵害了劳动雇用者的正当自由。妨害这个人使不能在自认为适当的用途上劳动，就是妨害别一个人使不能雇用自认为适当的人。这个人宜不宜于受雇，其裁断权可安然委之于雇主的酌量。立法当局，惟恐雇主雇用不适当劳动者,因而出于干涉,那就不只是压制,而且是僭越。

长期徒弟制，决不能保障不良工作之不提供于公共市场。因为不良工作之提供市场，大体上并非能力缺少的结果，而是欺诈的结果。徒弟服务期限，即使再长，亦不能保障没有欺诈。所以，为保障此种弊害起见，又需有一种完全相异的法规。与徒弟期限比较，板金上附刻纯度记号，麻布毛织物上附加检印，都能与购买者以更大的保证。购买者判别货物，往往只看记号或检印，他决不会想到制造货物的职工经过多长的徒弟服务期。

又，长期徒弟制不能养成少年人的勤劳习惯。点件的工资劳动者，因所作愈多，所得愈厚，所以，无形中自会趋于勤勉。若徒弟，则因利不干己，势必流于怠惰，实际亦常如此。从事下级职业者，劳动乐趣，完全存在于劳动报酬。享得此种乐趣愈速，寻味此种乐趣之情愈殷，则获得勤勉习惯亦愈快。少年人不能由长期劳动享受丝毫利益，自不免对于劳动引起嫌恶之感。由公共慈善院送出去的儿童，其年限较普通为尤长，所以，结果大都成了非常怠惰而低能的劳动者。

古代没有徒弟制度存在。师傅和徒弟间的诸种相互义务事项，在一切近代法典中，都占有相当部分，但罗马法关于此等义务，却全未涉及。在近代人心中，徒弟的意义，即从师受业，有为师服务一定年限的义务；同时，师傅则有授业的责任。但此等观念，实不能由希腊拉丁语中找出一个相当字眼来表明（我想，我很可以断定这两国文字中没有这种术语）。

就学习上说，长期的徒弟服务，是全然不必要的。远较普通职业为优等，像挂钟、手表一类职业的技艺，确未含有须受长期教训的奥妙。固然这般美妙机械的最初发明，甚至在这般机械制作上使用的某种器具的最初发明，无疑，都是费了精深工夫和长期岁月，很可说是人类智力的最大的成效。但是，当这机械器具，一经好好发明了，一经好好理解了，那么，即使要把器具的使用方法和机械的构造方法，详为少年人说明，也恐只需数日的教授就够了，决用不着费数周以上的教授时间。至若普通的机械职业，那就更其简便了。固然，手艺精巧的获得，就普通职业上说，也非有多少实习和经验不可。但一个少年人，如果最初即以散工的资格而劳动，得依他工作量的多少给与工资，按他由粗忽或无经验所损失的材料责令赔偿，那他在业务的实习上，必远较徒弟为勤勉而且注意。其教育必更为有效，并常可减少经费与麻烦。不过，如此做去，师傅就无疑是一个损失者。七年徒弟服务的工资，他将无从取得。并且，结局，徒弟自身，也恐不免成为损失者。一种职业既如此容易学成功，那种职业上的竞争者，必较以前增多。于是，当他成为一个完全劳动者时，他的工资，必然会远较现今为少。这种竞争增大，会减低师傅的利润，亦会减低职工的工资。而从事诸般职业技术手艺的，都将成为损失者。社会却将成为利得者。各种匠人的制造品，既以遥遥低廉的价格提供市场，一般大众，就受到实惠不浅了。

同业组合以及大部分组合法规的设立，不外因要限制自由竞争，以阻止价格下落，从而，阻止工资及利润下落。往时，欧洲多数地方设立组合，只须得组合所在地的市公会许可。在英格兰，却有得国王特许的必要。不过，国王这种特权，并不是为了防制独占事业而保护一般自由，却只为了要向臣民榨取货币。所以，国王只要获得了若干资金，马上就会特许。假若某种匠人商人，认定他们的组合，以不经国王特许为妥当，即当时所谓私生同业组合，也就不必因无特许而被取缔，那只须每年付纳国王若干罚金，来报答国王的默许。一切组合及彼辈认为适当的法规，只受直接监督于组合所在地的市公会。所以，组合的监督指令，通例不出于国王，只出于市公会。这般组合，各都是这个较大团体的一分子。

市公会的统治权，当时，全都握在商人匠人掌中。他们防止各自产业在市场上的供给过多，实际要使它在市场上的供给过少，分明都是为了他们自身的利益。各阶级都急要确立达到此目的之适当规约，设为当前情势所许，他们还同意于其他一切阶级都有这种规约。结果，各阶级所必要的货物，都不得不以较高于无此等规约时的价格，向市上其他阶级购买。同时，他们自己的货物，也能以相当的高价出卖。买卖相衡，正如一般所谓两不相亏。同市内任何阶级皆不会由此等规约而蒙受损失。但在他们与农村相互交换时，他们却会受到极大的利益。维持各都市，使各都市益臻富裕的，亦就是这种交易。

一切都市的生活资料与工业原料，全都仰给于农村。都市对农村支付代价的主要方法有二：第一，是把由原料制成的熟货一部分，送还农村。在这场合，物品价格就因劳动工资及师傅（或直接雇主）利润而增大了。第二，是把由外国输入或由国内其他远隔地方输入都市的粗制品或精制品一部分送往农村。在这一场合，物品原价亦因水陆运输的劳动者工资及雇用这般劳动者的商人利润而增大了。都市由前一种商业获得的利益，乃由制造业获得；由第二种商业获得的利益，乃由对内及对外贸易而得。劳动者的工资及各种雇主的利润构成了这两种商业利得的全部。所以，不论何种规约，如果它具有一种趋势，可以使这工资和利润增加到没有此规约场合以上的程度，即无异说它具有一种趋势，使他们能以较少量的都市劳动购买较多量的农村劳动生产物。这种规约，既然给了都市商人匠人一种较大的利益，使较优于农村的地主、农业家及农业劳动者，所以，在都市与农村的商业上，应该发生的自然均等就被这规约破坏了。我们知道，社会劳动的年产额全部，是逐年分配于都市和农村这两方面的人民。但因为有此等规约，都市住民就享得了格外较大的份额，同时，农村住民只获有格外较少的份额。

都市年年由农村输进食品原料，又年年以制造品及其他物品输往农村。为前者输入而实际支付的价格，即是后者输出的数量。出品的卖价愈高，则输入品的购价愈廉。都市产业就更为有利，农村产业就更为不利了。

欧洲各地都市产业较农村产业为有利的事实，不待详加推算，只要由一种极简单而明白的观察，就可以充分知道。欧洲各国，如果有一百人，能以小资本经营都市产业（即商业、制造业）而获得大资产，怕只有一个人能以小资本经营农村产业（即改良土地从事耕作）而获得大资产。对照一下，可知都市产业的报酬，必较农村产业为丰。都市的劳动工资及资本利润，也分明较农村为大。资本与劳动，自然是倾向于有利用途的。所以，它们自然在可能范围内，集中于都市而远离农村。

都市住民群集一地，故较易结合。结果，都市中最卑卑不足道的职业，亦常有组合。即在完全未有组合的场合，他们的组合精神，换言之，他们对于外乡人的嫉妒，对于容纳徒弟的抑制，对于该职业上秘密的保持，犹通行于一般从业者间，使他们依自动的结合或协约，阻止其他不能由规约而禁止的自由竞争。在所雇劳动者数有限的职业上，最容易形成这类结合。比如，使一千纺工职工继续作业所必要的梳毛工数，恐不过六人。假如这少数梳毛工人结合起来，不容纳徒弟，他们就不仅能够独占这种职业，使羊毛工业全部，对于他们，立在从属的地位，且可使他们的劳动价格，抬高到按照这作业性质所应有的程度以上。

农村的住民正与都市住民相反，他们是相互散居各地，不易结合的。他们不但从来未有组合，并且一向就缺乏组合的精神。他们并不以为，从事农村主要职业（即农业）亦须经过徒弟服务时期，始有资格。然而，事实上除了所谓美术及自由职业，恐怕没有一种职业像农业这样，需要种种复杂的知识和经验。关于农业，各国有无数的载籍。就这种记载，我们就连在最贤明、最有学识的国中，亦不能发现一个认农业为最容易知道的主张。固然，有些著述家，对于农民，好为侮蔑贱视的言辞，但是，一个人，纵令读破农业载籍的全部，也恐怕不能完全了解普通农民的繁杂作业。反之，普通机械职业的作业，却全可以用附加图解的文字说明，所以，只要有本薄薄数页的小册子，就几乎没有不能完全明确理解的。现在法国学术院所刊行的工艺史，实际就是依图解的方法说明。此外，农业的作业，又须依天候变化及其他许多偶发事变而有变更之必要。故与常常一律或近似常常一律的作业比较，其经营每需更多的判断与考虑。

普通农民的技术或农业上各种作业的一般的经营，较大部分机械职业，固需更多得多的经验与熟练，但就连最低级的农事工作，亦莫不如是。以铜、铁为材料而从事作业，其所用器具与材料，全为同一性质或近似同一性质的。但耕锄土地所用的牛马，则性质各殊，体力各异，而作业对象的材料品质，又颇不相同。欲因地之利，物之宜，皆需要更多得多的判断与考虑。就连被一般人认作愚钝无智的普通农夫，亦大抵具有此种判断力与思辨力。他在社会交际上，本来不及都市机械工人娴熟。他的声调语言，也不免使那些没有听惯的人觉得粗野而且颇不容易了解。但他的理解力，惯于考虑种种色色的对象物，与终日集全注意于少数极单纯作业的人比较，总算格外优越。只要你因营业关系，或为好奇心所驱使，曾与农村下级人民，与都市下级人民接触过，你就知道前者实较优于后者。中国、印度一般农村劳动者的地位与工资，均较优于大多数的匠人和制造工人。假若没有同业组合法及组合精神为之妨碍，恐怕到处都会和中国、印度一样。

不过欧洲各地都市产业，所以比较农村产业为优越的，原因并不完全由于同业组合及组合法的存在。其他许多规定，亦曾予以支持。对于外国制造品，对于由外国商人输入的一切货物，欧洲各国常课以高率关税。这种办法，亦有这种倾向。有了同业组合法，都市居民已可抬高其制品价格，不必忧虑本国人的自由竞争，会把价格降低；有了高率关税一类的规定，都市居民又能避免外国人的竞争。由这两种法规生出的价格腾贵，不论何处，结局，都由农村的地主、农业家及农业劳动者负担。他们对于这种独占权的建立，几乎从未加以反抗。他们通常没有团结的倾向，也没有团结的意思，加之，商人制造家的喧闹诡辩，很容易说服他们，使他们相信社会一部分（不重要的一部分）的私利，即是全社会的利益。

英国都市产业对农村产业的优越程度，过去较现今为大。与前世纪或现世纪初叶比较，现今的农村劳动工资，更接近于工业劳动工资；现今的农业资本利润，亦更接近于工商业资本利润。这种变化，正可说是此前特别奖励都市产业所必致有的至晚近方始呈现的后果。都市所蓄积的资本量，慢慢达到这样大的数额，把这巨额的资本反复使用在都市所特有的产业上，其利润就不能不较往昔为低。都市所特有的产业与其他一切产业，同样有一定的界限。一种产业上的竞争加大，其资本利润必因而低减。都市方面的利润低减，资本势必流向农村，农村劳动有了新需要，工资遂抬高起来。这样，资本就散布于地面上（假使可以如是说），由农业的用途，使一部分资本复归于农村。这里说复归于农村，就因资本的大部分，本来是以农村为牺牲而蓄积于都市中的。欧洲各国农村最大的改良，大都基因于都市所蓄积的资本过多。关于这点，在下面，我将努力加以说明，同时，并将指示虽有若干国家依这过程达到了显著的富裕程度，但这过程本身，就极缓慢，极不确实，极易为无数偶发事变所妨害而中断。总之，无论就哪一点说，这过程，都是违反自然，违反理性的。至若这过程所由而生的诸般利害关系，偏见、法律及习俗，我却要在本书第三篇及第四篇，予以充分明确说明。

同业中人，会在一起，即令以娱乐消遣为目的，言谈之下，恐亦不免是对付公众的阴谋，是抬高价格的策划。想用某项能实施却又不违反自由正义的法律，来阻止同业者不时的集会，固属难能，但立法使其便于集会，尤其是立法使其集会成为必要，却亦是错误的措施。

强令同市一切同业者登记姓名住所于公簿的规则，却正是立法使其便于集会。因为这法规能叫不登记即永无相识机会的人结合，并使从事同一职业者能获知各同业者的住址。

强令本业课税以救济同业之贫者、病者及孤儿寡妇的规则，亦把一种共同利害关系给他们处理，使他们不时的集会成为必要。

同业组合，不但使这集会成为必要，且使多数决议案束缚全体。就自由职业言，凡属有效团体之设立，势须取得同业者全体的同意。同业者一人发生异议，该团体即无法存续下去。然在同业组合，则依多数决议而制定的法规，皆附有适当的惩罚条规。有此条规，其限制竞争之作用，乃能较其他任何自由团体，为更有效更持久。

有人说，同业组合，为各职业统制方法改善所必要。这口实全无根据。对于职工的有效取缔，不是他们所属的组合的取缔，而是他们的顾客的取缔。职工之不敢欺诈懈怠，正以其有失业的顾虑。但有了排外的组合，却反而要减少他们这种顾虑。因为要请工匠的，不能有所选择，他非在这特群人中雇请不可，无论好坏。良莠既无区别，所以，在许多有组合的大都市中，甚而在最必要的职业上，亦不易找得良工。如果你有一件差可人意的作品，那一定出自郊外。那里的劳动者全无排外特权，只凭本领。你只有把他们制成了的物品秘密输入都市。

总之，欧洲限制职业竞争，使愿加入者不能加入之政策，就在这情状下，使各种用途的利害，大体上极不均等。

第二，欧洲的政策，增加某种职业上的竞争，使超越自然的限度，因而，在与前相反的方面，使各种用途的利害，大体上不能均等。

因视某职业定须养成适当数目的人才，遂有公共团体或私人乐捐者，应此目的，设置了许多奖励金、研究补助金、奖学金、苦学生津贴，等等。结果，使这职业的人数超过自然的限度。我相信，一切基督教国，大部分牧师的教育费，都是出自这个来源。完全由自费育成的牧师，是颇不多见的。竞求牧师职务的人数既多，定然有许多人愿接受较低于按这职业教育程度所应得的报酬，于是，依自费受过长期烦琐而多费的教育者，就不必常能获得相当的报酬。结果，富者本应期待的报酬就因贫者竞争而被夺了。我们把候补牧师或布教师[①]同普通职工比较，固然不免失礼，但候补牧师布教师的薪水与普通职工的工资，却很可视为同一性质。这三种人都与其上司订结契约，而获取工作报酬。就这几次全国宗教会议所颁布的教令看，英格兰候补牧师或教区牧师的通例俸金，至十四世纪中叶，尚为银币五麦克（Merks），重约为今日银币十镑。然而，依据同时代法令的布告，泥水师傅的工资一日四便士，泥水散工的工资一日三便士，前者约合今日一先令，后者约当今日九便士（参照爱德华三世第二十五年的劳动者法令）。所以这两种劳动者，假如能够继续被雇，其工资就远较候补牧师的薪俸为优。又若，假若泥水师傅每年有三分之二的时间就业，则其工资恰与候补牧师的薪俸相等。安皇后第十二年第十二号法令，宣称“兹鉴于候补牧师缺乏充分的给养与奖励，所入过少，无以为生，特令各地主教，以签字盖章，发放候补牧师的充分抚养费不得过于年额五十镑，不得少于年额二十镑”。现今，候补牧师年得四十镑，即视为非常优裕。议会通过的法令，尽管限定年薪再少不得过二十镑，但逐年所得，未达此限的，实大有

① 布教师：chaplain，今译布道师。——编者注

人在。伦敦的制鞋散工，却有的每年可得四十镑；同市中，任何种类的劳动者，只要勤勉，每年所得，殆没有不在二十镑以上的（虽然许多农村教区的普通劳动者，二十镑亦不是极顶的额数）。规定劳动工资的法律，虽往往不要抬高工资，只要低减工资，并且在许多场合，法律虽然企图抬高候补牧师的工资，并为教会的威信计，往往命令教区长给候补牧师的数目须超过他们甘愿接受的最低程度，可是，法律在这两方面的努力，都毫无效果。法律从来不曾抬高候补牧师的工资，也从来不曾依照其规定程度减低劳动者的工资。牧师因处境穷困，竞争者众多，法律亦不能防止他甘心接受法定给养费以下的给养。反之，因希望由雇用劳动者而取得利润与愉快的人互相竞争，所以，法律又无从防止劳动者获得法定生活费以上的给养。

教会下级职员的境遇，尽管低微，但寺禄的崇隆，与其他宗教上的威严，犹足以维持教会本身名誉于不坠。而且，这种职业所受到的尊敬，正可以补偿他们金钱上报酬的低微。在英格兰及一切罗马旧教国，教会待遇隆重，且不仅足够补偿金钱报酬上的微小。再看苏格兰、日内瓦及其他许多新教国家的实例，我们就知道，这种职业的俸禄虽少，但以其受教之便利及其地位之优隆，尚能诱致许多有学识的人士，愿望充当牧师的职务。

至若律师、医生一类职业，则又当别论。此等职业，全无常俸可言，设从事此等职业者，与从事牧师职业者，同样由公费教育，则竞争必趋激烈，而大大减削他们金钱上的报酬。这样一来，以自费教育子弟，从事此等职业就颇不值得。此等职业，将不免完全委在那班依赖公费育成的人士身上。这种人，亦将因境遇坏，人数多，不得不以极微薄的报酬为满足。结果，律师医术这类职业，亦怕不能像今日世间那样，受到极顶的崇敬。

今日的医生律师，总算幸免了这种厄运，但一般落拓的所谓文人，却正处在这种厄运中。这般人，在欧洲各地，大抵是为要供职教会而教育出来的，但有种种原因，使他们不能取得牧师职务。他们的教育既出于公费，人数又到处供过于求，所以，其劳动价格就极为低微了。

印刷术发明以前，文人依其才能获取报酬的唯一业务，即充当公的或私的教师。换言之，把自己学得的珍奇有用的知识，授予他人。这种职业，比印刷术发明后为书贾执笔卖文的职业，确是更有名誉，更有效用，甚而，于一般更有利益。要为一学术卓越的教师，则所需时间、研究、智能、知识与经验，至少，必与著名律师、医生所必要的这几项的程度相等。然而，卓越教师的普通报酬，却比不上律师、医生所得的报酬。这原因，就由于前者由公费育成，其处境苦，其人数多；后者则多由自费育成，人数极为有限。不过，公私教师的报酬，现今虽然很少，但若一般为面包而执笔卖文的更贫苦的文人，不赶出市场而加入竞争，则此种教师的报酬，恐不免比现今还要微小。在印刷术发明以前，学者、乞丐似乎是同义的两个字眼。当时诸大学的校长，似常给学者以乞食之证。

在从前没有这种种奖学津贴授予贫困子弟的时候，一般卓越教师的报酬，比较起来，是更优渥得多。伊索格拉底[①]，在反诡辩学派的著述中，曾极力讥刺当时的教师。他说："他们极堂堂皇皇地训诫学生，要他成为贤哲，成为幸福，成为公正。但这样重要的勤务，却只由学生那里，得到四迈尼亚（Minae）或五迈尼亚的报酬。"他更继续说："教人以贤哲，自己一定是贤哲的。但是，一个人竟以这样低的价格出卖这样高的货色，他其实应被人訾为大愚。"在这场合，伊索格拉底对于当时教师报酬，当然没有夸

① 伊索格拉底：Isocrates（公元前436年—前338年），今译伊索克拉底，希腊古典时代后期著名的教育家，是苏格拉底的学生。——编者注

张的意向。但当时教师的报酬，亦决不会再少于他所说的限度。四迈尼亚，等于现今十三镑六先令八便士；五迈尼亚，等于十六镑十三先令四便士。雅典当时对于最优秀教师的普通报酬，当不在五迈尼亚以下。这报酬其实也就不差。伊索格拉底却认此为太少，他自己就向学生每人要十迈尼亚，即三十三镑六先令八便士。据说，他在雅典讲学时，列席学生约为一百人。我知道，这所谓一百人，即每一课听讲的人数。像雅典这样大的都市，像伊索格拉底这样高明的教师，像他所教的又是当时那样流行的修辞学，学生一百人，决不能算是太多。果真如此，他每一课所得的讲金，就有一千迈尼亚，即三千三百三十三镑六先令八便士。无怪别个地方，布鲁塔克[①]说他的讲金（即通例的教授价格）有一千迈尼亚。当时其他许多卓越的教师，都似曾获有大宗财产。哥尔期斯[②]曾以纯金制成自己的金像，奉纳于德尔菲寺堂。我并不说他自己的金像与其身体同样巨大，但哥尔期斯的生活状态和当时有名的两位教师——希比亚斯及勃罗台果拉斯[③]的生活状态，都近于豪奢，其事实却为柏拉图所指摘过的。柏拉图自己的生活，据说也颇为堂皇。亚里士多德是亚力山大王子的师傅。王子及其父腓力[④]，对于他的报酬的隆厚，那是一般所公认的。但他却以为，回到雅典再开学园更为上算。当时学术方面的教师，也许没有此后数十年间普遍。此后数十年，即因教师人数增多发生竞争，结果，他们劳

① 布鲁塔克：Plutarch（约公元46年—120年），今译普鲁塔克，罗马帝国早期希腊传记作家和伦理学家。——编者注

② 哥尔期斯：另译为高尔加斯、高尔吉亚（Gorgias，约公元前487年—前376年），希腊诡辩学者，前苏格拉底时期的哲学家及修辞学家。——编者注

③ 勃罗台果拉斯：Protagoras（约公元前481年—约前411年），今译普罗塔哥拉，古希腊诡辩学派著名的哲学家。——编者注

④ 腓力：即腓力二世(Philip II of Macedon，公元前382年—前336年)，马其顿国王，亚历山大大帝和腓力三世的父亲。——编者注

动的价格，世间对于他们人格的尊敬，都不得不同时低落。但其间最突出者所享受的报酬，犹远较今日从事同一职业的人为优。雅典市民曾派遣学园学派[①]大师卡尼亚底[②]及斯多亚派[③]大师提奥奇尼斯[④]出使罗马，其使节之尊严，真令人羡慕。当时雅典虽失去了以前的壮观，但还不失为一个独立有名的共和国。况卡尼亚底为巴比伦人。以嫉视外人充当公职著称的雅典人，居然在这种场合派遣卡尼亚底，足见他们对于这位大师尊敬到了什么程度。

上述那样的不均等，从全体看去，也许对于社会大众没有害处而有利益。公职教师的地位，虽不免因此感到几分低落，但学艺教育费的低廉确是一大利益。这利益很可补偿些许的不便而有余。现在，欧洲大部分的教育，尚嫌费用大了些。设若学校组织学院组织有所改良，则大众由此受到的利益将更为广大。

第三，欧洲政策妨碍劳动资本的自由活动，使不能由一职业移转到其他职业，由一场所移转到其他场所，从而使各种用途的利害，大体上极不均等。这种不均等弊害最大。

徒弟条例，甚而在同一场所，妨碍劳动的自由活动，使不能由一职业转到其他职业；同业组合的排外特权，甚而在同一职业上，妨碍劳动的自由活动，使不能由一场所转到其他场所。

我们时常看到，某制造业的劳动者，尽管获得高工资，其他制造业的劳动者却不得不以最低生活费的工资为满足。这就因为前一制造业是在前进状态中，不断需要新的劳动者，后一制造业却在退落状态中，劳动者的过剩在不绝增加。但这两种制造业，

---

① 学园学派：今译学院派。——编者注

② 卡尼亚底：Carneades，今译卡尼阿德斯。——编者注

③ 斯多亚派：the Stoics，今译斯多葛学派。——编者注

④ 提奥奇尼斯：Diogenes（公元前404年—前323年），今译狄奥根尼、第欧根尼、戴奥真尼斯，古希腊哲学家，犬儒学派的代表人物。——编者注

纵令立在同一都市，或立在同一都市的邻近地域，相互间仍不能有何等的益助。因在前一场合，有徒弟条例妨害其相互扶助。在后一场合，有徒弟条例和排外组合制度妨害其相互扶助。我们知道，有许多种类的制造业，作业过程颇相类似。设无此等不合理的规约加以妨害，劳动者很容易就能由一职业转到他职业。例如织素麻布的技术与织素丝料的技术，几乎完全相同。织素毛织物的技术，虽略有差别，但因为这差别极其有限，麻织工或丝织工，亦只要学习数日，就能够成为相当的毛织物织工。因此，假若这三种主要制造业中，任一制造业陷于衰退状态，该制造业的劳动者，即可改事其他两种荣盛的制造业之一。因之，他们的工资，在繁荣的状态下不会过高，在衰退的情状下亦不会过低。英格兰今日麻布制造业，诚然是依特别法令开放了，人人皆有从事这业的自由。但该制造业既未通行于英格兰大部分地域，所以，对于其他衰退工业上的劳动者，就只能提供很有限的就职机会。因此，在徒弟条令实施的地方，一般衰退工业上的劳动者，除了请教区津贴外，就只好以普通劳动者的资格而劳动。不过，按照他们的习惯，与其改为普通劳动者，则尚不如变成类似工业上的职工。所以结局，他们多半是请教区津贴。

妨害劳动者自由流动的障碍物，也同样妨害资本的自由流动。因为一种事业上所能使用的资本量，大都取决于这事业所能使用的劳动量。不过，同业组合法，对于资本由一场所移到其他场所的自由活动，比较对于劳动的自由活动，其妨害程度更小得多。富裕商人，要在有组合的都市中获得经商的特权，比较贫穷匠人，要在有组合的都市中，获得劳作的特权，不论何处，都更容易得多。

同业组合法妨碍劳动的自由移动，我相信，那是欧洲各地的共通现象。但济贫法妨碍劳动的自由移动，据我所知，却是英格兰独有的现象。自有济贫法以来，贫民除了在所属的教区内，就不易找得住所，甚且不易找得工作的机会。济贫法的妨害，即包含在这两种事实中。同业组合法所妨害的单是匠人和制造工人，使他们的劳动不能自由移动。获得住所的困难，却不免妨害普通劳动的自由移动。英格兰的无秩序的政策，恐以此为最大。我们现在就其起源发展及现状一一说明，那也许不是无益的吧。

英国贫民，在无衣无食时，一向是向寺院领给，诸寺院破毁的结果，贫民失去了一种施物。此后，虽几经设法救济，但均无效果。伊利沙白皇后第三十四年，始由法令第二号规定各教区有救济其所属贫民的义务，并规定逐年任命的贫民监督官须与教区委员，共同视教区贫民多寡，征集救贫的金额。

依这次法令，各教区遂不得不赡养所辖境内的贫民。但一个人怎样才算是所辖境内的贫民呢？这就成了十分重要的问题。这个问题几经变化之后，终至依查理二世第十三年及十四年的法令解决了。据该法令的规定，不论是谁，只要连续不断地在某教区住过四十日，就可取得这教区的住籍。但在这四十日期限内，该新住民，如为当地区民所反对，即可由治安判事者二人，依教区委员或贫民监督官的陈诉，把他遣归到他最后合法的居住所在的教区。但若新住民每年能出十镑房租，或能向治安判事者提出保证，不致以贫困牵累区民，而为治安判事者所认可，则不在此限。

据说，此种法令的结果，曾生出若干欺诈行为。教区职员往往贿赂区民，使其潜赴其他教区，并在其他教区潜住四十日，获得住籍，以图脱去原属教区的负担。为矫正此种弊窦，詹姆士三世第一年，遂有以下的规定：即，不论何人，要在新教区获得住籍，均须继续居住四十日，此期限，一律从他以书面向当地教区委员或贫民监督官通知他新居地址及家族人数之日算起。

然而，教区职员对于自己的教区，亦不见得怎样关心。他们有时虽受到移居者的书面通知，却并不采取何等适当的处置，即默许其侵入。此后，教区各居民，想到为自身利益，应竭力阻止这种侵入者时，于是，在威廉三世第三年，又有以下的规定：即，那四十日的居住期，须从那书面通知书在礼拜日祈祷后，公布于教会之日算起。

柏恩博士说："书面通知书公布后，继续居住四十日而获得住籍的人，毕竟寥寥无几。此等法令的主旨，与其说为了要使移住人获得住籍，毋宁说为了要使他不作移居的打算。因为通告的提出，实无异给教区人民以迫令他退出的根据。至若，按照其人处境，实际能否迫令其人退出尚是疑问的场合，接着其人之通知书后，教区就只有选择以下两种办法之一。第一，容认其继续居住四十日，予以住籍；第二，试行权利，立即命其退出。"

因此，这种法令想贫穷人依继续居住四十日的老方法获得新住籍，事实上就不可能。当局者为补救此缺陷，使这教区的普通人民，得安全立身于别一教区计，于是，又规定无须通告或公布，亦能取得住籍的其他四种方法：一、凡能纳济贫税者，听其迁徙；二、被推选为教区职员，供职一年者，听其迁徙；三、在该教区充当学徒，服务期满者，听其迁徙；四、被该教区雇用继续一年者，听其迁徙。

然而，这四种方法，仍不能保证人民获得住籍。因为依前二方法，势必要取得教区全体的同意。但教区全体，对于这除自身劳动即一无所有的外区新来者，课以救贫税，犹恐其不能担当，更不必说到选他作教区职员。

由后二方法，则既婚者都没有获得住籍的希望。因为徒弟结婚者稀，而既婚的雇役，又早有明令规定，不得由雇用一年而取得住籍。况且，按照现在的规定行去，其结果势必大大破坏一年雇用的旧习惯（这旧习惯，在英格兰通行已久，即在今日，法律仍把未经特别协定的雇役期间作为一年解释）。换言之，雇主决不愿因雇用他一年，便给他以住籍；雇工亦不愿因被雇一年，即须解除他对于原住址的责任，失去他两亲亲戚所在的故居。结果，双方都同意于缩短雇用的期间。于是，一年雇用的旧习惯就被破坏了。

不论是普通劳动者抑是匠人，只要他是一个独立职工，他就分明不能依徒弟资格或雇工资格，获得新的住籍。因此，这种人如果要向新教区进行何等作业，不问其如何健康，如何勤勉，只要他每年不能支出十镑的房租，或不能向治安判事者提出保证不致以贫困牵累教区而为判事者所许可，则教区委员或贫民监督官，就随时可任意命其退出。然而，一年十镑的房租，对于徒依劳动为生者，实无担负之可能；保证的要求，虽然完全委之于判事者的裁量，但因法律规定，凡不能购入三十镑以上的世袭不动产的，即因不够解除教区的责任，不得予以新住籍，所以，判事者决不会只要求三十镑以下的额数。三十镑的保证，在仅依劳动者为生的人，已无力出此，而况实际要求的，往往在此限以外咧。

劳动的流通自由，遂完全为上述各种法令所剥夺了。为图在相当限度恢复其自由流动计，于是，有证书法发明。依威廉三世第八年及第九年的法令，不论是谁，在他持有证书，这证书上面又有最后合法住所的教区委员及贫民监督官署名，有二名治安判事者证明，并注明任何教区皆有收留其人之义务时，他所移向的教区，即不得单以恐怕他需要救济的理由，命他退出。但这个人，如果实际到了不得不受救济时，则又有其他的规定：给他以证书的教区，有负担其生活费迁移费的义务。为了防止持证书者，不致因贫而牵累新教区起见，同法令又有更进一步的规定：即移居者须能租一年租金十镑的住宅，或自费为教区服务一年，方能取得住籍。总之，这种人，不论是由通告，由被雇，由徒弟服务，或由付纳教区救贫税，终不能达到其迁徙目的。最后，乃依安皇后第十二年法令第一号第十八条的规定，携带此项证书者，无论为雇役或为徒弟，皆不能在所住教区内取得住籍。

这个证书法，究曾在什么程度上，恢复既被前述诸法令所完全剥夺的劳动移动自由，我们由柏恩博士极明确的观察，可窥见一斑。博士说："教区人民，当然有种种理由，责令新来者交出证书。因为这种人不能由徒弟服务，不能由雇役，不能由通告，亦不能由付纳教区济贫税而取得住籍。因为他们不能给徒弟雇役以住籍。因为如果他们真是受累了，他们才知道把这种人迁到什么地方去，叫什么教区担负这种人的迁移费及迁移期间的生活费。因为如果病了，不能迁移，他们又好指令什么教区担负这种人的生活费。这几层都非有证书不可。但所迁入教区责令交出证书的理由，即是原教区普遍不肯发给证书的理由。领证书的人民，大有被迫迁回的可能，而在被迫迁回时，其情状往往比前还会更坏。"柏恩博士这种论调，用意似乎说在贫民愿迁入时，教区应索证书，而在贫民愿迁出时，教区应不给证书。这聪明的著者在他所著《济贫法史》中又说："关于这证书，其间还存有若干惨酷的事实。教区职员，简直可以幽闭贫民，使其终身禁锢。贫民不幸一旦获得了所谓住籍，而在当地继续居住时，不论感到如何不便，皆无法可施。而在他感到自行移住他地，大有利益时，亦移动不得。"

证书所载，不过是领证者之姓名籍贯而已，那并不证明领证者的善良操行呀。但这证书是否发给，是否收纳，却一任教区职员的自由裁量。据柏恩博士所说，有一次，政府曾谕教区委员及贫民监督官，命其顺民之情，立予签署证书，但大理院视此为非常奇异之企图，拒绝了。

英格兰境内，彼此相隔不远诸地的劳动价格，极不均等。溯其原因，也许基因于英格兰的居住法罢。那种法律，妨害无证书的贫民，使不能转地劳作。康健而勤勉的独身者，固然，有时无证书，也能被人默认在其他教区得到居处，但有妻室家族的人做此种尝试，就不免要为多数教区所斥退。即使是独身者，如此后结婚，亦将同样免不了被人斥退的命运。因此，英格兰决不能像今日苏格兰那样，在一教区感到劳动不足，即可由其他教区劳动过剩而得补救。在移居自由的国度，大都会附近或其他对于劳动有异常需要的地域，工资也许相对略高；距此等地方愈远，工资的高率亦愈有限；结果，到农村，工资即归于普通水平线。像英格兰那样相邻诸地的工资，亦有非常差异的实例，却是别处没有的。英格兰贫民要超越教区的人为境界，比要超越国家的自然境界（如大海大山，那也可使相邻国的工资极相悬隔），还要困难得多。

强迫没有犯罪的人使不能居在他所愿居的教区内，明明是侵害自由与正义。英格兰的普通人民，虽是热心争求自由，但他们亦像其他多数国家的普通人民一样，自来不曾正确了解自由为何物。所以，他们漫然顺受此桎梏百余年，迄今犹一任其压迫，不图何等救济。有思虑的人，有时也非难居住法为社会之害，可是，这非难像对逮捕法的非难一样，从来未为一般民众所讨论所反对。逮捕法无疑是诉讼手段的滥用，但其压迫之普遍，则尚不如居住法。我敢断言，今日已有四十岁的英格兰贫民，殆无一人在他全生涯中，未曾惨酷地受压迫于这悖谬的居住法。

在此，我将以下面的观察，结束这一章冗长的议论。往时公定工资率的，在先，是全国有效的普通法律，以后，是各州治安法院的特殊命令，到现在，这两种方策全归无用了。柏恩博士说："积四百余年之经验，时至今日，一切不必要不可能的限制政策均须推翻了。使同业工人领受同额工资的结果，一切竞争均将停止，勤勉智能将全无发挥之余地。"

然而，时至今日，议会仍有许多特殊法案，不时要规定特殊职业特殊场所的工资。乔治三世第八年的法令，即规定除国丧场合，在伦敦及其附近五英里以内的缝工师傅，每日不得支给二先令七便士以上的工资，缝业雇工，亦不得领受此额以上的工资，违者科与重罚。从来，立法当局在规定雇主及雇工关系时，往往是以雇主为顾问。所以，一向的法规于劳动者有利的，常属正当而公平。于雇主有利的便不免流于不正当不公平。例如，命令各业雇主，须以货币不得以货物支给工资的法律，是完全正当公平的。雇主们不曾因此感到何等实际的困难。他们，极其限，不过是把一向惯于取巧的货物支付法，改作货币支付法而已。这种法律当然对于劳动者有利。但乔治三世第八年的法令，却有利于雇主。当雇主企图低减劳动工资而互相结合时，他们通常是加入一种私的同盟或协定，相约不得支给定额以上的工资，违反者加以惩罚。但在劳动者亦成立一种对抗的结合，约定不许接受定额以下的工资，违反者亦加以惩罚时，法律就将严厉地予该劳动者以制裁。法律如果公平，就须以对付劳动者的态度对付雇主。但乔治三世第八年的法令，却正满足了雇主的要求，使雇主结合的企图有了法律的根据。劳动者常常抱怨这种法律，说这种法律，同样看待最有能力最勤勉的劳动者和普通的劳动者，那真是一点不错。

在往昔，尝要由公定食品及其他物品的价格而规定商人的利润。据我所知，今日面粉价格的公定，已经是这种旧习俗的唯一遗迹。在排外同业组合尚未消灭的场合，规定生活第一必需品的价格，也许是一种适当处置。但在组合已不存在的场合，依竞争调整物价，远较所谓公定为优。乔治二世第三十一年设定的面包价格公定方法，乃由市场职员执行。当时苏格兰没有市场职员，所以无法实施。至乔治三世第三年，始设法矫正此缺陷。但苏格兰前此未行价格公定，也无何等大的不便。今犹施行公定方法的地方，也不见有何等大的利益。于此，应附言的是苏格兰大多数都市，都有要求排外特权的面业组合，但不甚有力而已。

总之，劳动用途不同，工资率不同，但彼此间必保有一定比例。资本用途不同，利润率亦不同，但彼此间亦必保有一定比例。必须知道，这种比例是不会大受影响于所属社会的贫富进退的情状的。公众福利上诸般变革，虽然会影响各种用途上的工资率利润率，但结果，必平均影响于各种用途。因此，各种用途的工资率，得保持原比例；各种用途的利润率，亦得保持原比例。那至少在相当长时间，是不会因此等变革而变动的。

第十一章　土地地租论

地租，若被视为使用土地的价格，那自然是租地人按照土地实际情状，所能付纳的最高价格。当决定租约时，地主必努力使租地人所得的土地生产物额，仅足补偿他购买食料、支付工资、购置耕牛农具那一类农业资本，及当地农业资本的普通利润。但这数额，虽是最小数额，但决不会使租地人失本，他应当以此为满足，地主决不多留给他。生产物若较多于这额数，换言之，生产物价格若较多于这额数的价格，地主自然把较多的部分当作土地地租，努力留归已有。因之，地租分明是租地人按照土地实际情形，所能付纳的最高额。固然，地主因存心宽大，更多是因为计虑不周，致有时承认多少低于这额的地租；又一方面，租地人（虽较地主为罕见）也因计虑不周，有时，竟付纳多少高于这额的地租，而甘于承受多少较低于当地农业资本普通利润的利润。但这额数，仍不妨视为土地的自然地租。而这所谓自然地租，自然是土地出租大概应得的地租。

也许有人设想，土地的地租，不外是地主投资改良土地的相当利润或利息。在少数场合，这确是事实，但亦仅在少数场合。大概说来，地主不仅对于已改良土地要求地租，对于未改良土地，亦要求地租。所谓改良费的利息或利润，对于这原来的地租，只是一种追加额。而且，改良土地，并不限定是地主的资本，且有时是租地人的资本。不过，在租约更新时，地主往往不问改良是谁出的资本，总是按照这改良所用的资本额，要求增加地租。

有时，地主对于完全不能由人力改良的自然物，亦要求地租。例如，克尔蒲是一种海藻，此海藻一经燃烧，即可成为制造玻璃、肥皂及其他几种物品所需的亚尔加里盐[①]。不列颠濒海地方，皆产此海藻，但苏格兰所产尤多。此海藻生于海潮侵及的高潮记号以内的岩石上，海潮每日侵入两次，其生产亦每日两次，决不能由人力增多。但是，毗连此海藻出产地带之土地地主，对于海藻产地，常要求地租像他们要求谷田的地租一样。

席德兰诸岛近海，鱼类极为丰富。居民食粮之大部分，皆仰给于鱼。但是，居民要从水产物获取利润，势不能不定居于近海地带。因此，该地地主的地租，就不单按照比例于农业家由土地收得的产物，且按照比例于他由土地及海上两方面收得的产物。这地租的一部分，是以鱼类付纳的。鱼类价格中也含有地租成分的实例颇为罕见，现在，这算是稀罕实例之一。

这样看来，土地地租若被视为使用土地的价格，那自然是一种独占价格。地租率之高低，完全不按照比例于地主改良土地所支出的费用，亦不按照比例于地主所能收取的额数，乃按照比例于租地人所能付纳的额数。

土地生产物，如要送往市场，则其普通价格必须足够补还该产物上市所必要的资本及其普通利润。然若普通价格逾此限度，则剩余部分自然会移作土地地租。若不逾此限度，则其物虽可提供市场，但不能提供地租。价格是否逾此限度，则须取决于当前的需要。

土地生产物中，有些物品的需要甚大，其价格常能超过它上市的原费有余；有些物品，在某一场合，有引出此大价格的需要，在

① 亚尔加里盐：alkaline salt，今译碱盐。——编者注

其他场合，却又无此需要。前一类物品，随时会提供地主以地租；后一类物品，则当视情形如何，有时提供地租，有时又不。

在这里须注意一件事，地租与工资利润同为商品价格的构成部分，但其构成的方法不同。工资及利润的高低，为价格高低的原因；地租的高低，则为价格高低的结果。因为一件商品上市所必须支付的工资利润有高有低，这商品的价格亦有高有低。但这商品有时能提供高地租，有时只能提供低地租，有时全无地租，却是因为商品价格有高有低。换言之，因这商品价格，在支付工资及利润后，有时甚有余剩，有时略有余剩，有时却全无余剩。

为特别详论地租起见，我把本章分为以下三节：第一，论时常发生地租的土地生产物；第二，论有时发生有时又不发生地租的土地生产物；第三，论这二种原生产物，在彼此互相比较或与制造品比较时，会因改良阶段不同，自然在其相对价值上发生种种变动。

第一节　论时常发生地租的土地生产物

像一切其他动物一样，人头的增殖，亦自然会按照比例于其生活资料。所以，对于食物，常有多少需要。因此，食物常能购买或支配若干劳动量，且常有人愿为获得食物而从事劳作。固然，有时因为对于劳动支给了高工资，致食物所能购得的劳动量，与处理方法最经济时所能维持的劳动量，不常常相等，但不拘在任何场合，它总必按照邻近一带劳动者的普通生活标准，尽其量，维持一定量的劳动。

但是，土地的地位不论如何，其所产食物，除了以最宽裕的方法维持它上市所需的劳动以外，常有剩余。这剩余，又不仅足够补偿雇用劳动的资本及其利润，常有剩余，作为地主的地租。

挪威及苏格兰的荒凉旷野，产有一种牧草。以这牧草饲养家畜，所得的乳汁与蕃种，除了足够维持牧畜所必要的一切劳动，支给农业家牧畜家的普通利润，常有小额剩余，作为地主的地租。牧场地租的增加，按照比例于其品质。品质愈优良，地租愈加多。优良土地不但比同面积的劣等土地，能维持较多的家畜，且因等数家畜集聚于较狭区域之故，饲养上、收获上，亦只需较少的劳动。这样，地主就从生产物数量增加及其维持费用减少那两方面受到利益。

不问土地的生产物如何，其地租不仅常随土地丰度而变动，并且不问其丰度如何，其地租又常随土地位置而变动。都会附近的土地，比较僻远地带同丰度的土地，能提供更多的地租。耕作后者所费劳动，与耕作前者所费劳动，虽为同量，但僻远地方产物运到市场，常需较多劳动。因此，这僻远地方的产物，必须要维持较多量的劳动，从而，农业家利润及地主地租所自出的剩余部分，就不得不减少。况且，前面讲过，僻远地方的利润率，大概比都会附近为高，从而，在这已经减少的剩余部分中，属于地主的部分就非更小不可了。

一国有良好的道路、运河或通航的河流，则由运输费少，可使僻远地方与都会附近地方，更为接近于同一水准。所以，一切改良中，以交通改良为最有实效。僻远地方，常占极大范围，交通便利，就常能促进这最大范围的开发。同时，那又可破坏都会附近农村的独占，而于都会有利。但都会附近的农村，亦可因此受到利益。交通的改善，一方面虽会导入若干竞业的商品到旧市场上来，同时，另一方面，对于都会附近农村的农产物，却亦能开拓许多新市场。加之，独占乃是良好理财法的大敌。良好理财法，除了依赖自由普遍的竞争，决不能得到普遍的确立。自由普遍的竞争，势必驱使各人为防卫自身而藉助于良善理财法。将近五十年前，伦敦近郊诸州郡曾向议会请愿，反对有税道路向僻远的州郡扩张。他们的理由是，设若有税道路扩张到僻远州郡，那些州郡定将因劳动低廉，其牧草谷物均将以较低于伦敦附近州郡所产的价格而在伦敦出卖，结果，伦敦附近州郡的地租，定将因而低下，耕作事业，亦将因而衰退。然而，从那时起，它们的地租，其实是腾高了，它们的耕作事业，也逐渐改良了。

丰度中平的谷田，较之同一面积的丰度最大的牧场，能产出遥遥多量的人类食物。耕作谷田虽需遥遥多量的劳动，但收回种子，维持一切劳动后，残下的剩余仍是更大得多。所以，屠肉一磅的价格，若不较大于面包一磅的价格，那与牧场比较，谷田的剩余额较大，其剩余额的价值亦必较大，从而，农业家利润及地主地租所从出的基金，亦必较大。在往昔农业幼稚初期，情形就似乎一般如此。

但这两种食物（面包与屠肉）的相对价值，因农业发展时代不同而非常相异。在农业幼稚初期，国境内土地，有最大部分未曾开辟，这种原野全都委之于家畜。于是，屠肉较多于面包。对面包这种食物的需求，遂引起了极大的竞争，因而可以提供极大价格。据乌罗亚说，倍诺斯爱勒地方，去今四五十年前，四里尔（real，合英币二十一便士半）为一牛的普通价格，购此牛的，尚可在二三百头牛群中，随意选择。乌罗亚没有言及面包价格，大概因为面包价格无何等特别注目的现象吧。他又说，同地牛一头的价格，殆与捕获该牛所费的劳动相等。但无论在哪里，栽种谷物所须费去的劳动均必甚多。且因该地在普拉特河沿岸，当欧洲至波托西银矿之冲，其劳动的货币价格，又不能甚为低廉。但当国内大部分领域，已扩展为耕地的时代，情形就完全两样了。这时，面包较屠肉为多，竞争既转变了方向，屠肉价格遂较面包为高。

加之，耕地扩大，未辟原野，遂不够供应屠肉需要。因之，有许多既耕地，又转而饲养家畜。家畜价格，遂不但要足够维持饲养所必要的劳动，且要足够支给土地用做耕地时地主所能收得的地租及农业家所能收得的利润。可是，原野地所养家畜，与改良地所养家畜，须在同一市场上，准照品质重量以同一价格出售。因此，原野地所有者，就会乘此良机，按照其家畜价格，增加土地的地租。不到一世纪以前，苏格兰高地一带的屠肉价格，还与燕麦面包的价格相等，甚或较为低廉。迨后，英苏统一，高地一带的家畜，遂在英格兰得了一个新市场。于是，苏格兰高地的屠肉普通价格，在今日已较本世纪初期大约增加了三倍，而其间，许多土地的地租亦增加三四倍。今日大不列颠各地，最良屠肉一磅约值最良白面包二磅以上。如系丰年，且有时值最良白面包三磅乃至四磅。

随耕作进步，未改良的牧场的地租利润，亦在相当限度上，受支配于已改良的牧场的地租利润，而已改良的牧场的地租利润，又似受支配于谷田的地租利润。谷物每年收获一次，屠肉却需四五年工夫始有收获。因此，哪怕同是一亩土地，屠肉的出产额，也远不及谷物出产额之多，屠肉在产量上的微薄，势不得不由价格上的优越得到补偿。假若价格的优越程度超过了这限度，则必有更多的谷田改作牧场；假若价格的优越程度没有达到这限度，则用作牧场的土地，一部分又必改作谷田。

牧场的直接产物是家畜的食物，谷田的直接产物是人类的食物。这两种土地的地租利润，在总计全国大部分的改良土地时，固然有均等现象，但就某特殊场所说，情形可以完全两样。即，牧场的地租利润，可以较耕地的地租利润为优。

大都会附近，对于牛乳及马粮的需要，再加以屠肉的高价，致使牧草价格，超过它对谷物价格的自然比例，而增高起来。然而，这种地方的利益，分明不能期诸僻远地带。

一国人口，有时因特别情形而异常稠密。此时，该国全境的居民，将与大都会附近地域的居民，同样感到生活上必要的牧草生产及谷物生产的不足。在这场合，其土地必有大部分用来生产那容积较大不易由远方输来的牧草，人民所食的谷物，则仰给于外国。现今荷兰正在此状态中。当罗马繁荣时，古意大利竟有大部分土地用来生产牧草。据西塞罗所述，里嘉图会说："私有土地的管理经营，以善于饲养为最有利益，饲养差可人意，占第二位，饲养不良，占第三位。"农耕的利润利益，他不过算在第四位。这是因为在古意大利，罗马邻近地域屡屡把谷物无代价或极低价分配于人民，其结果遂大沮害耕作。这种谷物乃取自被征服领域。此等被征服领域，有的地方不纳赋税，但须将其生产物十分之一，以每培克六便士的法定价格供献于共和国。共和国即以这谷物廉价分配于人民，于是，罗马旧领之拉丁姆的谷物价格，自不免在罗马市场上大大跌落，其地的谷物耕作事业，全被沮害。

即在以谷物为主要产物的广大国家，有栅妥为围绕的牧场的地租，每较高于其附近的谷田地租。但在这场合，因栽种谷物的代劳牛马较易饲养之故，这高率地租，与其说出自牧场生产物的价值，倒毋宁说出自利用牧场的谷田生产物的价值。假若邻近土地全被圈作牧场，其高率地租即不免跌落。现在苏格兰圈地地租高昂的原因，似乎是圈地的不足，一旦这不足取得了补充，则其地租决不能长此高昂。圈地制度，于牧畜较为便利。那不但可节约守护的劳动，同时，家畜因免去了守护者看门狗的惊扰，亦更宜于摄取食物，增加体重。

但牧场在没有此等特殊便利时，其地租利润，自不免要受支配于宜种谷物（及其他普通植物性食品）的土地的地租利润。

同一面积的土地，若仅任牧草自然生产，则所能饲养的家畜极为有限，若以种种改良手段，培植芜菁、胡萝卜、包头菜一类人工牧草，则所能饲养的家畜加多，从而，当地屠肉价格对于面包价格所持的自然优越程度，亦就有低落若干的希望。事实上，亦正如此。至少，我相信，伦敦市场上屠肉对面包的相对价格，在现今，较前世纪初叶，是遥遥低落了。

柏居博士在他所著《亨利公传》附录中，详记此公日常支付的屠肉价格。重六百磅之牛一头，时价九镑十先令，即每百磅三十一先令八便士。亨利公是一六一二年十一月六日十九岁死的。

一七六四年三月，议会曾调查当时食品价格高腾的原因。在这次征集的许多证据中，有一个威基尼亚商人证言：他于一七六三年三月备办船上食物，曾付过每百磅牛肉二十四先令至二十五先令的价格，他并认这是普通价格。在进行调查的高价年度（一七六四年），对于同质同量的牛肉，虽须支给二十七先令，但比之亨利公所付的日常价格，却还较低四先令八便士。而且，我们又知道，为远道航海而备置的适于腌藏的牛肉，一定是最好的。

亨利公所支的每磅三便士又五分之四的价格，并不单指最良牛肉而言，那是不分精粗优劣的平均价格。所以，推算起来，当时零售的良肉，就非每磅四便士半或五便士不可。

然而，据一七六四年议会调查所示，当时精良牛肉的价格，每磅为四便士至四便士又四分之一。粗肉的价格，每磅由七法辛(farthing)至二便士半或二便士又四分之三。此种价格，大抵比三月间的普通市价，每磅约高半便士。然就此时的高价而言，亦远较亨利公时代的普通零售价为廉。

前世纪最初十二年间，温德索市场上最良小麦的平均价格，每卡德[1](由九文却斯德布奚[2]构成之卡德)为一镑十八先令三便士又六分之一。

然在一七五三年至一七六四年这十二年间，同市最良小麦的平均价格，每卡德为二镑一先令九便士半。

因此，就前世纪最初十二年与一七六四年以前十二年比较，麦价是遥为腾贵了，肉价就遥为低落了。

在一切大国中，开垦地的大部，皆用来生产人类的食物或家畜的食物。此等土地的地租利润，支配其余一切已开垦地的地租利润。假若某种特殊生产物只能提供较少的地租利润，那种土地马上就会改作谷田或牧场若能提供更多的地租利润，则谷田牧场，又马上会改用来生产那特殊的生产物。

为使土地适于该特殊生产物的生产，最初，必须比谷田牧场投下更多额的改良费，或须逐年投下更多额的耕作费。因其改良费加大，所以有较大的地租，因其耕作费增加，所以有较大的利润。其地租利润上的高昂，实际往往只足补偿其费用的高昂，即付以合理的利息。

例如，栽植藿蒲、果树及蔬菜的土地，其地租利润虽较谷田牧场为大，但地租之大，是基因于开始培治土壤的费多，而利润之多，则基因于平时需要更慎重更熟练的管理。加之，藿蒲果树的生产，最不确实。其价格，除了补偿一切意外损失，还须生出几分利益作为保险的利润。一般种园家的平凡境遇，暗示了他们所具的大技能，通常并没有受到过大的报酬。原来，种园业是一种愉快的作业。因为最需要这种作业的产物的顾客，大都会自己种植各种珍贵花木以图娱乐，所以，以种园图谋利润者，所得利益往往极少。

---

① 卡德：quarter，今译夸脱，谷物等的容量单位。——编者注

② 布奚：bushel，今译蒲式耳，谷物等的容量单位。——编者注

地主由这种改良所享得的利益，也似乎仅仅足够补偿其改良所费。在古代一切农园中，葡萄园除外，便于灌溉的菜园就算是能提供最有价值产物的农园了。古代人尊称为农业技术之父的德莫克利达斯[①]，在二千年前，即有关于树艺的著述。他曾指摘菜园绕以围墙不是聪明办法。因为菜园的利润，终不能补偿其石垣之费用，而且，砖块（我想这种砖块是藉日光晒干的）经风雨毁坏，有不断修缮的必要。科伦麦拿亦著书言农事，于德莫克利达斯之说，未持异议。但他提倡一种依荆棘为篱的素朴方法。据他说，依此方法围成的篱垣，虽持久而不易侵入，然在德莫克利达斯时代，似未为一般人所周知。科伦麦拿这意见，最初曾为斐洛[②]推奖,以后又为巴拉底斯采用。根据这些古代农事改良论者的意见，菜园的生产物，普通只能补偿其栽培灌溉之费，没有余剩。况从来南方近日地带，非园内各畦，均能随意导入水流，即不宜于种菜。欧洲今日大部分地方的果园，依旧是采取科伦麦拿提倡的围篱方法。独大不列颠及其他北方若干国度，非藉助垣栅，即不能获有优良的果实。从而，它们的优良果实价格，势必极为昂贵，否则，其生产上所不可少的垣棚建筑费维持费，即无可补偿。因之，不能以本园生产物补偿本园垣栅建筑费维持费的菜园，周围就常以果木绕成围墙，而得圈地之利。

培植适当而处置完善的葡萄园，乃一切农园中最有价值的部分。无论今昔，一切葡萄酒产国，都认此为无可置疑的定说。但据科伦麦拿所说，建设新葡萄园究竟有无利益，却是古意大利诸农业家间尚有议论余地的问题。科伦麦拿也爱种植新奇物品，他曾确说种植葡萄园有利，并由利润与费用之比较，努力表示建设

① 德莫克利达斯：Democritus，今译德谟克利特。——编者注

② 斐洛：Varro，今译瓦罗（Marcus Terentius Varro，公元前116—前27年），古罗马奴隶主思想家，著有《论农业》一书。——编者注

新葡萄园为一种最有利益的农事改良。然而，关于新产业计划之利润与费用，各种比较大都不免谬误，而最易谬误的，即是农业。实际上，由这类栽培所得的利益，如通例有科伦麦拿所想象的那么大，世间决不会还有何等议论。这问题现今在葡萄酒产国中，犹不免常常引起争论。从来,这类高级耕作事业的爱好者、鼓吹者，换言之，一般农业著作家都和科伦麦拿一样，确言栽种葡萄园有利。法国旧葡萄园所有者，百般阻止一切新葡萄园建设的苦心焦虑，正可证实此等著述家的意见，并指示他们这般有实际经验的人心中，早已觉得栽培葡萄比较栽种其他任何物品，为更有利益。可是，同时，从另一方面看来，他们这苦心焦虑，又正在相反方面，表示了葡萄园的优越利润，设不受限制葡萄自由栽培的法律庇荫，决不能持续下去。一七三一年，旧葡萄园所有者，竟幸得了参议院以下的命令：凡未经皇帝特许，新葡萄园的建设和栽培停止二年以上的葡萄园的复活，皆在禁止之列。要得皇帝这种特许，又须先请州知事查验，证明此土地除栽培葡萄即不宜于任何耕作。据说当时参议院发布这命令的理由，是谷物牧草的缺乏和葡萄酒的过剩。但是，葡萄酒过剩如系事实，则不待参议院命令，亦会因其利润跌至对牧场谷田的利润之自然比例以下，而阻止新葡萄园的造设。当时人以为葡萄园增加招致了谷物缺乏。关于这点，我们知道法国全国对于适宜生产谷物的土地耕种事业，并不像对于葡萄酒产地那样加以注意。在勃艮第、基恩，是如此，在上郎基多克,亦是如此。从来,一种耕作事业所雇用的劳动者增多，必然会提供他种耕作事业以好市场，而奖励其他耕作事业。减少能购买谷物的人数，无疑不是奖励谷物耕作事业的方策。这方策之不可靠，类于想由沮害制造业而促进农业之政策。

因此，为改良土地，使适于栽种特殊物品，所需的费用如已较大，或此后逐年所需的耕作费用较大，则其地租利润，纵令有时大大超过谷物或牧草的地租利润，这超过额如果仅足抵偿其费用的高昂，那么，实际上，其地租利润就仍受支配于普通种植物的地租利润。

若适于生产这特殊物品的土地量过小，不够供应其有效需要，则该生产物全部都可依高价出售，不仅足够按照自然率或平均普通率，偿还它生产以至上市所必须支给的地租工资及利润全部。在这种价格中，除去改良及耕作的全部费用后，残下的剩余部分，通例在这场合，并且，只在这场合，与谷物牧草的同样的剩余部分比较，并不保有何等正常的比例。那无论超越至何程度，都是可能的。这超过额的大部分自然归于地主。

我们说葡萄酒的地租利润对谷物牧草的地租利润间的普通自然比例，我们所指的葡萄园，只是那种产生普通葡萄酒的葡萄园。详言之，我们所指的葡萄园，土壤是轻松而混有砂石的，所产葡萄酒，除了浓度与卫生两点，又全无可以推称的特色。国内普通土地，只能和这种普通葡萄园竞争。至若具有特殊品质的葡萄园，就非普通土地所可竞争了。

在一切果树中，以葡萄树最易受影响于土壤的差异。特殊的美味往往得自特殊的土壤，绝非人力所可矫造。现实上或想象上，这种美味有时仅为若干葡萄园产物所特有，有时又或通行于小区域中的大部分，又有时通行于大区域中的大部分。市场上美味葡萄酒的全量，往往不够供应其有效需要，愿按普通率支给普通葡萄园生产物上市所必要的全部地租利润与工资者，往往得不到供给。这全量不免为愿支给较高价格的人买去，结果，美味葡萄酒价格势必腾到普通葡萄酒价格以上。这价格相差的大小，一视葡萄酒的流行性与稀少性，会怎样激起购买者竞争而定。但无论相差多少，其差额终有大部分属于地主。像这类葡萄酒在栽培上，虽较其他葡萄酒，需有遥为慎重的注意，但其较高的价格，却不是慎重栽培的结果，倒可说是慎重栽培的原因。在生产此种高价产物的场合，由怠慢而生的损失颇大，所以，就连最不小心的人亦不得不深深注意。因此，在高价中，以一小部分，已足支给生产上额外劳动的工资和额外资本的利润。

欧洲诸国在西印度占有的蔗田，正可与这高价的葡萄园相比拟。蔗田的全产额，不够满足欧洲人的有效需要，从而，这产额全部，同样，将为肯出高价的人买去。据熟习安南农事的波佛尔氏所述，安南最上的白糖价格，通例每昆达 (Quintel) 值三佩斯脱 (Piastre)，合英币十三先令六便士。一昆达实重为巴黎之一百五十磅至二百磅，平均相当于巴黎一百七十五磅。以英衡计，则又为每百磅八先令。这与西印度输入的红糖或粗砂糖比较，价格不及四分之一，与精白糖比较，价格也不及六分之一。安南大部分农地，是用来生产国民大多数所食的稻麦。那里，稻麦砂糖各自的价格，相互间也许保有一种自然比例，使各地主各农业家对于原来改良土地所费及逐年耕作所费，取得各自的平均普通报酬。但我国蔗田殖民地的砂糖价格，对于欧美稻田麦田的生产物价格，却没有保持这种比例。据一般人说，甘蔗栽培者常常希望仅以糖酒及糖蜜两项补偿所有的栽培费，而以砂糖全部当作纯利润。在我，固不敢冒昧确认此系事实，设其如此，那里谷物耕作者亦就可以希望仅以糠藁二项补偿其耕作费，而以谷粒全部作为纯利润。我常常看见伦敦及其他都市的商人团体，收买我国蔗田殖民地的荒地，托代办人或代理人从事改良耕作，期获利润；虽其距离辽远，其司法行政简陋，不能保障他们的确定收入，他们亦在所不顾。反之，在苏格兰、爱尔兰或北美各谷物区域，即令司法行政完善，能确实保证他们常规收入，却亦没有谁肯以这方法改良或耕作最肥沃的土地。

在北美的威基尼亚[①]及玛利兰[②]一部，因栽培烟草更为有利，所以，一般人都不愿意栽种谷物。欧洲大部分，也是宜于栽种烟草而获得利益。无如现在欧洲各国，殆皆以烟草税为赋税大宗。加之，国内栽培烟草，就各栽培地征集赋税，远较课输入烟草以关税为繁难。由这方面的原因，于是，大多数地方竟在这理由下，以不合理的命令禁止栽种烟草。结果，允许栽种烟草的国度，便取得了一种独占。威基尼亚及玛利兰二部之烟草生产量最大，所以，虽有若干竞争者，犹不难得这独占的大利益。可是，栽种烟草究不若栽种甘蔗有利。我从来不曾听过大不列颠商人投资改良烟草栽培地。以烟草致富由殖民地返母国者，其富裕亦不能与以砂糖致富者比。就殖民地居民乐于栽种烟草不愿栽种谷物的事实看，欧洲对于烟草的有效需要，虽未全部得到供给，但大体上，烟草的供给与砂糖的供给比较，是更接近于其有效需要的限度。现在，烟草的价格，按照谷田的普通标准，也许不仅足够支付必要的全部地租利润与工资，那还有余，但其余额，决不若砂糖价格余额之大。因此，我国殖民地的烟草栽培者就与旧时法国葡萄园所有者，同样有生产过剩的恐怖。他们于是联合决议，限年龄十六岁至六十岁黑奴一人，只许栽培烟草六千本，大约可出烟草一千磅。他们计算，每个黑奴，于生产此烟草量以外，还能耕作玉蜀黍耕地四亩。据道格拉博士（我疑其不正确）所述，他们为防止市场供给过剩，往往当丰年时，焚去每个黑奴的生产量若干。这种办法，正与荷兰人对于香料所采的方策相同。维持今日烟草价格，若竟有采此过激手段之必要，那么，栽种烟草超过栽种谷物的利益，即令目前尚多少存在，恐怕今后亦是不会长久继续下去。

① 威基尼亚：Virginia，今译弗吉尼亚，英国早期在美国建立的殖民地，在今美国东部。——编者注

② 玛利兰：Maryland，今译马里兰，美国州名。——编者注

由此可知，以人类食品为生产物的已开垦的土地之地租，实支配其他大部分已开垦的土地之地租。任何生产物的地租，均不能长久低在此限以下，因为这土地可立即改为他用；若竟长久超在此限以上，那一定因为适于这生产物的土地过少，不能供应其有效需要。

在欧洲，直接充作人类食粮的土地生产物为谷类。所以，除了位置特殊的例外，欧洲一切耕地的地租，全都受支配于谷田的地租。英国不必羡慕法国的葡萄园，也不必羡慕意大利的橄榄园。因为葡萄与橄榄，如非占有特殊位置，其价值终须由谷物价值规定，而在谷物生产上，英国土地的丰度，并不特较这两国土地的丰度为劣。

设一国国民一般爱吃的植物，不是谷物，而是另一物，并假设在国内普通土地上，施以全然同一（与谷田耕作程度同一）或近似同一的耕作，所能产出的这种植物量，却远较多于最肥沃土地所能产出的谷物量，则地主的地租，换言之，支给劳动工资并偿却农业家资本及其普通利润后，残下的剩余量也必远较为多。不论一国维持劳动的普通工资如何，这遥大的剩余终必能支持较多量的劳动，从而，在地主方面，也就能购买或支配更多量的劳动。他的地租的真实价值，换言之，他对于他人劳动生产物（生活必需品方便品）的支配权，必定会更大得多。

稻田所产食物，远较谷田所产为多。据说，稻田每亩普通每年收获二度，每度三十布奚至六十布奚。固然，在这种耕作上，通例皆需更多劳动，但除了维持劳动，实在还有颇多量的剩余。因此，一国国民如以米为普通爱好的食物，耕作者皆依米维持生活，则与产谷国比较，地主所得必较大无疑。在卡罗林纳与英领其他殖民地同样，耕作者概为农业家兼地主，其地租与利润常相混同。当地稻田虽每年只收获一度，一般人来自欧洲，虽不以米为普通爱好的食物，然耕种稻田，犹远较耕种谷田为有利。[①]

凡属良好的稻田，全年皆为泥洳。至春季或夏季，则全水深没胫，所以不宜于种谷，不宜于做牧场，不宜于做葡萄园，实则舍稻以外，不宜栽种任何极有用于人类的食物。同时，适于这类物品生产的土地，也不宜于为稻田。所以，即在产米国中，稻田的地租，也不能规定其他土地的地租，因其他土地不能转为稻田。

马铃薯耕地所产的食物，实不亚于稻田的产量，较麦地产量，则遥为优越。以一亩地栽种马铃薯，可以产出一万二千磅，以一亩地栽种小麦，所产却不过二千磅。固然，马铃薯所含水分甚大，由此两种植物所得的固体滋养料，不能与其重量成比例。但现在即使假定马铃薯的重量，有半分属于水分，一亩地的马铃薯，仍有六千磅固体滋养料，仍三倍于一亩麦地的产额。况且，马铃薯的耕地一亩比麦地一亩，耕作费用是更少，单就麦地播种前必须休耕一项说，所费就往往超过了栽种马铃薯时锄草及其他特殊费用。所以，他日，欧洲某地人民若能以此块根为普通爱好的食物，一如一部分产米国人民以米为普通爱好食物一样，并使栽培马铃薯的土地面积在全耕地中所占比例等于现今栽培小麦及其他人类食品的土地面积在全耕地中所占比例，则同一面积的耕地必能维持遥遥多数的国民。加之，劳动者若概依马铃薯生活，则在生产物中，除了补偿耕作费及维持劳动以外，定能有更多量的剩余。此剩余的大部分，亦皆属于地主。人口缘是增加，地租必远在今日限度之上。

凡适于栽培马铃薯的土地，亦适于栽种其他一切有用植物。假若马铃薯耕地，在全耕地中所占比例，竟与今日谷田所占比例相同，马铃薯耕地的地租，必如今日谷田地租一样，规定其他大

① 照欧洲习惯，所谓谷不包括稻。

部分耕地的地租。

据我所闻，兰克夏[①]某地方的劳动阶级人民，爱好小麦面包，不若爱好燕麦面包。而在苏格兰，亦常闻有同样的情形。我对于此种传闻，总觉有几分疑问。常食燕麦的普通苏格兰人，无论就康健上说，就美观上说，都不及常食小麦的同一阶级的英格兰人；其操作，其风采，均较英格兰人为劣。但这两地上流人间，却没有这种差异。从此看来，经验将告诉我们：苏格兰普通人民的食物，没有英格兰普通人民的食物那样卫生。但关于马铃薯，情形却完全两样。伦敦的轿夫、脚夫、石炭挑夫以及卖淫为生的最不幸妇人的大部分，换言之，英国全领域中最强壮男子和最美丽女子的大部分，据说，都出自一般以马铃薯为日常食物的爱尔兰最下级人民中。果其如此，则一切食物中，就要以马铃薯为最适于人类健康的营养物了。

不过，马铃薯难于长期保存。欲如谷物之保藏数年，绝不可能。不能在腐烂以前卖却的恐惧，抑阻了马铃薯的耕作。妨害马铃薯，使不能在任何大国，像面包一样成为各阶级人民的日常食品，这也许是一个主要原因。

第二节　论有时发生有时不发生地租的土地生产物

在各种土地生产物中，只有人类食品，时常必然会提供地租；其他各种生产物，则须视当前情形如何，有时发生地租，有时或不发生地租。

人类最需要的东西，除了食物，就是衣服及住宅。

在原始草昧状态下，在衣服及住宅的材料方面比较在食物

① 兰克夏：Lancashire，今译兰开夏，英格兰西北部的一个郡。——编者注

方面，土地所能供给的人数通例是更大得多。但在改良状态下，在前一方面比较在后一方面，土地所能供给的人数却似乎更少。至少，在人们需要衣服住宅，亦愿为衣服住宅而支付代价的场合是如此。因在原始草昧状态下，衣服住宅的材料常过剩，故其价值极小，甚或绝无。在改良状态下，此等材料屡屡缺乏，而其价格亦缘是而增大。在前一场合，衣住材料的大部分，皆以无用而抛弃；实际被用的部分，所以有价值，亦不过因为在改造它们使适人用时，曾投下若干劳动与费用，而其价格亦仅与此劳动及费用相等。所以，对于地主，自无从提供地租。在后一场合，其材料全被使用，有时且供过于求。由是，一部分人遂不惜对于此等材料，支给其上市所费以上的价格。故其价格，对于地主，常可提供若干地租。

昔时所谓衣服材料，不外是比较大的兽皮。所以，以动物肉类为主要食粮而从事狩猎牧畜的原始诸民族，在获取食料时，就获得了他们自身穿着不了的衣服。设无对外贸易，则此等多余材料，便不免以无用而抛弃。如未被欧洲人发现以前的北美狩猎民族，就大抵如此。但彼等自与欧洲人接触以后，其过剩兽皮，乃能用以交换文明国的毛布、镜具、火酒[①]等。而前此近于无用的兽皮，至是，乃发生若干价值。我相信，在既知现世界的通商状态下，即令在最不开化的国民间，亦只要土地所有制度确立了，就会多少施行此种对外贸易，而把国内生产的但不能由国内制造或消费的衣服材料在较富裕的邻国中找到销路。富裕邻国的需要，往往使此等材料的价格腾贵到其搬运费以上，于是，地主就依此价格开始享受若干地租。当苏格兰高地家畜大部分皆消费于内部丘陵地带时，兽皮是苏格兰对外贸易输出的最主要商品，而与此兽皮

① 毛布、镜具、火酒：原文为blankets，fire-arms，and brandy。今译毛毯、火器和白兰地酒。——编者注

交换的物品，亦略为增加了高地土地领有者的地租。又，往昔英格兰不能在本国制造或消费的羊毛，亦在当时更富裕更勤劳的伏兰德[①]地方寻求销路，而依此售得的价格，对于羊毛产地亦提供地租。然而，耕作状态不比当时英格兰及今日苏格兰高地地方更为进步又无对外贸易的诸国，衣服材料的过剩，明明有一大部分，不免以无用而抛弃，故不能提供地租。

建筑材料，不能像衣服材料那样容易向远方输送，因而，也不像衣服材料那样容易成为国外贸易的对象。哪怕在今日商业情状下，一国建筑材料过剩，亦尚不能对于地主提供什么价值。伦敦附近的良好采石场，尽管发生颇大地租，但苏格兰威尔士多数地方的采石场，却不能发生地租。在人口稠密农耕进步的国度中，用作建筑的无果树木价值甚高，其产地固可提供多额地租，然在北美许多地方，树木产地的所有者却不但不能得地租，如果有人愿意代他采伐树木，他还会非常感谢。苏格兰高地一带，因道路阻滞，水运缺如，所以能向市场发运的，只有树皮，木材则随地委弃，听其腐烂。建筑材料既如此过剩，故其中实际被人使用的那部分，价值亦不过足够偿还其采伐及其搬运所费，对于地主，当无提供地租之可能。然当邻近富裕国民，有建筑材料之需要时，则又当别论。如，伦敦街路的铺石会使苏格兰海岸一部分不毛岩石的所有者，由向来全无用处的所有物收得一种地租。又如挪威及波罗的海沿岸的森林，在前本无价值可言，适后，因在大不列颠各地发现了国内找不出的市场，于是，价值增加，地主遂进而要求地租。

一国人口，不按照比例于其国衣住材料所能供给的人数，只按照比例于其国食物所能供给的人数。食物如得到供给，就不难

① 伏兰德：Flanders，今译佛兰德斯、法兰德斯。——编者注

找到必要的衣服及住宅。但有住宅衣服者，仍恐不易获得食物。大不列颠许多地方，以一人一日的劳动，即能造成一栋称为普通房屋的单纯建筑物。最单纯的衣服如兽皮之类，亦不难以同样多的劳动获得。因而，在野蛮或未开化各民族间，为获得衣服及住宅，所费不过占全年劳动百分之一。其余百分之九十九的劳动，一齐用来获取食物，有时还嫌不足。

但土地改良耕作发达的结果，一家的劳动，若能获得供给二家的食物，那么，由人口半数的劳动，也许已可生产供给社会全体人的食物，而其余半数，至少，在其余半数中，有一大部分的劳动是用来生产其他物品的，以满足人类其他欲望及嗜好。此等欲望及嗜好的主要对象物，便是衣服、住宅、家具以及所谓装饰用具等。在食物消费的分量上，富者贫者原无多大差别，所不同的，不过在质的方面。富者的食物，在选择及烹调上，需要更多的劳动与熟练。但是，我们且把富人堂皇的邸宅，巨大的衣橱和贫民的陋室敝衣比较一下吧！这两者，不论在质的方面还是在量的方面，都会令人感到极大的差异。食欲受限制于狭隘的胃脏，尽人皆同。而对于住宅、衣服、家具、装饰品等等的欲求，却似无限境。所以，一己所支配的食物，若为自己消费不了，他就一定会拿其剩余或剩余的代价，来交换食物以外的其他诸般商品。有限的欲望满足了，有余则用以图取无限欲望的满足。同时在贫者方面，则常为求取食物而尽力劳作，以满足富人此等嗜好；而且因为要使自己的食物供给较为确实起见，往往相互竞争，使其作品，益臻完善，益趋低廉。劳动者人数，随食物量增大而增加，换言之，随土地改良及耕作进步而增加。求食者日多，分工日密，从而，他们所能制造的原料量，其增加遂远速于劳动人数的增加。因之，对于建筑物、衣服、奢侈品或家具各种物品的原料，甚至地中心的化石、矿产、贵金属、宝石等，都有了需要。

这样看来，食物不但是地租的原始源泉，而且，后始发生地租的其他土地生产物，其价值中，相当于地租的部分，亦只是土地改良耕作发达，使生产食物的劳动生产力增进，从而派生出来的结果。

这往后始发生地租的土地生产物，并不一定常能提供地租。就连在改良的开垦的国度，对这类土地生产物的需要，亦不常常能够使其价格，除了支付工资，偿还资本及其普通利润，尚有颇大部分。这类生产物是否有此大需要，还要看当前的种种情形。

例如炭坑[①]是否提供地租，一部分要看它的丰度如何，又一部分要看它的位置如何。

矿山是肥沃抑是荒瘠，取决于一定量劳动可从这矿山取出的矿物量，是较多于抑是较少于同量劳动可从其他大部分同类矿山取出的数量。

有些炭坑，位置很便利，然以过于荒瘠，不能开采。其生产物，且不能偿还所费及其普通利润，更谈不上地租。

有些炭坑的产出物，仅够支付劳动工资，偿还开矿资本及其普通利润。企业家由这种炭坑，能期待若干利润，地主却不能由此得到地租。所以，像这类炭坑，除了地主自己开采，投下资本，可期得普通利润外，其余任何人都不能经营有利。苏格兰有许多炭坑，就由地主亲自经营。因为没有地租，他不许任何人采掘，但任何人采掘，亦不能支付地租。

苏格兰还有些炭坑，丰度虽大，然以位置不便，不能进行采掘。足够支付开矿费用的矿山产量，有时虽可依普通或不及普通的劳动量采掘出来，但在人口稀薄，无良好道路，又无水运之内陆地方，此种矿产量将无法卖出。

石炭[②]比之薪木，是一种比较不适宜的燃料，据说，还是比较不

① 炭坑：coal—mine，今译煤矿。——编者注

② 石炭：coals，今译煤。——编者注

卫生的燃料。在消费地点，石炭所费大概亦多少较之薪木所费为小。

薪木价格，殆与家畜价格，同样随农业状态而变动。而其变动的理由，亦与家畜价格的场合，全然一样。在农业幼稚状态下，各国大部分土地，皆为树木所掩遮。那树木，在当时地主眼中，全是毫无价值的障碍物，设有人代他采伐，他定然是欢喜不过的。适后农业进步，此等森林，一部分因耕作发达而砍去，一部分因家畜增加而归于毁灭。固然，家畜头数的增加比例与全由人类勤劳而获得的谷物类的增加比例并不相同，但在人类注意及保护下，家畜是更能繁殖的。因为，人类能在丰饶的季节，预先替家畜贮藏食料，备它们不时之需，所以，家畜整年得到的食物量，就远较人力未施全凭自然供给时为多。况且，人类为家畜铲除敌害，更使它们能安然自由享受自然所与的一切。但由人工促起增殖的这无数家畜群，既随意放牧于森林中，森林中的老树，即令无大亏损，一切嫩枝萌蘖的蕃生，却不免受到妨害。其结果，不到几世纪后，全森林就归于凋灭了。到这时薪木的不足，始抬高薪木的价格。这价格给了地主一个地租。地主有时觉得，即使以最良土地栽植无果树木，其利润之大也足偿其收入之迟延而有余。现今，大不列颠境内许多地方的情形正复类此。植林的利润，常与谷田或牧场的利润相等。不过，地主由植林所得的利益，不论何处，至少在相当长期内，不能超过谷田或牧场的地租。而且，在耕作进步的内陆地方，其利益更常在此种地租的限度以下。在牧耕进步的海岸一带，作为燃料的石炭，若容易得到供给，则建筑木材由耕作事业较幼稚的外国输入，往往比在本国生产的更为低廉。所以，爱丁堡最近数年建筑的新街市，竟没有一根木材是产自苏格兰本国。

姑不问薪木的价格如何，设烧石炭的费用竟与烧薪木的费用相等，石炭在当地的价格，就可说已达到极限。英格兰内陆某区域，特别是牛津地方，其情形正是如此。牛津地方普通民家的火炉中，通常皆混用薪木与石炭。可见这种燃料的费用，没有多大出入。

石炭价格，在产炭国任何地方，都比这最高价格更低得多。否则，石炭搬运远方，不论由陆运抑由水运，皆不能负担运输的费用。在此场合，石炭能够卖出的，不过是很少的分量。炭矿采掘者及所有者，为自己的利益计，一定会觉得，与其以最高价只卖出少量，倒不如以相当的廉价卖出多量。加之，丰度最大的炭坑，支配附近一切炭坑的石炭价格。这种丰沃炭坑的所有者及经营者，都发觉了石炭出售价格，若较低于附近各炭坑产炭的价格，定能增大其地租与利润。从而，邻近其他炭坑，虽生产较为困难，亦不得不立即以同样的廉价出售。结果，有些炭坑的地租低落，有些炭坑的利润削减，甚或两者全然消灭。于是一部分炭坑只好停止经营，还有一部分炭坑，惟所有者能经营。

像一切其他商品一样，石炭能在相当长期内继续售卖的最低价格，仅足补偿它上市所必要的资本及其普通利润。那些对于地主不提供地租，从而，非由地主自行经营，即须完全放置的炭坑，其石炭价格，大都与此最低价格相近。

石炭即令在提供地租的场合，与其他大多数土地原生产物比较，其价格中相当于地租的部分，依然要比较的小。地面土地的地租，通例被假定等于总生产额三分之一。这份额大概是确定的，不受收获上意外事变的影响。然在炭坑方面，则以总生产额五分之一为非常地租，以总生产额十分之一为普通地租。而且，这地租额极不确定，常为生产额的意外事变所左右。而其变动之大，至使置产者以三十倍年租的价格购买田产为平价，以十倍年租的价格收买炭坑为高价。

对于所有者，炭坑的价值取决于其丰度，也同样取决于其位置。但金属矿山的价值，则取决于丰度者多，取决于其位置者少。

因为由矿石分离出来的金属，尤其是贵金属，在比量上，具有颇大价值，所以，不难担负运往远地的运费。其市场不局限于矿山邻近诸国，而远及于全世界。如日本之铜，得为欧洲贸易品。西班牙之铁，得为智利及秘鲁的贸易品。秘鲁的银，不仅在欧洲找到了销路，且由欧洲运往中国。

反之，距离甚远的炭坑产物，决不能相互竞争。西摩兰及士洛普细尔[①]二地的石炭，殆与纽克萨[②]的石炭，各自为价，无大关涉。对于里奥拉地方的石炭价格，则更是毫无影响。但距离甚远的金属矿产物，却往往有相互发生竞争的可能，而事实上，也常如此。因此，世界产金属最丰的地方，金属价格，尤其是贵金属价格，就不免多少影响世界各地矿山的金属价格。日本铜的价格，势必会在欧洲铜的价格上，发生影响。秘鲁银的价格，换言之，秘鲁银在本地所能购买的劳动量或货物量，不只可影响欧洲银的价格，且会影响中国银的价格。秘鲁银矿发现以后，欧洲银矿，有大部分归于废弃。这就是因为银价异常低落，至不能偿其经营所费，或者说，不能偿还作业上所消费的衣食住及其他必需品，且毫无利润可图。波托西银矿发现后，古巴及圣多明戈的矿山，乃至秘鲁矿山，亦会发生这种现象。

这样看来，各矿山所产金属的价格，实际均在某种限度，受支配于世界当时产量最大的矿山的产物价格了。所以，大部分矿山所产的金属价格，只够偿还其采掘费，没有多大剩余，因而，对于地主，亦不能常有多额的地租。在大多数矿山所产的贱金属价格中，地租已只占小部分。而在贵金属价格中，地租所占部分

① 士洛普细尔：Shropshire，今译什罗浦郡、希罗普郡，在英格兰西部。——编者注

② 纽克萨：Newcastle，今译纽卡斯尔，英格兰东北部港口城市。——编者注

尤小。劳动与利润，构成了贵贱金属价格的大部。

以产额丰饶著称于世界的康瓦尔锡矿，平均地租，据此矿区之副监督波勒斯牧师所述，计达总产额六分之一。他并说，有些矿山的地租超过这比率，有些却又不及这比率。苏格兰许多颇为丰饶的铅矿地租，亦占总产额六分之一。

据佛勒兹及乌罗亚两氏称述，秘鲁的银矿所有者，只规定从事经营银矿的人须在所有者自己设立的磨场中磨碎矿石，而予以普通的代价。但一七三六年西班牙王所征的矿税率，计达标准银产额五分之一。截至此时为止，此种税率正可视为大部分秘鲁银矿（当时世界最丰饶的银矿）的真实地租。设矿不征税，此五分之一，当然属于地主，而当时因不能担负此种税率，致无从采掘的矿山，亦将有开采机会。康瓦尔公爵所征锡税，据说为全价值百分之五以上，即二十分之一以上。姑不论其税率如何，设不课税，则税之全部总必归于矿山所有者。今假定以二十分之一，与前述锡矿地租六分取一相加，即可发现康瓦尔全部锡矿的平均地租，对于秘鲁全部银矿的平均地租，实持有十二对十三的比例[①]。然而，秘鲁的银矿，现今连这低微的地租亦不能担负。银的赋税，亦在一七三六年，由五分之一低落至十分之一。银税虽轻微如此，但与二十分取一的锡税比较，仍更能引诱人们私卖。就私卖一层说，高价的物品势必较容积大的物品，更易实行得多。所以，有人说，西班牙王的税收极其不振，而康瓦尔公爵的税收，则颇为优良。依此观察，地租在世界最丰锡矿所产的锡价中所占部分，比较在世界最丰银矿所产的银价中所占部分，怕要更大。即各种矿产物，在偿还开矿资本及其普通利润后，留归矿山所有者的剩

① 康瓦尔公爵所课锡税为二十分之一，平均地租为六分之一，相加为六十分之十三。西班牙王所课银税为五分之一，无地租，相加当为六十分之十二。

余部分，在贱金属的场合比在贵金属的场合，怕要更大。

秘鲁银矿开采者的利润，通常亦不甚大。最熟悉当地情形最受人敬佩的上述那两位著者又说，一个人如果企图在秘鲁采掘新的银矿，好像就非破产不可一样，为一切人所嫌忌回避。可知开矿业在秘鲁，好像在这里一样，是被一般人视为彩票，其奖标虽甚大，可诱惑许多冒险家，在这不利的企图上失去他们的财产，但不能抵偿其空白。

在秘鲁经营银矿的利益虽如此渺茫，但因国王岁入大部，皆取自银矿之故，秘鲁法律，对于新矿的发现及采掘，会予以一切可能的奖励。发现新矿山者，不论是谁，一律按照他看准的矿脉方向，分划长二百四十六尺、宽一百二十三尺的矿区，归他所有，得自行开采，不给地主任何报偿。康瓦尔公爵的利害关系，亦曾使公爵在他旧领地内设有类似的规定。凡在荒野或未圈地内发现锡矿者，皆得在一定范围内区划境界，而称之为矿山定界。这境界设定者，即为该矿区实际所有者。他可以不经原地主许可而自行开采，或租与他人开采。不过当采掘时，须略予地主以报偿而已。在以上那两种规定中，私有财产的神圣权利，竟然为了一种拟设的公家收入，而全被牺牲了。

秘鲁国这种奖励，亦会施之于新金矿的发现与采掘上。国王的金税，不过占标准金产量二十分之一。原来金税与银税同为五分之一，此后低落至十分之一。然就采掘的实际情形言，就连十分之一的税率，也觉太重。上述两著者佛勒兹及乌罗亚曾言，由银矿发财的，已属稀罕，由金矿发财的，尤为稀罕。仿佛，智利、秘鲁两地大部分金矿所能支给的全地租，亦就是这二十分之一，但现今一概成了金税。金之为物，较银更易成为秘密买卖品。这不但由于在此比量上，金价较银价为高，且由于金的产出方法特别不同。银的发现，例非纯质，大抵参有其他物品。银，要由此矿化合物分解出来，势须藉助于极困难极烦琐的作业，而这种分解作业，又非特为设立工厂，并置于国王官吏监督之下，莫由施行。反之，金的发现，殆常为纯质，常为有相当重量的片块。即或不时参有几难分认的砂泥，及其他附着物，但藉着极简单的作业，就能使纯金从这些混杂物分解出来。不论何人，只要持有少量水银，他就可在自己私宅中成就这种作业。所以，在银的场合，国王的税收如已不佳，在金的场合，必更不佳。因而，地租在银价中，已经仅占颇小部分，在金价中，则所占部分尤小。

贵金属能在市场出卖的最低价格，换言之，贵金属长期在市场上所能交换的其他货物量，通常受支配于支配其他一切货物普通最低价格的原理。决定这种最低价格的，是贵金属上市所必须投下的资本量，换言之，是贵金属上市所必须消费掉的衣食住那三种物品。纵令取价值低，亦必须足够偿还所费的资本及其普通利润。但贵金属的最高价格，则似乎不取决于任何他物，而只取决于贵金属本身的实际供给缺乏抑是丰饶。这与石炭不同。石炭的价格，通例由薪木的价格决定。所以，石炭不论如何缺乏，其价格终不会超在薪木价格以上。但若金之稀少性竟增加到某种限度，则最小一片也将较金刚钻价格为昂，并将比以前能交换遥遥多量的其他货物。

贵金属的需要，一半出于其效用，一半出于其美质。除铁而外，贵金属实较其他一切金属为有用。贵金属容易保持清洁，且不易生锈，所以，食桌及厨房的用器，以金银制品为最宜。银制的煮器，较铅制铜制锡制的煮器为清洁。金制煮器，又较银制煮器为清洁。不过，贵金属之主要优点，乃由其美质而生。这美质，使贵金属特宜于为衣物家具的装饰。任何绘具或染料，也不能作成镀金那样出色的色彩。加之，贵金属这种美质，又因稀少而增大不少。在大部分富人看来，富之娱悦，即存在于富之炫耀。在他们看来，这炫耀，在自己独自持有一般人求之不得的富裕标志时，就算达到了极点。在这般人眼中，有几分用处，或有几分美的物品，若再加以稀少性，加以获取此物须费甚多劳动，非他人所可承担之事实，他们就会觉得，那真是一种了不起的物品。所以，这稀少的物品，就令不见十分优美、十分有用，但比较普通物品，他却情愿为它而支给更高的价格。效用、美质、稀少性，实是此等金属成为高价的根本原因。贵金属的高价值，并非生于用做货币以后，那在它未用做货币以前，就已存在了。并且，那又实际是使它宜于当作货币使用的性质。不过，即因其用做货币，其高价值，遂得由新需要的发生及其他用途上的供给量的减少，而永远保持，且不时增加。

宝石的需要全由美质而生。除装饰物，更无其他效用。其美质的优越，又常因稀少，因采掘困难，因费用浩繁，而益形加大。所以，在大多数场合，工资及利润，殆占宝石高价格的全部。地租在宝石价格中，只占极小的份额，甚或全无。相当的地租，只有期之于最丰沃的矿山。宝石商塔斐尔尼，曾考察戈尔康达及维希颇尔两地的金刚石矿山。据他所闻，当地诸矿山，虽为其国君王之利益而开采，但国君却命令除产额最大产物最美的矿山外，其余所有矿山一律锁闭。即此可知，这被锁闭的矿山，对于其所有者，一定没有采掘的价值。

世界各地贵金属及宝石的价格，同样受支配于世界最丰沃矿山的产物价格。任何矿山，对于其所有者所能提供的地租，不与其绝对丰度成比例，只与其相对丰度成比例，换言之，只按照比例于它对同种类其他矿山所持的优越程度。波托西矿山与欧洲诸矿山比，诚然优越一等，但若有新矿发现，同样较优于波托西矿山，则银价将更见低落，就连波托西矿山，或亦将无经营价值。今日秘鲁矿山，固能提供颇大的地租，但在西领西印度发现以前，欧洲最沃矿山，对于其所有者，亦能提供同样大的地租。就银量言，当时虽较今日遥为稀少，但当时由此所能换得的其他货物量，却与今日相同。所有者当时所得份额虽较少，但所能买得的劳动量或商品量，却与今日相等。果其如此，则生产物价值及地租，换言之，由此而生的公众真实收入与矿主真实收入，今昔便是完全一样。

贵金属或宝石最丰饶的矿山，对于世界之富，也不能有多大增加。因为这类物品的原本价值，主要是存于其稀少性。设其丰饶，其价值且将因而下落，这时，食桌上的器具及其他衣服家具之类的奢华装饰物，就得以较前此为少的劳动或较少量的商品买入。其实，世界能由金银宝石丰饶而受到的唯一利益，亦即在此。

以上系就地下的产物而言。地面土地，情形却不如此。地面土地生产物及其地租两者的价值，均不按照比例于其相对丰度，而按照比例于其绝对丰度。生产一定量衣食住的物品的土地，常能供给一定人数的衣食住，而且，不论地主享有的比率如何，他总能由此获得相当的劳动支配权，而支配该劳动所能提供的商品。最荒瘠土地的价值，不因近邻有最丰沃的土地而减少。大体上，却反而会因此增加。因为，荒瘠地的生产物，有许多，在仅仅以本地产物即已足够维持本地居民全体的地方决不能寻得市场。这种市场，只能在人口众多的地方寻得。但邻近的沃地，就可供养众多的人口。

生产食物的土地的丰度增进，无论出自何种原因，都不但会使本身改良了的土地的价值增加，同时，并由土地生产物的新需要的发生，使许多其他土地的价值也同样增加。因为，土地改良，许多人得持有自身消费不了的丰饶食物，因而，对于贵金属宝石有了需要，对于衣服、住宅、家具及其他一切日常使用的方便品、装饰品，亦有了需要。食物，不仅在世界上，构成了富的主要部分；并且，对于其他各种财货，附以主要价值的，亦是食物的丰饶。当古巴及圣多明戈初为西班牙人发现时，一般穷苦居民，皆在头发及服装各部分上缀以小金块，作为装饰。他们对此金块的评价，和我们对于普通略有光泽的小石之评价同，拾起来，固然不妨，拒绝不给别人，却不值得。此等居民，对于新来外客第一次请赠金块，无不立即赠与。他们赠与时，似未想到赠品颇有价值。西班牙人获得金块的热狂，却不禁使他们看了惊倒。他们不会想到，世界上，竟有如此的国家与人民，占有着如此多量的（为他们所缺乏的）食品，竟愿为一小块放光的小玩具，而给他人以如许多的足够供养家族数年的食品。如果他们能够理解此中理由，西班牙人的拜金热，就不会使他们惊异了。

第三节　论常生地租的生产物与不常生地租的生产物二者价值比例之变动

食物的丰饶程度，依治化改良及耕作之进步而增大。食物以外，其他一切能供实用及装饰用的土地生产物，其需要又必因食物益加丰饶而增大。因此，在改良全行程中，这两种生产物的比较价值，就只有一种变动了。即，不常生地租的生产物价值，与常生地租的生产物价值相对而言，是在不断地上腾。技术及产业进步了，对于衣服居住的材料，对于地中心的有用的化石矿物，以至对于贵金属宝石等等，需要皆将渐次增高。它们所能换得的食物，亦将渐次增多。换言之，其价格将渐次增高。食物与其他土地生产物价格相待为变之事实，大抵如此。倘无特殊事故，使某类物品的供给的增加，远速于其需要的增加，那就全然如此。

例如，白石坑的价值，就必随其周围地方之治化改良及人口增进而加大。设这石坑为邻近一带之唯一石坑，则其情形更属如此。然而，就连假设周围千哩以内只有一个银矿，其价值也并不一定会随矿山所在国之治化改进而增加。因为，石坑出产物之市场，很少超越至周围数哩以外，从而，其需要就不得不和这小地域的改良与人口保持比例。银矿产物的市场，却可扩大到既知的全世界。假若世界一般尚未改良，人口尚未增进，银的需要，决不会因银矿附近某大国的改进而有所增加。而且，即令世界全般有了改进，而对于银的需要亦有所增加，但若在这改进的过程中，又发现了比较更为丰沃得多的新矿山，则供给超过需要的结果，其真实价格，仍不免趋于低落。一定量的银，比如说银一磅所能支配或所能购买的劳动量，或者说银一磅所能换得的劳动者主要生活资料（即谷物）量，就会逐渐减少下去。

银的大市场，是世界上有商业有文明的地方。

假若银市场的需要由一般的治化改进而增加了，同时，供给又不会与需要按同一比例增加，那么，银的价值与谷物价值相对而言，就会渐次上腾。即一定量银所能换得的谷物量，将渐次增加。谷物的平均货币价格，将渐次趋于低廉。

反之，设供给因某种偶发事件，在许多年数之内，继续以较大于需要增加的比例增加，这金属就必渐次趋于低廉。换言之，谷物的平均货币价格，无论在怎样的改良中，亦会逐渐增高。

再反之，假若金属供给的增加，与其需要增加，按照同一比例，则此金属所能购买所能交换的谷物量，即可继续不变。谷物的平均货币价格，也就无论在怎样的改良中，几乎保持原状。

在改良进程中，以上三端，已可概括其中一切可能的变动。我们如果不妨依法兰西及大不列颠发生的事实，加以判断，则在前三四世纪中，在欧洲市场上，这一切可能的变动，都似乎曾经发生，而其发生之顺序，亦有如我此处所述。

旁论最近四世纪银价之变动

第一期

在一三五〇年及前此数年间，英格兰小麦一卡德之平均价格为台衡银四翁斯，相当于现今英币二十先令。以后，渐次低落至二翁斯，合现今英币十先令。我们觉得这一卡德十先令的价格，是十六世纪初年至一五七〇年顷的小麦价格。

一三〇五年（爱德华三世第二十五年）制定了所谓《劳动法》。这法令的绪言，曾大大非难雇役的暴慢，说他们不应要求雇主抬高工资。所以，本文上就有这样的命令：一切雇役及劳动者，此后应以帝第二十年及前此四年所受得的工资及给偿（给偿Liveries一词，在当时含有衣物及食料两者）为满足，他们所得的小麦，无论何地，都不得过每布奚十便士以上，并且，这给偿是以小麦交付抑与货币交付，又须听雇主选择。对于雇役等，给偿食品之代价，竟须由特殊法令规定，可知每布奚十便士实为当时的中平价格，且被认为前十年（即帝第十六年）的合理价格。但爱德华三世第十六年，十便士约含有台衡银半翁斯，相当于现今英币半克郎(crown)。所以,与当时货币六先令八便士相当,又,与今日货币二十先令相当的台衡银四翁斯，在当时，是被认为小麦每卡德（八布奚）的中平价格。

当我们考求当时谷物的中平价格时，与其引证历史家及其他著述家关于特定年度的物价记录，倒不如参证上述的法令。因为诸著述家所记，一般皆侧重异常高昂或异常低廉的价格。想依此判断当时普通价格如何,实为不易。加之,我们还有别种理由相信，十四世纪初及前此数年间小麦的普通价格，确不下于每卡德四翁斯，其他各种谷物价格，亦皆依此为准。

一三〇九年，坎特布里的圣奥古斯丁修道院院长刺夫·得·波恩就任时，曾大摆筵席。关于这次筵席，威廉·托恩曾有如此的记录，详载全食单及各菜目的价格。计当时消费了的，第一为小麦五十三卡德，价十九镑，即每卡德六先令二便士，约换今币二十一先令二便士；第二为麦芽五十六卡德，价十七镑十先令，即每卡德六先令，约合今币十八先令；第三为燕麦二十卡德，价四镑，即每卡德四先令，约合今币十二先令。这场合的麦芽燕麦价格，与小麦比例而言，似较高于通常的比例。

此等价格的记载，即非因其异常高昂，也非因其异常低廉。那不过，偶然对于这次大规模飨宴中消费掉的多量谷物，记下其实际付价而已。

亨利三世第五十一年（即一二六二年），恢复往时所谓《面包麦酒价格法令》。此时，亨利帝曾在序文上称说，此法令系其祖先（即往时英格兰王）所制定。由此推断，此法令至少是亨利二世的遗物，或者竟是诺耳曼征服时代的遗物。该法令按照当时每卡德由一先令至二十先令的小麦价格，规定面包价格制定此项法令时，谅必曾同样注意中位价格以上及以下的各种变动。果其如此，则含有台衡银六翁斯而相当于今币三十先令的当时十先令，在此法令制定之初，必被视为小麦一卡德的中位价格，而且，直到亨利三世第五十一年，依旧如此。从而，我们如果推想中位价格不下于法定最高面包价格的三分之一，换言之，不下于当时含有台衡银四翁斯的货币六先令八便士，总不致大错。

由这诸种事实，我们可以有相当理由得到这个结论：即，在十四世纪中叶及以前一个颇长的时期当中，小麦一卡德的平均价格或普通价格，大概不会在台衡银四翁斯以下。

由十四世纪中叶至十六世纪初，小麦的合理中位价格，换言之，小麦的普通平均价格，似已渐次减低一半，卒降而等于台衡银二翁斯，合今币十先令。这价格一直延续到一五七〇年。

诺森柏兰第五世伯爵亨利的家政簿中，关于一五一二年小麦，载有两种价格：其一，小麦每卡德以六先令八便士计算；又其一，每卡德仅以五先令八便士计算。这一年，六先令八便士，极其限，不过含有台衡银二翁斯，合今币十先令。

就许多法令考察，我们知道，由爱德华三世第二十五年至伊利沙白治世初年这二百余年的长期中，表面上，虽似以每卡德六先令八便士为小麦的普通价格或平均价格（亦即所谓合理的中位价格），然其间银币逐次变革的结果，此名义金额所含的银量却在不断减少。不过，又一方面，这银价的增加很够补偿此银量的减少。所以，在立法当局看来，这事情不值得注意。

一四三六年，立法当局规定小麦价格。如低落至每卡德六先令八便士，那就不经特许，亦可输出。一四六三年，又规定小麦每卡德价格若未超过六先令八便士，即禁止输入。据立法当局设想，麦价既低在此种限度以下，任其输出，亦无不便，若腾在此种限度以上，则允许输入，乃为慎重处置，因此，当时含有今币十三先令四便士那么多银的六先令八便士（其中含有的银量较爱德华三世时代同一名称金额所含的银量，已减少三分之一），就是当时所谓适当而合理的小麦价格。

当腓力王[①]及玛利女王[②]治世第一年和第二年(一五五四年)，伊利沙白女王第一年（一八五八年），更依同一方法，在小麦每卡德价格超过六先令八便士时，即禁止输出。当时六先令八便士所

① 腓力王：西班牙国王腓力二世，英格兰女王玛丽一世的丈夫。——编者注

② 玛利女王：今译玛丽女王，英国伊丽莎白一世女王的姐姐，亨利八世的长女，人称“血腥玛丽”。1553至1558年在位。——编者注

含银量，不过比现今同一名称的金额，较多二便士。但不久就被发觉了，在价格如此低落时，始不限制谷物输出，原无异于永远禁止小麦输出。所以，在伊利沙白第五年（一五六二年），又重行规定小麦价格若不超过十先令，即可随时在指定的港口输出。当时十先令，与现今同一名称的金额比较，殆含有相等的银量。准此，这六先令八便士的价格，就是当时所谓适当的合理的小麦价格了，与前述亨利伯爵家政簿上所记价格，近相符合。

法国的情形亦与此相类。该国谷物平均价格，在十五世纪末叶及十六世纪初年，远较前此二世纪为低廉。杜不黎·德·圣摩亚氏及其他谷物政策论著者，均承认此为事实。且不但法国为然，同时期欧洲大部分国家的谷物，都同样趋于低落。

与谷物价值相对而言，银的价值所以会如此腾贵，其原因不外乎二。一为供给继续原状，需要则伴随治化改进及耕作进步而增加；一为需要继续原状，但当时世界上各既知银矿，大都采掘过甚，致费用递加，产量递减，因而，银之供给减少。那有时单由于前一原因，有时单由于后一原因，又有时兼有两种原因。十五世纪末叶及十六世纪初期，欧洲多数国家的政局皆远较前此百数十年间为安定。这安定性的增加，自然就增进了产业及改良程度，对于贵金属及其他一切装饰品奢侈品的需要，亦自然随财富增加而增加。年产物加多，则为流通此年产物起见，亦须有更多量的银币。富者人数增多，则又须有更多量银制器皿及其他装饰品。加之，当时以银提供欧洲市场的银矿，有大部分之开採，皆始于罗马时代。采掘过甚，需费必多。银价增加，此亦不无关系。

论述往时商品价格之著者，大部分皆认为自诺耳曼征服时代起，或者，竟由鸠理亚·恺撒的侵略时代起，至美洲诸矿山发现时止，银之价值皆在继续减少。据我想，这种见解的发生，一部分基因于他们的观察，即他们对于谷物及其他土地原生产物所下的观察，另一部分则基因于一种通俗说法，说一切国家的银量，随财富增加而自然增加，其价值则随其量的增加而自然跌落。

从来，由谷物价格征考各时代金银价格者，似常有三种情形，使他们流于错误。

第一，在往时，凡属地租，殆皆付以实物，即一定量的谷物、牛、马、鸡、鸭。然有时，逐年的地租，究以实物付，抑以代替实物之货币付，其裁夺权往往属于地主。像这样以一定额货币代替实物付纳的价格，在苏格兰称为换算价格。因为在这场合，选择权常操于地主手中，所以，为租地人的定全计，其换算价格，与其在平均市价以上，倒毋宁在平均市价以下。所以，许多地方的换算价格，尚未大超过平均市价之半额以上。此等风习，在今日苏格兰大部分地方,犹存续于以鸡鸭诸禽付纳的场合。有些地方，在以牛羊付纳的场合，亦相沿未改。由此看来，假若公定谷价制度不把这种习俗扑灭，那就恐怕今日在以谷物付纳的场合，仍有此种风习存在。所谓公定杀价，就是谷价公定委员会，每年依照各地方实际市场价格，就各种类各品质的谷物平均价格，加以裁定的评价。照此制度行去，则当换算所谓谷物地租时，就可准照当年的公定价格，不必依据预先确定的价格。这在租地人方面，固然得到了充分保障，而地主方面，亦觉方便得多。但搜集往时杀价的一般著述者，却往往把苏格兰所谓换算价格，误认为实际市场价格。夫里渥德有个时候，曾自认犯了此种错误。然当他为其特殊目的而从事著述时，他竟把这种换算价格用了十五回，才想到他应该承认错误。那时换算价格，系小麦每卡德八先令。在他所研究的第一年，即一四二三年间，这金额，与今币十六先令，实含有同量的银。但在他所研究的最后一年即一五六二年，这金额所含的银量，则与现今同一名称金额所含之银量无异。

第二，价格公定的古代法令，有时，因书记怠惰潦草，有时因立法当局怠惰潦草，所以，本来极不可靠。但上述诸著者，却竟据此为断，故不免陷于错误。

往时价格公定的法令，初常就小麦及大麦的最低价格，规定面包及麦酒的普通价格，次再按这两种谷物最低价格上腾的程度，进而决定面包及麦酒的价格标准。然而，此等法令之传写者，在誊写此等规定时，往往为节省自身劳动计，以为只要誊写冒头以下三四项最低价格，已可概括一切，用不着再写较高的价格。

例如，亨利三世第五十一年面包麦酒价格公定法令，正规定面包价格时，所参照的小麦价格，乃由每卡德一先令至每卡德二十先令。然在拉佛黑刻印法令集以前，一切法令集所典据的写本，都没有写到十二先令以上的价格。因此，为这不完全写本所贻误的许多著者，就极自然的，把每卡德六先令（相当于今币十八先令）的中间价格当作当时小麦的普通价格或平均价格。

又，约在同时制定的惩罚椅及头手枷的法令中，关于麦酒价格的规定，所参照的大麦价格，乃由每卡德二先令至每卡德四先令，而每腾高六便士，即为一等级。但这四先令的价格，在当时，决不是大麦屡屡达到的最高价格，并且，这里说由二先令至四先令，极其限，也不过表示以上可以类推而已。由这法令最后的词句："et sic deinceps crescetur vel diminuetur per sex denarios"，即可推知我这话不错。这词句，虽极简略，但意义十分明了。即是说："麦酒价格，当按此标准，随大麦价格每六便士的腾落，而或增或减。"总之，立法当局对于法令的制定，传写人对于这法令的抄写，皆失之疏忽。

苏格兰古法律书（勒基喃·马杰特腾的古写本），载有价格公定的法令。说那里公定面包价格，所参照的小麦价格，乃由每波尔（苏格兰量器，约当英格兰一卡德之半）十便士至每波尔三先令。当时——即推想中该法令制定的当时，苏格兰三便士，约当现今英币九先令。鲁迭曼氏似即由此断定，三先令为当时小麦最高价格，十便士，一先令，至多二先令，则为其普通价格。但是，我们一参考此写本，即知此等价格亦不过表示以上可以类推而已。所以，这法令最后亦说："Reliqua judicabis secundum praescripta habendo respectum and pretium bladi"。意思是："其余，则应按照以上的这里未曾写出的谷物价格，加以判断。"

第三，在远古时代，小麦有时以极低价格出卖。许多著述者因误认当时的小麦最低价格，既远较后代的小麦最低价格为低廉，就想象其普通价格亦远较后代为低廉。但他在另一方面，却又同样发现了远古时代的小麦最高价格，亦远较后代的小麦最高价格为高昂的事实。例如夫里渥德在一二七〇年，曾记录关于小麦一卡德的价格两种：其一，为当时货币四镑十六先令，合今币十四镑八先令。又其一，为当时货币六镑八先令，合今币十九镑四先令。像这样过大的价格，在十五世纪终末十六世纪当初，都不会见到。从来，谷物的价格本多变动，但在商业中断，交通杜绝，以致国内甲地的丰饶不能救济乙地的贫乏，且不时发生骚扰紊乱的社会中，其变动尤甚。由十二世纪中叶至十五世纪末叶，蒲南台日奈王[①]治下英国的紊乱状态，正因当时有些地方特别丰饶，其他相距虽不很远的地方，却又常被四时偶发的灾变或邻近豪族侵入，毁其收获，而陷于饥馑。在此贫富不均的两地间，设更介以抱有敌意的贵族领地，就更不能互相援助。然在十五世纪末叶及十六世纪全期都铎尔王朝[②]的强力统治下，已经没有一个贵族敢扰乱英国

① 蒲南台日奈王：the Plantagenet，今译金雀花王朝，是12世纪至15世纪统治英国的封建王朝。——编者注

② 都铎尔王朝：the Tudors，今译都铎王朝，是1485至1603年间统治英格兰王国和其属地的王朝。——编者注

全社会的秩序了，可想见当时谷物价格的变动必不甚大。

读者在本章末尾，将会见到夫里渥德所编的麦价表。他把一二〇二年至一五九七年这个期间内各种小麦价格搜集起来，换算为现时货币，并按照年代顺序，每十二年分作一期，计共区为七期。各期的末尾，又记有该期十二年间的平均价格。夫里渥德氏，因为由这长时期，只能搜集八十年的价格，以致最后一期还残缺四个年度。是我就伊吞大学[①]的账簿，补入了一五九八年、一五九九年、一六〇〇年及一六〇一年的价格。我所补入的，只此四年。由此等数字，读者可以知道，自十三世纪初年至十六世纪中叶之末，每十二年的平均价格都在渐次减低；及至十六世纪末期始逐渐上腾。夫里渥德所搜集的价格，主要都不外是惹人注意的过高价格或过低价格，所以，我实不敢断定，由他这些价格，能否引出非常确当的结论。但是，这诸般价格，如果可以证明一件事，那所证明的，就是我们所要竭力阐明的那一件事了。因而，夫里渥德自己，亦像其他若干作者，相信银价在此期间，常因其丰饶程度增加而不断减低，但他所搜集的谷物价格，却确与此种意见不相一致。比较起来，与杜不黎·圣·摩亚氏的见解及吾人已经努力说明的那种见解，倒还不甚差违。夫里渥德及圣摩亚两位作者，都会以最大的勤勉与忠实，搜集往时各种物价。他们两人的意见，虽如此相违，他们两人所搜集的事实，至少，就谷物价格说，是如此一致，那不免令人感到几分奇异。

然而，诸慎重作家所据以推断诸极远时代的银价腾昂的，与其说是谷物的廉价，倒不如说是其他许多土地原生产物的廉价。因为，谷物被人称为制造品。在未开化时代，据说，谷物比之其他大部分商品，遥为高价。我想，这所谓大部分商品，是指家畜

① 伊吞大学：Eton College，今译伊顿公学，是英国著名的贵族学校。——编者注

猎获品那一类非制造品。此等物品，在贫困而野蛮的当时，无疑会较谷物低廉。但这低廉不是银价过高的结果，只是这些商品低价的结果。即是说，那非因为在那时代比在富裕进步时代，银能购入或代表较多的劳动，却只因为在那时代，此等商品只能购入或代表比较遥遥少量的劳动。银在西领亚美利加[①]，确比在欧洲为低廉。即，在产出的国度，确不能不较输入国为低廉，因须耗去运费保险费，由水陆长途输入。但乌罗维亚却告诉我们，不久以前，倍诺斯爱勒地方，在四百头牛中，任选一头，价格仅为二十一便士半。又据拜伦氏告诉我们，智利首都，良马一匹的价格值英币十六先令。在土壤肥沃而大部分区域又全未开垦的国度，家畜及猎获品皆不难由极少量劳动而获得。因之，它们所能购买的劳动，遂极为有限。像此等商品，以低廉货币价格出售的事实，并不能证实银的真实价值过高，只能证实此等商品的真实价值过低。

银及其他一切商品的真正尺度，不是任何特殊商品或特类商品，而是劳动。这一点，我们应当随时牢记。

一国土地荒芜，人口稀薄，自然生产之家畜野畜，必远过于居民所须消费的数量。在这种状态下，供给通常超过需要。所以，因社会状态不同，改良阶段不同故，此等商品所代表的或与此等商品等价的劳动量，亦极不相同。

无论在什么社会状态下，无论在什么改良阶段中，谷物终归是人类勤劳的产物。但一切由勤劳而生产的物品，其平均生产皆多少按合于其平均消费。即，平均供给，按合于其平均需要。并且，无论在什么改良阶段上，在同一土壤同一气候中，同一量谷物的生产，平均殆皆须投下同一量劳动，或者说，殆皆须投下同一量劳动的价格。因为，耕作改良，在一方面固可继续增进劳动

---

① 西领亚美利加：亚美利加洲简称美洲，“西领亚美利加”即为西班牙属美洲。——编者注

的生产力，但同时，主要农具（即家畜）价格的不断增加，却又多少抵杀了这增进的生产力。我们根据这种事实，乃能确信：要在一切社会状态下，在一切改良阶段中，以等量谷物代表或交换等量劳动是比较可能，以等量其他土地原生产物代表或交换等量劳动是比较不可能。惟其如此，所以我们在前面已经讲过，在财富发展治化改进各阶段中，谷物比较其他商品是更正确的价值尺度。从而，我们在各时代，以谷物与银相比较，就比之以其他任何商品与银相比较，更能正确判定银的真实价值了。

加之，谷物或其他为一般人民爱好的植物性食物，在任何文明国度，皆是劳动者生活资料的主要部分。农业进步的结果，各国土地所生产的植物性食物，比较其动物性食物，必遥为多量。并且，劳动者到处都以最低廉、最丰饶的卫生食物为主要生活资料。除了最繁荣的国家，除了劳动报酬非常昂贵的地方，在劳动者生活资料中，屠肉不过占极小部分。鸡鸭一类家禽所占的部分更小，猎获品就全然没有。在法国，甚而在劳动报酬较法国为优的苏格兰，劳动贫民，如非临着佳节或其他特殊场合，就很少尝到肉味。因此，劳动的货币价格，遂受支配于屠肉或其他土地原生产物者极少，而受支配于其主要生活资料（即谷物）的平均货币价格者极大。从而，金银的真实价值，换言之，金银所能购入或所能支配的劳动量，就不取决于它们所能支配的屠肉或任何其他土地原生产物之量了，那主要取决于金银所能购入的谷物量。

然而，诸聪明作家所以会如此陷入错误的，宜归因于这方面的观察错误者少，而归因于俗见蒙蔽者多。此所谓俗见，即认一国银量随财富增加而自然增加，其价值则随其量增加而自然减少。这种见解毫无根据。

各国贵金属数量增加的原因有二：其一，为供给贵金属之矿山产额增加；又其一，为人民财富增加，即劳动年产物增加。前一原因，有关于贵金属价值的减少，那是无疑的；但后一原因，却与其价值的减少无关。

更丰饶矿山的发现，接着定有更多量的贵金属提供市场。这时，所产较大量贵金属所能交换的生活必需品、方便品，如果比较从前，没有增减，则同一量的金属，现今其实就只能换得较少量的商品。所以，一国贵金属量的增加，若发因于诸矿山产额的增加，则其结果必然会减少贵金属的价值。

反之，在一国财富增加时，换言之，在该国劳动年产物渐次增大时，这更多量商品的流通，当然须有更多量的通货。但在人民愿以多量商品交换金银器皿，且能出此时，则人民所愿购入的金银器皿，亦必因而加多。这样看来，一国通货的数量，既由必要而增加；金银器皿的数量，又依虚荣心爱美心而增加。关于后一种增加，与雕像绘画及其他各种奢侈品珍奇品的增加，同其理由。雕刻家画家所获报酬，在富裕繁荣时，既不较少于在贫乏困苦时，可知金银在富裕繁荣时，亦不会价格较低。

金银价格，在无更丰饶的新矿偶然发现使其低落时，通常在任何国度皆当随各该国富之增进而自然上腾。因此，矿山的状态不论如何，金银在富国的价格终比在贫国的价格为高。就自然趋赴最良价格的市场一点而言，金银与其他一切商品无异。而对于货物，能提供最良价格的国度，通例又只是资力能胜任最良价格的富裕国家。但在此，我们必须记忆一件事：对于一切货物，所支给的价格，结局皆不外是劳动。在劳动报酬同样良好诸国中，劳动的货币价格，正与劳动者生活资料的货币价格成比例。然而，金银在富国所能交换的生活资料，自然较贫国为多，换言之，在生活资料丰饶的国度，比在生活资料中平的国家，金银所能换得的生活资料，自然较多。这贫富两国相隔愈远，则其差异亦愈大。因为，金银由劣市场流入良市场的自然倾向，将因距离过远、运输困难而减少，从而，运输之量，不足使两市场的价格近于一个水平。但这两市场如相互接近，则因运输容易，其差数当极有限。中国的富裕程度，远非欧洲各国所能及，从而，这两地生活资料的价格就大相悬殊了。中国的米价确较欧洲各地的小麦价格低廉。又，英格兰的富裕程度，固然远过于苏格兰，但此两地谷物价格的差异却颇小，或竟不能说有何等差异。就数量说，苏格兰产的谷物价格，一般似较英格兰所产为廉，然就品质说，则又确较英格兰所产为昂贵。苏格兰几乎每年皆有颇大量的供给，仰给于英格兰。不论何种物品，其价格在输入国，总须多少比较在输出国为高昂。因此，英格兰所产谷物，在苏格兰售得的价格，自不能不较本地昂贵若干。可是，我们如从品质方面，即从谷物所含精制麦粉或粗制麦粉的量和质加以较量，则英格兰谷物在苏格兰市场上，就不一定能以比苏格兰谷物为高昂的价格在同一市场出卖。

就生活资料的价格说，中国与欧洲已有大差异，若就劳动者的货币价格说，则尤有大差异。这原因，是欧洲大部分尚在改良进步状态中，中国状态则在停滞。所以，劳动的真实报酬和欧洲方面，自不得不较中国为高。英格兰劳动的货币价格，一般皆较高于苏格兰劳动的货币价格。这原因，是由于后者虽在不断进步，但不若前者之速，所以，其劳动的真实报酬，遂亦不得不遥为低廉。苏格兰的劳动贫民，多南徙，而英格兰的劳动贫民，少北迁。这种事实，正可明白证实这两地的劳动需要颇有差异。不同国度的真实劳动报酬不同，其间之比例，不受支配于诸国实际的贫富程度，而受支配于诸国实际的进退状态。

金银在极富裕国内，自然有最大价值，在极贫国内，也自然只有最小价值。在最贫乏未开化人间，金银殆没有价值。

谷物，在大都市常比在僻远地方为昂贵。但这昂贵，不是银价低廉的结果，而是谷物本身腾贵的结果。因为，银运往大都市，所需劳动费用，并不比运往僻远地方更少，而谷物运往大都市，即比较须有遥遥多量的劳动。

在荷兰及艮诺亚[①]那样非常富裕的商业国中，其谷物的高价与大都市谷物的高价，同一原因。此等国家，通例不能生产足够维持本国居民的谷物。它们富有技术工人及制造工人的勤勉与熟练，富有节省劳动及增加劳动生产力的机械，富有输运的船舶，且富有一切便利商业的手段。然而，它们缺乏谷物。它们需要的谷物，即须由远隔的地方输入，其价格，遂不得不附加自远地搬来的运费。把银运往阿姆斯特丹，比运往但泽[②]，固然不须费去较多劳动，但把谷物运往阿姆斯特丹，却比较须有遥遥多量劳动。总之，银的真实费用在两地殆无出入；谷物的真实费用，在两地却大相悬殊，现在，假定荷兰或艮诺亚的居民数目照旧，同时，却减低它们的真实富裕程度，减少它们的力量，使更不能仰给于远隔诸地，那么，这场合的银量，虽然一定会依伴这种衰退（或为其原因，或为其结果）而减少，但谷物价格却不随银量减少而低落，反而会腾贵起来，有如饥年。我们对于必需品感到不足时，对于一切赘余品，只好放开。赘余品在富裕繁荣时期腾贵，在贫困穷迫时期低落。但必需品的情形与此两样。必需品的真实价格（它所能支配所能购买的劳动量），在贫困穷迫时期腾贵，在富裕繁荣时期低落。因为，富裕繁荣时，常是物资非常丰富的时期，否则，不能说是富裕繁荣。谷物是必需品，银是赘余物。

因此，自十四世纪中叶至十五世纪中叶，由财富增进治化改良而招致的贵金属数量的增大，无论程度如何，都没有在大不列颠乃至欧洲其他地方，发生减少贵金属价值的倾向。所以，搜集

---

① 艮诺亚：Genoa，今译热那亚。——编者注

② 但泽：Danzig，波兰北部沿海城市。——编者注

往时谷物价格之著者，由谷物或其他物品之价格，推论这期间银价低减，固然没有理由，但由想象上的财富增进治化改良，而推论这期间银价低减，还更没有理由。

第二期

关于第一期银价的变动，诸博学家虽各有各的意见，但他们关于第二期银价的变动，意见却趋于一致。

由一五七〇年顷至一六四〇年顷，这七十年中，银价对谷价的比例，全依相反的程序而变动。即，这期间，银的真实价值虽然低落，换言之，它所能换得的劳动量，虽较以前为少，但谷物的名义价格，却就腾贵了。原来是每卡德二翁斯（约合今币十先令），到这时，每卡德却可卖得六翁斯或八翁斯，约合今币三十先令或四十先令了。

美洲诸丰饶矿山的发现，似乎是这时银价比之谷价迭往下低减的唯一原因。对于此种变动，大家的观察既然一致，所以，无论证诸事实或究其原因，都从来没有生过异议。这一时期，欧洲诸国产业及治化，皆着着增进，对于银的需要，无疑是在增加。但因供给的增加，遥遥超过了需要的增加，所以，银价终不免大大低落。不过，我们在此应注意一件事，美洲诸银矿的发现，在一五七〇年以前，实不曾在英格兰物价上，发生何等显著影响。波托西银矿发现后，亦有二十年，不曾影响于英国物价。

根据伊吞大学的账簿，由一五九五年至一六一〇年间，温德索市场上，最良小麦由九布奚合成的一卡德，平均价格，约计二镑一先令六便士又十三分之九。设舍去零数，再由全金额减去九分之一，即减去四先令七便士又三分之一，则由八布奚合成的一卡德，价格就为一镑十六先令十便士又三分之二。设同样舍去零数，再由余下的金额，减除九分之一，即四先令一便士又九分之一（最良小麦与中等小麦二者价格之差），则中等小麦价格，约为一镑十二先令八便士又九分之三，约合银六翁斯又三分之一。

又据同一账簿，由一六二一年至一六三六年间，在同一市场上，同一量最良小麦的平均价格约为二镑十先令。仿照上述的减除方法，则中等小麦，由八布奚合成的一卡德，平均价格计为一镑十九先令六便士，约合银七翁斯又三分之二。

第三期

美洲诸矿山发现所招致的银价低落的结果，似乎到一六三〇年与一六四〇年间或一六三六年顷，已告完结了，而银价比之谷价的下落倾向，在当时，亦似已达到极限。现世纪银价已多少趋于腾贵，但这腾贵的趋势，恐怕是开始于前世纪终末以前。

再据上述那个账簿，由一六三七年至一七〇〇年，即前世纪最后六十四年间，温德索市场上，最良小麦由九布奚合成的一卡德，平均价格似为二镑十一先令又三分便士之一。这平均价格，比之十六年前的平均价格，仅高一先令又三分便士之一。但在这六十年间，发生了两件事，致当时谷物的缺乏异乎寻常。我们单凭这两件事，就够说明谷物价格当时略略腾贵的原因，不必设想银价有何等跌落。

第一是内乱。内乱沮害耕作，妨碍商业。其结果，谷物价格的腾贵，遂遥遥超过了通常的自然的腾贵程度。由此而生的影响，曾普及于大不列颠一切市场；谷物须仰给于极僻远地方的伦敦市场，则所受影响尤巨。所以，据同一账簿所示：温德索市场上，由九布奚合成的最良小麦一卡德，价格在一主四八年为四镑五先令，翌年为四镑。这两年谷物的价格，超过于二镑十先令（一六三七年前那十六年间的平均价格）者，总计已达三镑五先令。若以此均摊于前世纪最后六十四年间，就很够说明当时谷价为什么会略略腾贵。此两年度的价格，虽属最高价格，但内乱引起的高价格，无疑，不只于这二年。

第二件事，是一六八八年颁布的谷物输出奖励条令。据一般人设想，这种奖励金，在长久岁月内，可促进耕作，使谷物生产事业遥为增进，结果，使国内市场上的谷价亦遥为低落。奖励金究能怎样增加谷物生产，低减谷物价格，我拟留在后面讨论。现在所要说及的，单是一六八八年至一七〇〇年间，并不会发生这个结果。在这个短期中，奖励金的唯一结果是：因奖励每年剩余生产物输出，曾使前一年度的丰作不能弥补次一年度的缺乏。所以，其实是抬高了国内市场上的谷物价格。由一六九三年至一六九九年间，英格兰一般感着谷物缺乏，虽主要发因于当时天时不良，且亦非英格兰所特有的现象，但我们应当知道，奖励金的颁发，确曾在英格兰增加谷物的缺乏程度。所以，一六九九年，又有九个月禁止谷物输出。

又，在上述两件事发生的时候，还发生了第三件事。这件事虽不致引起谷物缺乏，也不会使一般人对于谷物实际支给追加量的银，但谷物价格的名义金额，却必然会因此加多若干。这件事，即银币剪削磨毁，致银币价值大低落。此种弊窦，始于查理二世时代，以后继续增大，直至一六九五年。据罗德斯君所述：当时通用银币的价值，平均约低于其标准价值百分之二十五。但是，代表一切商品市场价格的名义金额，与其说受支配于按标准银币应含的银量，毋宁说受支配于银币实含的银量。所以，这名义金额，在铸币因削剪磨毁而价值低减的场合，比较在铸币接近标准价值的场合，就非较大不可。

在现世纪行程中，银币低减至标准重量以下的程度，当以目下为最甚。不过，银币的磨损虽甚大，其价值却因它能与金币兑换，而为金币价值所维持住了。在晚近金币改铸以前，金币虽有不少磨损，然究不若银币磨损之甚。然在一六九五年，银币的价值，却非由金币维持；金币一几尼，当时通例交换削损了的银币三十先令。晚近金币改铸以前，银块价格，每翁斯能值五先令七便士以上（即超过造币价格五便士以上）者，已属稀罕，但一六九五年，普通银块价格，却为每翁斯六先令五便士，即超过造币局价格十五便士。所以，即令在晚近金币改铸以前，以金银两种铸币与银块比较，其低于标准价值的程度，至多不过百分之八。反之，一六九五年的铸币，就有人说，低于标准价值百分之二十五。在现世纪当初，换言之，在威廉治世进行大改铸之后，大部分通用的银币，一定比今日银币，更接近于其标准重量。现世纪中，没有发生一种像内乱那样沮害耕作、妨碍商业的大灾厄。数十年来被采用的谷物输出奖励制度，虽然把谷物价格多少提高了，但因为这种奖励金又在现世纪行程中，已有充分时间，产出一般人们所期待的好结果，即促进农耕，增加国内市场上的谷物量，所以，就我们后面将要说明的那种学理说来，它一方面虽生出了略为抬高物品价格的效果，同时在另一方面，却也不见得不会生出略为低减物品价格的效果。并且，许多人还以为，减低的效果比较提高的效果为大。所以，根据伊吞大学的账簿，在现世纪最初六十四年间，温德索市场上最良小麦由九布奚合成的一卡德，平均价格计为二镑六便士又三十二分之十九。比较前世纪最后六十四年间的平均价格，约低落十先令八便士，即百分之二十五以上。比较一六三六年以前十六年间(即美洲丰富矿山开采，银块尽量流入欧洲市场的时期）的平均价格，约低落九先令六便士。比较一六二〇年以前二十六年间（此时，美洲矿山的发现，影响尚未达到极度）的平均价格，约低落一先令。据此，则在现世纪最初六十四年间，中等小麦的平均价格，约为每卡德（八布奚）三十二先令。

由此可知，在现世纪行程中，银价略有腾贵，但这腾贵的趋势，乃开始于前世纪终结以前。

一六八七年，温德索市场上，最良小麦由九布奚合成的一卡德，价格计为一镑五先令二便士。这价格是一五九五年以来的最低价格。

格列高里·钦格是一位有名学者，通晓此种事实。一六八八年，他推算的结果，以为在中平的丰年，小麦的平均生产者价格，为每布奚三先令六便士，即每卡德二十八先令。我知道，所谓生产者价格，有时又被称为契约价格，即农业家依契约，在一定年限内，供给商人一定量谷物所定的价格。因为这契约，对于农业家，可以省去上市议价的费用和麻烦，所以，通常都以为契约价格须略较平均市价为低。钦格氏判定当时中平丰年的普通契约价格为每卡德二十八先令。据我所知，在最近连年天时不良、谷物缺乏之时期以前，这种价格确是中平年岁的普通契约价格。

一六八八年，议会曾设奖励金，奖励谷物的输出。当时乡绅在立法院中所占席数，较现今为多。他们已经感到谷物的货币价格在逐渐下落。奖励金的设置，不外想依人为的努力，使这价格抬高到查理一世及查理二世时代那种程度。奖励金实施的结果，谷物价格，每卡德即涨到四十八先令。此种价格与钦格氏推定的中平年岁的生产者价格相较，约高二十先令，即约高七分之五。假若钦格的计算确有几分值得世间赞赏，那么，当时除了极歉收的年度，每卡德四十八先令的价格，就只有藉助于奖励金那一类人为手段，否则，决无实现可能。不过，输出奖励法令颁布于威廉即位之初。当时政府，因国库空虚，正恳求乡绅议定常年土地税。政府方面既有所求于乡绅，故对于乡绅们奖励谷物输出的建议，只好容纳。

依此为断，可知银价在前世纪终末以前，比之谷价，即已腾贵若干了。迨入本世纪，其腾贵趋势，虽为奖励金之必然作用所妨阻，使不能按照当时的实际耕作情形而大大显著起来，但大体上，那依旧在继续腾贵。

丰年，因有奖励金之故，输出特增，当然会使谷物价格特别昂贵，与丰年应有之现象相反。但奖金制度最显明的宗旨，却也就是在最丰收的年度，仍要设法使谷价提高，以奖励耕作。

固然，在谷物大缺乏的年度，奖励金大抵会中止。但从实际考察，则在这种年度内，仍有许多年数的谷价，不免蒙受奖励金制度的影响。丰年谷物，既由奖励金诱起了异常的输出，所以，以甲年丰收补救乙年不足的调剂作用，就无从施展了。

总之，奖励金不论在丰年抑在歉岁，都会使谷价抬高，使不按实际状态的自然要求。惟其如此，所以现世纪最初六十四年的谷物平均价格，如已较前世纪最后六十四年间的谷物平均价格为低，那么，设在同一耕作状态下，又无奖励金作用，那就一定会更低了。

但是，也许有人说，没有奖励金的促进，耕作状态或许不能保持原状。奖励金制度，对于一国农业，究有何种影响，我要在后面特别论述奖励金的时候说明。在这里，我只打算论述银价比谷价的这种腾贵，并不单是英格兰特有的现象。这现象，在同一时期且以同一比例在法国发生；这事实，曾经被三位非常忠实、勤勉、精励的谷价研究者杜不黎·德·圣摩亚先生、麦省斯先生和谷物政策论著者[①]所承认。但法国在一七六四年以前，尝由法律禁止谷物输出。禁止谷物输出的国家，竟与奖励谷物输出的英国，

① 此指黑巴脱，他著有《一般谷物政策论》。

得到同样的结果，那么，如果说英国耕作发达，谷物丰盈，应归因于输出奖励制度之妨止谷价低落，那又当如何解释法国的现象呢？

大概，谷物平均货币价格上这种腾贵，与其认为是谷物真实价值下落的结果，倒不如说是他的原因，是欧洲市场上银的真实价值渐趋腾贵。前面讲过，谷物在相当长期内，比较银或任何其他商品，为更正确的价值尺度。美洲诸丰饶矿山发现后，谷物的货币价格，较以前腾贵了三倍乃至四倍。当时这种变动的原因，一般人都以为不是谷物真实价值腾贵，而是银的真实价值下落。所以，现世纪最初六十四年间的谷物平均价格，如较前世纪大部分年度的谷物平均价格为低廉，我们就可以同样说，这变动的原因不是谷物真实价值落下，而是银的真实价值上腾。

过去十年乃至十二年间，谷物的高价，实在会引起以下的疑问，即，银在欧洲市场上的真实价值，迄今犹在继续下落么？但这种谷物的高价，分明是天时异常不顺的结果，是偶发的暂时的事故，不是恒久的事故。在最近十年乃至十二年间，欧洲大部分都苦于天时不良。加以，波兰发生扰乱，许多在谷物高价年度须仰赖波兰供给的国家，乃益陷于谷物缺乏的苦境。像这样长期的天时不顺，虽不是很普遍的事故，但亦决不是特殊稀奇的事故。曾相当研究过去谷物价格的人，都不难举出同种类的其他若干实例。又，异常缺乏的十年度，此异常丰饶的十年度，并不是更为稀奇的现象。由一七四一年至一七五〇年的谷物廉价，与最近八年乃至十年间的谷物高价，正好是一个对照。据伊吞大学的账簿，一七四一年至一七五〇年间，温德索市场上，最良小麦由九布奚合成的一卡德，平均价格仅为一镑十三先令九便士又五分之四。这较现世纪最初六十四年间的平均价格，约低廉六先令三便士。依此推断，在这十年间，中等小麦由八布奚合成的一卡德，平均价格就仅为一镑六先令八便士了。

但是，一七四一年与一七五〇年间的谷物价格，一定因为有奖励金妨阻，才不能在国内市场上，按自然的趋势下落。据海关账簿所记，这十年间输出各种谷物的数量，竟达到了八百万又二万九千一百五十六卡德一布奚。对此支付的奖励金，计为一百五十一万四千九百六十二镑十七先令四便士半。一七四九年，首相柏兰，在下院申述前三年，谷物输出奖励金一项，支出了极巨的金额。他的申说，本有正当理由。但如在翌年，则更有充分理由。因为单是这一年，奖励金就在三十二万四千一百七十六镑十六先令六便士以上。至若此种强制的输出，对于谷物价格，究会怎样引起腾贵的倾向，就更不必讲了。

在本章附录的统计表之末，读者可以见到那十年的特殊计算。并且，又可见到前此十年的特殊计算。这十年的平均数，虽同样在现世纪最初六十四年的总平均数以下，但相差不多。然一七四〇年，实是异常歉收的年度。一七五〇年以前那二十年间，和一七七〇年以前那二十年，恰好是一个对照。前者虽夹有一二昂贵年度，但大体上，显然是在现世纪的总平均数以下，后者虽夹有一二低廉年度（例如一七五九年），但大体上，显然在总平均数以上。假若前者低于总平均数以下的程度，不若后者超过总平均数以上的程度，其原因，自应归于奖励金制度。况且，这两者的变动，都颇为急激，非缓慢渐进的银价变动所能解释。结果的急激，只能由动作急激的原因说明。那就是天时的意外变动。

大不列颠的劳动的货币价格，在现世纪行程中，确是腾贵了。但这种腾贵，不是欧洲市场上银价减低的结果，而是大不列颠普遍繁荣，劳动需要增加的结果。法国的繁荣程度颇不及英国，自前世纪中叶以来，该国劳动的货币价格，即随谷物的平均货币价格日渐低落。在前世纪乃至现世纪中，法国普通劳动一日的工资，几乎一律等于小麦一塞台尔（Septier）的平均价格的二十分之一。塞台尔约为温切斯特衡四布奚。前面说过，大不列颠的劳动真实报酬，换言之，付给劳动者的生活必需品方便品的真实量，在现世纪行程中，已在着着增加。其货物价格的腾贵，无关于欧洲一般市场上银价的跌落，那只因为英国有特殊的好现象，致该特殊市场上劳动的真实价格腾贵。

在美洲最初发现以后不久，银在欧洲市场上，依旧是以原来的价格或不大低于原来的价格出卖。因而，这一期间的矿业利润，就着着增大，以至大大超在自然水准以上。但此后不久，以银输入欧洲的人，就渐渐发觉了，逐年输入额的全部，已不能以此高价售出。银所能交换的货物量，是在逐渐减少。其价格，渐次落至自然价格的限度。换言之，银的价格，仅够按照自然率支给其上市所须支给的劳动工资、资本利润及土地地租了。前面讲过，秘鲁大部分银矿，皆须付西班牙王以赋税，税额等于总产额十分之一。于是，土地的地租全无着落。此种课税，最初为总产额之半，未久，即低减至三分之一，接着又减至五分之一，最后为十分之一，直到现今。秘鲁大部分银矿，于偿却开矿家资本及其普通利润后，所剩下的全部，即须纳为赋税。开矿家的利润，曾有一度非常高昂，但现今却低落到了仅足使他继续开采了。这事实是一般所承认的。

西班牙王对于各注册秘鲁银矿所课之税，在一五〇四年，始减为五分之一。此后四十一年，即一五四五年，波托西银矿始被发现。再经过九十年，即一六三六年以前，仍须对西班牙王纳税的美洲诸矿山，乃得有充分时间，使欧洲市场上的银价，低至无可再低的限度。这种非独占的商品，只要经历九十年岁月，就足使其价格低至自然价格，或者说，低到在它付纳特种赋税的场合仍能长期间继续售卖的最低价格。

不过，欧洲市场上的银价，恐怕还会进一步跌落。那跌落的程度，不但会使课税（像一七三六年那样）减至十分之一，还会像金税一样，减低至二十分之一，甚至会使现今尚继续开采的大部分美洲矿山，有停止开采之必要。但又一方面，银之需要，亦在渐次增加，美洲银矿出产物的市场，亦在渐次扩大；此现象，所以不致发生，这恐怕就是一个原因。而这原因，又恐怕不仅维持住了欧洲市场上的银价，并进而把银价抬高到前世纪中叶以上若干。

自美洲第一次发现以来，一直到现今，其银矿出产物的市场，都在渐次扩大。

第一，欧洲市场已经渐次扩大。美洲发现后，欧洲大部分皆有颇大进步。英格兰、荷兰、法兰西、德意志、瑞典、丹麦，甚至俄罗斯，都在农业及制造业上，着着向前发展。意大利亦似乎不曾退步。它的没落，是在秘鲁被征服以前，此后，则渐有起色。西班牙及葡萄牙，据说是退步了。可是，葡萄牙只占有欧洲极小部分；西班牙的衰退，亦没有达到一般想象的程度。在十六世纪初年，西班牙，就连与法国比较，也是一个极贫穷的国家。法国从那时以来，又复着着改进。所以，屡屡巡游这两国的查理五世，曾有这样有名的评语：法国一切物资都是丰富的，西班牙一切物资都是缺乏的。欧洲农业制造业的生产额既然增大了，其流通所需的银币量，自须渐次增加；富翁的人数既然加多了，所需银制器具银制饰物的数量，又必渐次增加。

第二，美洲本地亦为其银矿产物的新市场。此地农业、工业及人口上的进步，比较欧洲最繁荣的国家，也遥为迅速。因之，对于银的需要，亦不得不遥为激急。如英领殖民地，即全为一新市场。其间，一向不需银用。今则一部分为铸币，一部分为什器，而需求渐次增大的银的供给了。大部分西班牙领及葡萄牙领殖民地，亦全为新市场。若新格伦那答[①]，若犹加但[②]，若巴拉圭，若巴西等地，在未被欧洲人发现以前，所居纯为不知何等工艺亦不知经营农业的野蛮人种。可是，他们到现在就都有了相当的工艺与农业了。墨西哥与秘鲁两国，虽不能全然视为新市场，但确是比过去扩大了的市场。记述这两国古代壮丽状态的奇异的故事，不论如何掩饰夸张，只要我们细心读读它们的发现史及征服史，就会承认当时住民在农工商业上犹远较今日乌拉汗[③]的鞑靼人为劣。即如两国中比较进步的秘鲁人，也只知道以金银作装饰品，而不知铸金银为货币。他们的商业，纯以物物交换的方式进行，所以，几乎没有分工这回事。耕作土地者，同时不得不建筑自己的住宅，制造自己的家具、衣物、鞋及农具等。他们之间，虽有若干工匠为君王、贵族、僧侣所维持，但实际恐怕即是这般人的仆役或奴隶。西班牙的远征军队不过五百人，甚且往往不到二百五十人，却就几乎到处觉得不易获得食物。据这般军人所述，他们足迹所至，就连人口极稠密耕作极发达的地方，也常常发生饥荒。但这种事实，同时，就证实了他们所谓人口稠密，耕作发达，大部分殆属于虚构。西班牙领殖民地，在农业改良及人口增加诸点上，虽比之英领殖民地，所受统治较为不利，但该殖民地在这诸点上，却较欧洲任何国家为有遥遥迅速的进步。这原因，就是土壤肥沃，气候佳良，以及土地的丰饶低廉。这是一切新殖民地共有的优越。有了这优越，就很够补偿其内部统治上的许多缺点。佛勒兹一七一三年往访秘鲁，谓利马市人口在二万五千至二万八千人之间。但一七四〇年

① 新格伦那答：New Granada，今译新格拉纳达，是当时西班牙的一个殖民地，位于南美北部。——编者注

② 犹加但：Yucatan，今译犹卡坦、尤卡坦等，在今墨西哥。——编者注

③ 乌拉汗：Ukraine，今译乌克兰。——编者注

至一七四六年间，居住此地的乌罗亚氏，却说此市人口超过了五万。这两位著者，关于智利及秘鲁许多其他主要都市人口的计算,亦有差异。他们两人报告的正确是无可置疑的,其计算的差违，正可指示当地人口的增加并不劣于英领殖民地。总之，这一切都表明了美洲即是该地银矿产物的新市场，那里对于银的需要大增了，其增加，更不得不比欧洲各繁荣国遥为迅速。

第三，东印度为美洲银矿产物之又一市场。自此等矿山开采以来，该市场所吸收的银量日有增加。从这时起，依亚加普尔科[①]船舶而进行的美洲及东印度间的直接贸易，已继续增大，而同时经由欧洲的间接交通而进行的贸易，则尤有进步。十六世纪中，与东印度进行正规贸易的只有葡萄牙人。但同世纪末，荷兰人即开始与之竞争。仅及数年，就把葡萄牙人赶去了，使不能再在印度的主要殖民地上立足。当前世纪之大部分，东印度贸易之最大部分，即由这二国分占。葡萄牙人贸易即日有衰退，荷兰人的贸易，却能以较此为大的比例继续加大起来。英国人法国人虽在前世纪，即与印度进行交易，但到这一世纪，他们间的贸易，才大增其规模。瑞典人及丹麦人的东印度贸易，乃始于最近数十年间。俄罗斯人，最近亦组织所谓队商，取道西伯利亚及鞑靼，径赴北京，与中国进行正规的交易。要之，除法国东方贸易因晚近战争而被毁灭了以外，其余各国对于东方的贸易，几无不在继续扩大。欧洲所消费的东印度货物，是日益增大。其消费额之大，似乎曾使印度各种业务渐次增大。例如，十六世纪中叶以前，欧洲用茶极其有限，不过把它用做药品。然在现在，英国东印度公司为本国国民当作饮料而输入的茶的价格，每年计达一百五十万镑。但这还不够满足需要，遂又由荷兰诸港及

---

① 亚加普尔科：Acapulco，今译阿卡普尔科，墨西哥港口。——编者注

瑞典之哥德堡，不断秘密输入。并且，当法国东印度公司繁荣时代，又常由法国海岸秘密输入。此外，对于中国的瓷器、马剌加[①]的香料、孟加拉的布匹以及其他无数货物，欧洲的消费额亦在以近似同一的比例增加。所以，用在东印度贸易上的船舶，现在是多多了。前世纪全欧洲所用的船舶，比最近航运锐减以前的英国东印度公司一家所用的船舶，以吨数计，怕多不了许多。

然当欧亚初通贸易时，亚洲诸国尤其是中国与印度的金银的价值，却远较欧洲为高。迄今犹复如此。此种差违，盖因前者多为产米国，其稻田大抵每年能收获两次三次，而每次收获的产量，又比较小麦普通的收获为多。所以，产米国与产麦国比较，即令面积相同，产米国的食物，仍必较为丰饶。食物愈丰饶，其人口即愈稠密。国内富人，乃持有自身消费不了的大剩余，用以出卖，从而，持有购买他人遥遥多量的劳动的手段。因此，征之任何记载，中国及印度斯坦的高官巨豪，比较欧洲最富裕的人民，都有遥为多数的隶役。此等大官富豪，因持有过剩食物，所以，为了交换那些产额甚少的奇珍物品，例如富翁竞求的金银宝石，他们亦能提供较多量的食物。所以，供给印度市场的矿山，比于供给欧洲市场的矿山，尽管同样丰饶，但其产物在印度所能换得的食物，已必较多。可是，因为以贵金属供给印度市场的矿山，远较以贵金属供给欧洲市场的矿山为贫瘠，而同时以宝石供给印度市场的矿山，却远较以宝石供给欧洲市场的矿山为丰饶，所以，贵金属在印度自然比在欧洲，能换得较多量的宝石，并能换得遥遥多量的食物。像金刚石那样的赘余品，其货币价格，在印度常较在欧洲，遥为低廉。但前面讲过，印度劳动的真实价格，换言之，印度劳动者受得的生活必需品的真实量，却不如欧洲劳动者。印

---

① 马剌加：Moluccas，今译摩鹿加群岛，属于印度尼西亚。——编者注

度劳动者的工资，既只能购得较少量的食物，而食物在印度又较为低廉，所以，与欧洲比较，印度劳动的货币价格，就倍加低廉了。在技术同勤劳同的场合，各国制造品，必有大部分的货币价格，与其劳动的货币价格成比例。中国及印度斯坦制造业上的技术勤劳，虽多少较欧洲各地为劣，但必相差不远。其劳动的货币价格，既如此低廉，其制造品的货币价格，就相形而较欧洲各国遥为低廉了。加之，欧洲大部分地方输送货物多由陆运。先把原料由产地运往制造所，再由制造所搬往市场，其间所消费的劳动既多，制造品的真实价格及名义价格遂因而增大。反之，在中国及印度斯坦方面，则因内地河港纵横，货物例由水运。所需运费既较欧洲为少，其大部分制造品的真实价格与名义价格，就不得不较低。综合这诸种理由，贵金属由欧洲运往印度，以前极有利，现今仍极有利。在印度能够获得好价的物品，殆无一能与贵金属比。贵金属在欧洲所费的劳动与商品如此，贵金属在印度所能购得的劳动与商品又如彼。两相比较，实大有利于贵金属之输往印度。又，贵金属中，以金运往印度，又不若以银运往印度，因在中国及其他大部分印度市场上，纯金与纯银的比率，通例为十与一之比，至多亦不过十二与一之比。而在欧洲，则为十四或十五与一之比。即在前者方面，虽能以银十翁斯，至多十二翁斯购得金一翁斯，但在后者方面，则需银十四翁斯乃至十五翁斯。因此，航行印度的欧洲船舶，均以银为最高价的输运品。向马尼拉航行的船舶，亦属如此。新大陆的银，实际就是依着这种种关系，而成为旧大陆两极端通商的主要商品之一。把世界远隔各地联络起来的，大体上，也以银之买卖为媒介。

因要供给如此广大的市场，常年由诸矿山掘取的银量，就不但要足够供应一切繁荣国家的继续增加的铸币需要及什器需要，且须足够弥补一切用银国继续用银的毁损消磨。

贵金属使用的范围，既如此广泛，所以，单就其用做铸币而继续磨毁了的、用做什器而继续磨毁了的消耗量而言，每年已须有极大量的供给。特殊制造业上所消费的此等金属，虽然不比这渐次消费的总量遥为多量，但因其消费遥为迅速，所以，特别感到显著。据说，伯明翰某种制造品上，为镀金包金而使用的金银量，每年计达英币五万镑，而且，这五万镑一经移作此种用途，就绝对无恢复原状之可能。由此等事实，我们更可想到，世界各地，在与伯明翰这种制造品相类的制造品上，或在镶边、彩饰、金银器、书边镀金及家具等物之上，每年皆不得不消费极大量的金银。而且，金银每年由一地搬往他地，在海陆途中失去的分量，也一定不在少数。加之，掘地埋藏宝物，为亚洲诸国一向已有的普遍风习。埋藏的场所，往往随埋藏者的死亡而致不明。这种风习，必致增加金银的损失量。

根据极可靠的记录，由加底斯及利斯朋[①]输入的金银量（总计明输密输），每年约计六百万镑。

据麦庚斯氏所述，一七四八年至一七五三年这六年间，西班牙每年输入的平均量，和一七四七年至一七五三年这七年间葡萄牙每年输入的平均量，合计银一百一十万一千一百零七镑，金四万九千九百四十镑。银，每杜雷镑，值六十二先令，计值三百四十一万三千四百三十一镑十先令。金每杜雷镑值四十四几尼半，计值二百三十三万三千四百四十六镑十四先令。[②]两者共值五百七十四万六千八百七十八镑四先令。这种计算，在麦庚斯，是认为正确的。输出金银诸地点及输入金银诸地点的金银量，皆

① 利斯朋：Lisbon，今译里斯本，葡萄牙海港城市。——编者注

② 参照《一般商人论附录》第十五——十六页。这附录，在一七五六年，即本论公刊三年后，还未付印。本论未经再版，附录亦多散佚。其中关于本论的逸误，曾加以订正。

根据登录簿，详为揭示。关于秘密输入的金银量，他亦会在推想上，加以相当斟酌。这位慎重商人的丰富经验，使他的意见显得十分有力。

这位著有《欧洲人在两印度立基的哲学及政治史》一书的人，以能辩而通达事理见称于世。据他所述，自一七五四年至一七六四年这十一年间，输入西班牙的金银量，平均以十里尔（Real）为一派斯托（Piastre）计算，计达一千三百九十八万四千一百八十五派斯托又四分之三。但这尚只就登录过的输入量而言，若把秘密输的加入，每年全输入，恐不下一千七百万派斯托。一派斯托值四先令六便士，全额即等于英币三百八十二万五千镑。这位著者，详记金银输出诸地，并参考登记录，详为记载各地输出的金银量。依他的报告，逐年由巴西输入利斯朋的金量，若就葡萄牙王所税额判断（税金似为标准金属五分之一），其价当为一千几百万克诺舍多（Cruzadoes），即法币四千五百万里维尔（Livres），约合英币二百万镑。再把无从避免的密输金量，作为明输入的八分之一计算，又可附加二十五万镑，合共二百二十五万镑。依据此种计算，西班牙葡萄牙两国逐年输入的贵金属，总额就达到了六百零七万五千镑。

此外，像若干其他典据正确的计算簿所示，其数字，时或稍多，时或略少，但关于每年平均总输入为六百万镑一点，我却相信，他们几乎是众口一词。

每年输入加底斯及利斯朋的贵金属量，与美洲诸矿山全年产量，并非同一。全年产额中，有一部分常由亚加普尔科船舶运往马尼拉；有一部分，在西班牙的殖民地对其他欧洲诸国的殖民地间进行秘密买卖；还有一部分，无疑是残存于出产地。加之，美洲诸矿山，并非世界唯一的金银矿山。固然，那可说是世界最丰饶的矿山。今日既知的其他各矿山产出额，比之美洲诸矿山，是颇不足观的。并且，美洲产出额的大部分，亦真是逐年向加底斯及利斯朋两地输入。但是，单在伯明翰一年消费的五万镑，已相当于这每年六百万镑输入的一百二十分之一。从此点看，世界各地逐年消费的金银总额，也许与其产出的总额相等。即有剩余，亦不过足供一切繁荣国家的继续增加的需要。有时，甚或不够满足此需要，从而，使欧洲市场上的金银价格，提高若干。

年年由矿山提供市场的铜铁量，远非金银所可比较。但我们决不能因此就想象这些贱金属的供给增大，有超过其需要的倾向，或者说，有使其价格渐次趋于低廉的倾向。贱金属尚且如此，我们还可想象贵金属有此倾向么？固然，贱金属质贱而用粗，因价值较贵金属轻微，保存者的注意，亦不若贵金属保存者，但是，贵金属并不常较贱金属为更能耐久。贵金属亦常在各方面损失、消磨、耗费的。

一切贵金属价格，虽都有缓慢的、逐渐的变动，但与其他土地原生产物比较，则年年的变动，确是比较的少。其中，贵金属价格的变动，又常不若贱金属之急激。原来，金属价格不易变动的原因就在于它的耐久性。去年上市的谷物，在今年终末以前，必须消费干尽，但二三百年前由矿山采取的铁，现在还可使用，二三千年前由矿山采取的金，现在也还可使用。各年度被消费的谷物量，与各年度生产的谷物量，常常持有相当的比例。但甲年度与乙年度所使用的铁量间的比例，不会大受影响于这两年度铁矿产出额的偶然差异。所使用的金量间的比例，更不会受影响于金矿出产额的变动。所以，大部分金属矿山的生产额，比之于大部分谷田的生产额，一年一年看，虽有更大的变动，但生产额的变动及于这两种不同生产物价格的影响，亦是不一样的。

金银价值比例的变动

美洲诸矿山发现以前，欧洲诸造币局规定，纯金对纯银的价值比例为一比十至一比十二。即纯金一翁斯，被认为有纯银十翁斯乃至十二翁斯的价值。然至前世纪中叶，其比例遂规定为一比十四乃至一比十五。即纯金一翁斯，被认为有纯银十四翁斯乃至十五翁斯的价值。这样，金的名义价值就腾贵了。换言之，金所能交换的银量加多了。金银两金属的真实价值，换言之，它们所能购得的劳动量，虽一同下落了，但银比较更为低落。美洲金矿银矿的丰度，皆比以前任何已知矿山为优，不过金矿究不若银矿丰饶。

常年由欧洲运往印度的银量甚大，致英国一部分殖民地的银价，比之金价，渐趋低落。加尔各答的造币局，与欧洲同样认纯金一翁斯，有纯银十五翁斯的价值。可是，这评价，比之金在孟加拉市场上所持的价值，似觉太高。中国金银之比，依然为一比十，或一比十二。日本据说是一比八。

据麦庚斯氏的计算，每年输入欧洲的金量银量间的比例，将近一比二十二。即金输入一翁斯，银输入二十二翁斯。可是，银输入欧洲后，又有一部分转运东印度，结果，残留在欧洲的金量银量间的比例，他以为，约与其价值比例同，即一比十四或十五。他似乎以为这两金属价值间的比例，必然与其数量间的比例一致。所以，在他想来，银如没有这多量的输出，则价值比例，当为一比二十二。

但这两种商品的普通价值比例，与其普通存量比例，不必一致。一头值十几尼的牛的价格，约为一头值三先令六便士的羊的价格六十倍。设我们依此推想，通例市场上有牛一头，即有羊六十头，那不大是错误。只根据通例以金一翁斯购银十四乃至十五翁斯的事实，就推论普通市场上有金一翁斯，即有银十四至十五翁斯，也是同样错误。

通例市场上金与银之间的比例，较一定量金与银之价值间的比例，也许更大得多。市上廉价商品，与市上高价商品比较，就总量的价值言，前者往往更大。年年上市的面包，不仅总量较屠肉为大；总量的价值，亦较屠肉为大。屠肉的总量大于家禽的总量，家禽的总量，更大于猎获品的总量。廉价商品的顾客，通常是远较高价商品的顾客为多，从而，廉价商品就能在市上售去更大的数量而售得更大的价值。廉价商品总量对于高价商品总量的比例，通例就不得不较大于一定量高价商品价值对于同量廉价商品价值的比例。就贵金属言，银为廉价商品，金为高价商品。因之，通常市场上，银的存量，就不仅在数量上较大于金，在价值上亦较大于金，这是我们可以预断的。凡属持有少量金银饰器的人，只要把自己的银器和金器一加比较，就会发觉银器在量上，在价值上，都大优于金器，并且，还有许多人，持有不少的银器，却毫无金器。即令有之，亦不过限于表壳、鼻烟盒，及诸如此类的小玩品，其总额的价值，极为有限。固然，就英国铸币而言，金是占有大优势，但在其他各国，并非如此。有些国家的铸币，其银量之价值殆近于金量之价值。如造币局记录所示，苏格兰在未与英格兰合并以前，金币虽多少占有优势，但有限得很。其他许多国家的铸币，占优势的，则不是金而是银。法国一切巨额的支付，通常皆用银币。若金币，则只限于随身携带的小额，此外即不容易得到。不论如何，一切国家的银器价值总必较大于其金器价值，但只有少数国家，是金币占优势，所以，以前一种优越抵偿后一种优越，实足有余裕。

在某种意味上，银在过去常较金遥为低廉，在将来，也恐不免遥为低廉。但在别一种意味上，今日西班牙市场上，又可说金较廉于银。一种商品，不但可以按照其通例价格之绝对的大小，而说是高价或低价，同时，并可按照其价格究在如何程度上超过其长时期提供市场的可能的最低价格，说它是高价抑是低价。而这所谓最低价格，乃只足偿还商品上市所必要的资本及其普通利润，而对于地主不能有何等报酬，那全由工资及利润二者构成。在西班牙市场上，金比之银，确多少更接近于这最低价格。西班牙课加的金税，虽不过标准金属二十分之一，或百分之五，而银税则为十分之一或百分之十。前面讲过，西领亚美利加金银矿山大部分的地租，全都当作赋税，供给国王。国王的收入状态，在金的方面较在银的方面，更为不良。经营金矿发财者，也比较经营银矿发财者为少。可见利润在金矿的场合，一定较低于银矿的场合。准此，西班牙市场上之金的价格，既只含有较少的地租和利润，故与银比较，就一定多少更接近于这最低价格了。把一切费用都列入计算，在西班牙市场上，金的全量似乎不能像银的全量那样出售有利。但，葡萄牙在巴西所收的金税，与西班牙往昔在墨西哥及秘鲁所收的银税，同为标准金属的五分之一。若是，亚美利加的金的全量，是否较银的全量，以更接近这可能最低价格的价格而提供于欧洲一般市场，就很难说了。

至若金刚钻及其他宝石的价格，就连比之金的价格，也怕要更与这可能最低价格相近。

银税不仅和奢侈品税一样，为最妥当的税目，并且，在当时，又为政府收入的重要财源。所以，这种课税，在有征收可能的范围内，那是难于任其放弃的。但支付的不可能，已在一七三六年使银税由五分之一低减至十分之一，将来亦难保不再低减。那也许会像金税跌至二十分之一，再往下跌。西领亚美利加的银矿，亦像其他各矿山一样，采掘较从前深入，而在更深处进行作业，则排出积水，供给新鲜空气的费用，就不得不较从前加多。这种事实，凡曾调查这些矿山情状的人，都是承认的。

上述诸原因，都可增加银的采掘费。这些原因，无异增大银的稀少性（因为一种商品的获得，如果困难加甚了，费用增加了，就不妨说它是益形稀少），结果，一定会生出以下三种现象之一。这种费用的增加，或由银价按正比例增加而得补偿；或由银税按正比例减少而得补偿；或兼由这二方法而得补偿。三者必居其一，但以第三现象为最可能。金税尽管大减，但比于银，金价仍不妨上腾；同样，银税尽管大减，但比于劳动及其他诸商品，银价仍不妨腾贵起来。

但是，银税的递减，纵然不能全然防止欧洲市场上银价的腾贵，至少，总会使其腾贵延迟。减税的结果，以前因不堪重税而中止开采的诸矿山，现在也许会再行采掘。若是，年年上市的银量，一定要加多若干，而一定量银的价值，也一定要低落若干。一七三六年西班牙王廷低减银税的结果，欧洲市场上的银价，比较以前，虽不会实际减落，但与银税不减的场合比较，却亦可说减落了百分之十。

上述诸般事实和议论，使我相信，或者更切当地说，使我揣测，银税虽减，银价却在现世纪的欧洲市场上腾贵了若干。至若我所以说是揣测，就因为我对于这问题，虽竭尽了力量，我的意见终恐不应名为信念。我假定银有几许腾贵，但那程度迄今犹颇有限。因之，上面尽管有许多解说，但银价的腾贵现象，实际是否已经发生，尚有疑问。不仅如此，我们还要问，相反的现象，实际是否依然持续，即银价在今日欧洲市场上是否仍旧向下落的问题，恐怕也还有许多人拿不定主意。

不过，以下的事件是必须注意的。金银每年的输入量不论如何，其每年消费量，终归有个时期，会与其每年输入量一致。金银的总量愈多。其消费量亦必增大，有时，竟或以遥大的比例而增大。总量增多，其价值固必因而减少，但又因用途增多，注意心减少，结果，金银的消费量，必比其总量的增加，以更大的比例增大。所以，经过一定时期后，金银的每年消费量，在输入没有继续增加的限内，是一定会与其每年输入量趋于一致的。可是，今日的输入依旧在继续增加。

在每年消费量与每年输入量相等的场合，假若继之，是每年输入渐次减少，则每年消费量会有若干时期，超过每年输入量，亦未可知。由此看，金银的总量，是渐次不知不觉地减少，因而，其价值亦渐次不知不觉地腾贵，一直到每年输入量不增不减之时为止。此时，金银每年的消费量，才会渐次与其每年输入所能支持的程度相符。

怀疑银价今犹继续跌落的根据

欧洲一向流行着一种俗见，以为贵金属量随财富的增加而自然增加，其价值则随其量的增加而减少。恰好，这时欧洲的财富是在日益增加，于是，有许多人相信欧洲市场上金银价值迄今犹在跌落。而且，有许多土地原生产物迄今犹在渐次腾贵的事实，更使这班人确信这种见解。

我已在前面讲过，一国随财富增加而增加的贵金属量，绝没有低减其价值的倾向。一切种类的奢侈品、珍奇品，皆猬集于富国，同理，金银也自然猬集于富国。不是因为此等物品，在富国比在贫国低廉，却是因为比在贫国昂贵。富国出价，每较优良。价格的优越性，将吸引此等物品，这优越性一旦消灭，此等物品亦马上不会向这方面猬集。

除了谷物及其他全由人类勤劳而生的各种植物，一切种类的原生产物，如家畜，如猎获品，如地中有用的化石矿物等，皆随社会之财富增进治化改良而自然趋于高价。这亦是我既经努力说明过的。因此，纵令此等商品较以前能换得更多量的银，我们仍不能因此便说银价实际已较前低落，换言之，比较以前，只能购买较少量的劳动。能由此引出的结论，只是这般商品价格实际上已经提高，换言之，比较以前，已能购得较多量的劳动。伴着治化的改进，此等商品，不但名义价格腾贵了，其真实价格亦腾贵了。名义价格的腾贵，并非银价下落的结果，只是该商品自身真实价值腾贵的结果。

社会治化改进及于三种原生产物之影响各异

原生产物，可以分作三类：第一类产物，几乎全然不能由人类劳力增加；第二类产物，能应需要而增加；第三类产物，虽能由人力勤劳而增加，但其实效颇有限制，且无定准。第一类产物的真实价格，可随财富及治化的改进，而无限地高腾起来。第二类产物的真实价格，有时虽可大大腾贵，但经过相当长的时期，其真实价格决不能逾越一定的界限。第三类产物的真实价格，在自然倾向上，虽依改良程度的增进而腾贵，不过在同一改良程度下，其价格有时下落，有时继续原状，有时多少腾贵，那须视偶然的事变，使人类勤劳之努力，在增加此等产物时，所收的实效如何而定。

第一类

随社会治化改进而提高其价格的第一类产物，几乎全然不能由人类勤劳增加。其产额既不能超过自然生产的一定分量，其性质又非常容易腐败，所以，想把各季节生产的这类产物，一起蓄积起来，势不可能。大部分稀少特异的鸟类鱼类，各种野兽野禽，各种候鸟，皆属于此类。伴着富的增进，及缘富而生之奢侈性的增进，对于此等产物的需要，亦必增加。其需要增加，同时，其供给却不能由人力增大。所以，这等商品的价格，就可随购买者竞争的不绝加甚，而无限制地腾贵至额外的限度。例如山鹬，即令成为时尚品，价格腾至二十几尼一尾，人类也不能由勤劳而使市上的山鹬增加至现有额数以上。罗马人最隆盛时代，对珍奇鱼类鸟类而支给的极高价格，正可依此事实说明。此种高价，确非当时银价低落的结果，而是不能随人意增加的这些稀有品珍奇品本身价值腾贵的结果。在罗马共和国没落若干年前后，比在今日大部分的欧洲，银的价值是更高的。共和政府对于西西里所课什一税之小麦，每一摩提阿斯（Modius）或一培克（Peck）折价三席斯特尔(Sestertii)，合今日英币六便士。一培克售三席斯特尔，既为西西里农民以小麦提供共和政府的价格，故必较平均市价为低。所以，罗马人若须从西西里输入什一税总量以上的谷物时，他们仍须依契约，对于超过量，每一培克，支给四席斯特尔，合英币八便士。这价格，想即当时认为适当而合理的价格，即当时所谓平均或普通的契约价格，换算起来，约当每卡德二十一先令。英国小麦，就品质言，较西西里小麦为劣。就在欧洲市场上的售价言，亦较为低。但在最近荒歉年度以前，其普通契约价格，却为每卡德二十八先令。因此，把往古时代的银价，与现在的银价相比，势必成为三对四之反比例，即当时银三翁斯，与现在银四翁斯比较，当能购得同量的劳动或商品。史家蒲林尼记载塞伊阿斯以值六千席斯特尔（合英币五十镑）一只的白莺，献给女王阿肯利毕纳；又阿省尼·舍勒曾以八千席斯特尔（合今日英币六十六镑十三先令四便士）的价格，购红鱼一尾。当我们读到这种记载时，这奇贵的价格是够令我们惊绝的。但虽然如此，其价格在我们看来，犹似折去了实价三分之一。其真实价格，换言之，它所能交换的劳动及食品量，比较其名义价格在今日示给我们的数量，约多三分之一。这就是说，塞伊阿斯为白莺一只而支出的劳动及食品的支配权，在现今，须由六十六镑十三先令四便士购得；阿省尼·舍勒为红鱼一尾而支出的劳动及食品的支配权，在现今，须由八十八镑十七先令九便士又三分之一购得。诱起这种过分价格的原因，与其说是银量充斥致银价低廉，倒毋宁说是罗马人的剩余劳动剩余食品过于丰盈，致珍奇品争购者多。当时罗马人所持有的银量，比之今日同一量劳动及食品的支配权所能获得的银量，是更小得多。

第二类

第二类价格随治化改进而腾贵的原生产物，其数量能应人类需要而增加。那种有用的植物，当土地未辟时，自然生产饶多，致无价值可言，迨耕作进步，乃不得不让位给那些更为有利的别种产物。治化愈增进，此类产物的数量即愈减少，而同时，其需要却继续增加。从而，其真实价值，换言之，它所能购入或支配的真实劳动量，亦渐次增加，使与他种生产物（由人力在土壤最丰垦治最良的土地上产出的物品）较，不致更为不利。但一旦达到这高度，它就不能再腾贵了。设竟腾到此限以上，那就马上有更多土地和劳动，会用到这方面来生产此等物品。

例如家畜价格的腾贵程度，如已使人们觉得生产家畜牧草的土地和生产人类食物的土地，已有同等利益，那就不能再进一步上腾了，不然，马上就有更多的谷田转化而为牧场。耕地扩张的结果，一方面，野生牧草的数量减少了，致不依劳动培畜而自然滋长的屠肉量减少；另一方面，持有交换屠肉之谷物或谷物代价的人数又增加了，致屠肉的需要增加。因此，屠肉价格，申言之，家畜价格，遂渐次腾贵，终使人觉得以最肥沃而垦治最良的土地生产家畜的牧草，比之生产人类的食物，有同等利益。但在耕作事业的扩张，尚未能使家畜价格抬高至此程度以前，治化的改进，往往是非常迟滞的。一国如在徐徐向前进步，则尚未达此极限的家畜价格，终会继续腾贵。在今日欧洲，恐怕一部分地方，犹在此种状态中。即合并以前的苏格兰某地方，亦属如此。苏格兰的地方，宜于为牧者多，宜于为耕者少。所以，那里的家畜，如只行销于内地市场，则家畜价格终无由达到极顶的限度。前面讲过，英格兰的家畜价格，在伦敦附近，虽似已于前世纪初期达到此极限，但较僻远诸地，则遥为落后，恐怕迄今犹有少数地方仍在继续腾贵。然在第二类原生产物中，价格首先随治化改进而腾至极限的，怕要算家畜。

在家畜价格尚未臻此极限以前，那就连适于最高耕作事业的土地，亦必有大部分不能完全进于耕作。广大国度中，常有大部分农地，位在僻远地方，其肥料不易仰给于都会，因此，耕作优良的土地额，势须与该农地自产的肥料量成比例；而自产肥料量，又须与农地所维持的家畜数成比例。因为土地敷施肥料，不外二途：其一，放畜于田，因以得粪；其二，饲畜于厩，出粪肥田。但家畜价格若不够支付耕地的地租和利润，农业家决不愿在土地上放牧家畜，更不愿设厩饲养家畜。因为，设厩饲养家畜，所需牧草，势须仰给于肥沃而既经垦治的土地（因牧草由荒芜未曾垦治的土地刈取，所需劳动经费尤多）。在家畜放牧的场合，其价格已不够补偿栽草地放牧地的费用，况设厩饲养，牧草的刈取搬运，尚须附加相当的劳动和经费呢，所以，其价格必定更形不足。

在这情形下，想设厩饲养耕作所必要的家畜，尚无所谓，若要多畜，那是决无利润可言的。但若只饲养耕作所必要的家畜，则所得肥料决不能供给可耕土地全部，使不断保持良好状态。肥料既不够供给全部农地，农民自然会拣最有利、最便当，即最丰饶而位置于农园附近的土地，结果，全农地中，常能保持良好耕作状态的，就单是一部分土地，而其余大部分土地，则惟有任其荒芜，极其限，不过任其生产若干瘠弱的小草，以苟延那些奄奄待毙家畜之残生而已。其所畜之家畜，与土地完全加入耕作所需之数比较，虽嫌太少，但与土地实际产出的牧草比较，却又往往嫌其过多。这荒芜地的一部分，在继续放牧六七年后，再加以垦治，也许可以产出一两回粗恶的燕麦或其他粗恶的谷类。过此以往，则地力消耗净尽，势必回复以前的休耕放牧的状态。于是，又进而垦治其他部分，其他新垦地，又产出一两回粗恶谷物，顺序回复其以前的原状。苏格兰在未与英格兰合并以前，其低地一带的土地，大都在这方式下经营。当时能够不断由肥料而维持良好状态的土地，常常仅占全农地三分之一，甚至四分之一，有时，甚且不到五分之一、六分之一。其余土地，则全无肥料可施；不过其中还有若干部分，系依上述方式，挨次垦治，挨次休息。所以，在苏格兰，本可耕作良好的土地，亦因须依此种方式经营，致其生产额，比较其生产力，很不相符。此种经营方式，当然是不利的，然而，苏格兰在合并以前，即因家畜过于低廉，其地遂不得不采取此种不利的经营方式。至若此后家畜已大腾贵，而该国大部分地方，依然沿用旧法的，那在若干场所，固属由于愚昧和拘泥古习，而在大多数场所，却仍基因于事理之自然，不容即时急速采用优良的方法。其中障碍，可大别为二：第一为租地人贫困，彼等资力有限，家畜腾贵，固能使他们饲养多数家畜有利，却亦使他们难于多畜。其次，纵令租地人持有此等资力，而牧草地之辟治调整，亦非一蹴可几。总之，家畜增加和土地改良两者，势须同时进行，莫能先后。家畜没有增加，土地即无由改进；土地如非大大改进，家畜又不会显著增加。像这种革故图新过程中的自然障碍，非有长时期的勤劳节约,那是无法摈除的。现今,旧方式虽在渐次衰落，但想国内各地全般废除，恐不免还要经过半世纪或一世纪的岁月。苏格兰由合并所得的一切商业利益，恐须以家畜价格腾贵为最大利益。家畜的腾贵,不但提高了高地一带的土地财产的价值,同时，又成了低地一带改进的主要原因。

新殖民领域，例皆有多量荒芜地。此等荒芜地除饲养家畜外，不能更作其他用途。所以，以家畜放牧其间，不久，即可极度繁其生殖。又，凡物之特别廉价，不外即是特别丰盈的必然结果。美洲殖民地之家畜，原是欧洲人由故乡携来。但在极短期间内，这些家畜就增殖繁多了，几致全无价值。即马投林野，所有者亦任其放置，不复追寻。在这情形下，辟地饲养家畜，必无利可图。要辟地饲养家畜而有利，须待殖民地建立，经过长年岁月以后。那里，肥料既形缺乏，投在耕作事业上的资财与被耕作的土地，又不平衡，故其农业经营方式，竟与今日犹通行于苏格兰大部分地方者，如出一辙。据瑞典旅行家加尔姆氏所述，他于一七四九年在北美英领殖民地某部分所闻见的农业状况，确难找出英吉利民族的特性，因为英吉利民族在农业各方面，都是有名的熟练的。他说，当地人民，很少在自己谷田中，施放肥料。一区土地，由继续收获而地力耗尽以后，他们就开垦其他新的土地。迨这一区土地的地力又耗尽后，他们再开辟第三区的土地。他们的家畜，一任其彷徨放牧于林野或未开荒地间。春生牧草，因啮取过早之故，往往不到开花结实，即毁灭净尽。所以，家畜常陷于半饥饿状态中。春生牧草，是北美地方的天然牧草。欧洲人开始定居于该地时，此种牧草异常繁盛，高达三四英尺。据加尔姆所确闻，他游美当时不能维持一头母牛的一块土地，往时可以维持四头母牛。而且，以前每头母牛，能够产出现在每顿四倍的牛乳。他以为，同地的家畜，所以一时代一时代渐趋退化的，不外因牧草缺乏。此等家畜，恐与三四十年前，在苏格兰各地所见的矮小家畜同。今日苏格兰低地矮小家畜的大改良，与其说由于种的拣择（虽然有些地方也使用这种方法），毋宁说由于饲养料的丰饶。

因此，在家畜价格不能使辟地饲养家畜成为有利事业以前，改良的增进，虽属迟缓，但在这第二类原生产物中，最先达到这有利价格的，恐仍当推称家畜，因为家畜价格若未达到此限，则其改良程度，就连说已经接近今日欧洲许多地方的情状，亦所不许。

第二类原生产物中，最初持有此价格的为家畜，最后持有此价格的，当为鹿肉。大不列颠的鹿肉价格表面上虽似过高，但这高价还不够偿还鹿园费用的事实，凡有饲鹿经验的，皆当熟知。设非如此，就会像古代罗马人饲养杜鸥那种小鸟一样，不久，就会成为普遍农家饲养的动物了。斐洛及科伦麦拿确言饲养杜鸥为最有利事业。蒿鸟至瘦，据说当其依季节渡往法国某地时，如饲之使成肥胖，亦为有利可图的事业。总之，鹿肉如续为流行食品，大不列颠的财富与奢侈，又若像过去某时期一样增进上去，则鹿肉价格，或将较今日更为腾贵。

在改良进步的过程上，由必需品的家畜价格涨到极限，到奢侈品的鹿肉价格涨到极限，其间，实介有颇长的岁月。在这长期岁月中，许多其他种类的原生产物，乃各依其不同情形，而或迟或速的，渐次达到其极限的最高价格。

在一切农场中，谷仓厩舍的废物，都常能维持若干家禽。此等家禽的饲养，既系废物利用，无须农家特别开支，所以，通常都以极廉价格发卖。农家由此获得的，殆全为纯利，价格虽再低贱，他们亦高兴饲养。在耕作恶劣人口稀薄的国度，像这样无需费用饲养的家禽，极易供应需要，从而，这种家禽就常与屠肉及其他一切动物性食物，同样廉价。不过由这方法饲养的家禽总量，势必远较农场饲养的屠肉总量为少。凡效用相同而数量较少的产物，常比较更为富裕奢华时代人民所爱好。因之，耕作改进，财富及奢侈性增加的结果，家禽价格遂渐次超在屠肉价格以上，终至辟地饲养家禽，成为有利事业。但是，家禽价格一旦达此高度，即不复继续上腾，否则，其他用途上的土地，亦必改所业务而为此。法国若干地方，家禽饲养，一向被视为农村经济上最重要的产业，其有利程度，足使农民愿为饲养家禽而广种玉米、荞麦之类。因之，中等农家有时竟在宅内养鸡四百余只。英格兰对于家禽饲养，没有像法国那样加以重视。但因英格兰逐年有多量家禽仰给于法国，所以，家禽在英格兰的售价，确比在法国为高。在治化改进过程上，一切动物性食物达到最高价格的时代，必随以土地改所业务而为此等动物生产食料的时代。在后一时代以前若干时期，此等动物的价格必因缺乏而腾贵，在后一时代以后若干时期，其价格又必因新饲养方法的发现，致同面积土地能生产遥遥多量的产物，使其趋于低廉。因为，产多则其价必廉，设不能廉，则产多必无由长此继续。今日伦敦市上屠肉的普通价格，曾因苜蓿、芜青、胡萝卜、包头菜等物栽培，而较前世纪初期为低廉。此等物品的栽培，所以能降低伦敦肉价，其理或即如此。

猪为贪食的动物，不但食粪，且食其他一切有用动物所嫌忌的脏物。因此，猪之饲养与家禽同，原不过为了废物利用。如此由废物利用而饲养的家畜数量，若已能充分满足需要，此种屠肉市价，当然要较他种为遥遥低廉。但是，需要如超过此数量所能满足的程度以上，换言之，饲养猪如果同饲养其他家畜一样，有特为生产饲养料之必要，则其价格，必然会因而腾贵。在一国的自然状态及农业状态下，饲养猪豚，比之饲养其他家畜，所需费用若较多，则猪肉价较其他各种屠肉价为大，若较少，则猪肉价较其他各种屠肉价为小。据蒲丰氏所述，法国的猪肉价，与牛肉价略同。在大不列颠的许多地方，现今，猪肉仍较为高价。

大不列颠的猪及家禽两者价格昂贵。往往有人说，那是因为廛农小农的人数减少。此等人数的减少，一方面，是欧洲各地改良及耕作进步的直接先驱事件，同时，又是使此等物品价格比在没有此事件发生时更易腾贵且更速腾贵的原因。一个最贫穷的家庭，往往不用何等费用即能养活一只猫或一只犬。一个最贫穷的农家，也同样能以极少的经费养活几只家禽或一头牝猪数头小猪。他们把食桌上些许残物、乳浆、乳滓，作为此等动物食料的一部分，而其余的食料则任其自行在不显明损害他人的限内，在附近田野间寻求。像这样无所费而生产的动物数量，势必因小农人数减少而大大减少，同时，其价格势必比小农人数尚未减少时较迅速地提高。总之，这种动物的价格，在改良过程中，迟早终会达到可能的最高限度。换言之，为提供此等动物食料而被使用的土地，终究要像其他大部分土地一样，足够偿还其经营培植所需的劳动与费用。

制牛乳的业务，原也是为了废物利用，与饲养猪及家畜同。农场上耕牛所产的牛乳，平常皆超过小牛哺育及农家消费的必要量以上，而在特定季节所产尤多。可是，一切原生产物中，以牛乳为最易腐败。牛乳在温度特高季节，有时竟不能保存二十四小时。于是，农家把一部分制为牛酪，保存一周；把一部分制为盐牛酪，保存一年；把一大部分制为干牛酪，保存至数年之久。这所制成的种种牛酪，通常以一部分留作家用，其余则扫数送往市场。市价虽再低贱，也不致贱到沮害农家，使不愿以这剩余部分向市上提供。农家由市上收得的愈少，他对于制酪的作业，即愈趋于不精不洁，乃至不为这种作业另备房屋，而因陋就简地，进行于烟爊、污秽、不洁的厨房中。实际上，苏格兰在三四十年前，一切农家制酪的作业，类皆如此，即在今日犹有许多农家继续此种状态。然使屠肉价格昂贵的屠肉需要的增加，及由废物利用而饲养的家畜数量的减少，同样会使制酪业的生产物价格腾贵起来。制酪业生产物的价格，当然与屠肉价格及饲养家畜的费用相关联。其价格愈趋腾贵，即愈能唤起农家对于制酪的注意和清洁，生产物的品质逐日益改良。结果，其价格之高，虽以最良土地为制酪而饲养家畜，亦可获利。可是，价格一达此限，即不能进一步上腾，否则马上便有更多土地移作此种用途。英格兰大部分地方的牛酪价格，似已达到此最高限度，所以，有许多良好土地，即为制酪而饲养家畜。苏格兰除大都市附近若干地方外，其余各地都似未达到此最高限度。所以，普通农家很少为了制酪，而以良好土地饲养家畜。在最近数年间，牛酪的价格确在渐趋昂贵，但若为此目的而使用良好土地，却仍不上算。苏格兰之牛酪品质，一般皆较英格兰为劣。实际上，这品质上的劣等，虽可充分抵偿其价格上的劣等，可是，品质劣等并不是价值劣等的原因，却宁可说是价值劣等的结果。苏格兰牛酪的品质，即令远较今日为优，但在苏格兰现状下，我想，市上大部分牛酪仍不能以远较今日为高的价格发卖。品质优良的牛乳，生产上必须有较多土地、劳动及费用。像今日这种价格，恐不够报偿。英格兰许多地方的牛酪价格，无疑较为昂贵，但制酪业，比之生产谷物和饲养家畜（这是两大宗农产物），仍不能视为更有利的土地用途。制酪业在英格兰是如此，在苏格兰就更可想见了。

不论任何国度，须依人力生产的一切土地生产物价格，若尚不足偿还土地的改良费及耕作费，该国的土地决不会完全进于耕作，完全得到改良。各种特定生产物的价格，因要补偿此费用，第一，要足够支付良好谷田的地租，因为其他大部分耕地的地租，都视谷田地租为转移；第二，要足够在通常（良好谷田通常的补偿）程度上，对农业家补偿他耕作的劳动和费用。换言之，农业家必须由此价格取回其资本，并获得资本的普通利润。各种特定生产物价格的腾贵，势必先于生产这各种生产物的土地的改良。利得是一切改良的目标，改良的必然结果如为损失，即不得谓为改良。然若由改良而生产的物品价格，尚不足补偿改良的费用，则改良的结果又必然是损失。因此，一国完全的改良与耕作，如确为一切公共利益中之最大利益，则这一类原生产物的价格腾贵，就不得视为公共灾祸。那种现象是一切最大公共利益所必有的先驱，亦必然会伴随一切最大公共利益而起。

上述一切原生产物之名义价格或货币价格的腾贵，亦非银价下落的结果，而是这诸般产物自身真实价格腾贵的结果。即，这诸般生产物不但可以交换更多量的银，且可交换较以前为多量的劳动和食品。它上市既须费去更多量的劳动和食品，故一旦上市，它所代表的，它所等价的，亦是更多量的劳动和食品。

第三类

最后第三类原生产物的价格，在自然倾向上，虽依改良程度的增进而上腾，但人类勤劳增加此等产物所收的实效，却有限制，或不确定。这类原生产物的真实价格，大体上，虽有随改良的进步而腾贵的倾向，但当前的偶发事变，可致人类勤劳，在该产物的生产上，所收实效极不一致，从而，其价格有时甚或下落，有时在极相异各时代继续同一状态，有时又在同一时代有多少腾贵。

自然生产此类产物，常使其附在他种产物上。因之，一国所能提供的前一类产物量，必然受支配于它所能提供的后一类产物量。例如，一国的牛羊毛革量，必受支配于该国所维持的牛羊头数；它所能维持的牛羊头数，又必然受支配于该国改良状态及农业性质。

也许有人说，在改良的进步中，使牛羊肉价渐次提高的原因，也同样会使毛革的价格依近似同一的比例而提高。就原始改进之初，毛革市场和屠肉市场，同样局限于窄狭范围而言，此说或系事实。可是，现在这两者的市场范围是颇不相同的。

屠肉的销路几乎到处都局限于本国境内。英领亚美利加某地方及爱尔兰，虽大大行着腌肉贸易，但据我所知，今日商业世界中，进行此种贸易的，换言之，以自国大部分屠肉输往远国异域的，只有这两个地方。

反之，毛革市场，即在原始改良之初，亦鲜局限于本国境内。羊毛不经何等调制，生皮略加调制，就很容易的可送往远道诸国。又因此等产物多为制造物之原料故，所以，即令其出产国的产业对之并无何等需要，其他国的产业仍会对此发生需要。

在耕作恶劣、人口稀薄的国家，比在耕作优良、人口稠密的国家，一头动物的全价格，实有较大部分，为毛皮的价格。据休谟君观察，萨克逊时代的羊毛价格，约值羊一头价格五分之二。他以为，此种评价比例，与评价准确的比例比较，未免太大了。但依我所确闻，西班牙某地方，往往单因采取羊脂羊毛而杀羊，其死肉则任其委地腐烂，或充肉食鸟兽之饵食。像此种事实，就连在西班牙，亦能偶一发生，那在智利，在倍诺斯爱勒，在其他西领亚美利加许多部分，就是习见的现象了。这些地方往往单为利用兽皮兽脂，而不断扑杀有角动物。当斯帕诺勒岛为布卡尼贼侵入，法国殖民地人口增殖，对于此岛西班牙人（他们不仅占有东部海岸，且占有此岛之全陆）的家畜，又尚不能给与价值以前，那里亦不断专为兽皮兽脂而扑杀牲畜。

改良及人口增殖的结果，动物一头的全价格乃因而腾贵。不过，此种腾贵影响兽肉价格者，比较其影响于兽毛兽皮价格者为大。前面讲过，兽肉市场，在社会原始状态下，常局限于其产出国境内。迨社会进步，人口增殖，乃渐次随之扩大。但兽毛兽皮两者，纵令为野蛮国产物，亦往往行销于全商业世界，故其市场，罕能因一国治化改进，即以同一比例扩大起来。全世界商业的状态，既不会因一国改良而受到显著影响，所以这种商品的市场，在社会改进、人口增加之前及后，殆无若何变更。不过，在事物的自然推移上，社会如果改进，其市场一定也有多少扩展。况一国以此等商品为原料的制造业，如日臻繁盛，则以前须运销于国外者，现今可行销于国内，结果，此等原料的价格至少必按运费节省的程度而提高。在此场合，兽毛兽皮价格，纵不能与兽肉价格依同一比例提高，大体上，终必腾贵若干，而断不至于下落。

不过，英格兰的情形却比较异样。英格兰的毛织物制造业，虽颇称繁盛，但羊毛价格，自爱德华三世以来，已大有跌落。据许多可资信赖的记录，在爱德华三世治世中（十四世纪中叶或一三三九年顷），英格兰羊毛一拓德（即二十八磅）的普通合理价格，不下于当时货币十先令。当时货币十先令，含有台衡银六翁斯，以每翁斯二十便士算，约当今币三十先令。现在英国最优良羊毛的良好价格，却不过每拓德二十一先令。这样，爱德华三世时代的羊毛货币价格，对于现在羊毛货币价格之比例，为十比七。至若在真实价格方面，则前者之优越尤大。即旧时每卡德麦价六先令八便士，昔币十先令，当可购小麦十二布奚；现今麦价每卡德二十八先令，今币二十一先令，只能购得小麦六布奚。因此，往时羊毛真实价格，对于现在羊毛真实价格的比例，当为十二比六，即二比一。这就是说，当时羊毛一拓德所可购得的食品量，二倍于现在羊毛一拓德所可购得的食品量。设这两时代的劳动真实报酬相等，则昔时可购得的劳动量，亦二倍于今日。

羊毛在真实价格及名义价格两方面的跌落，决不是自然的结果，而是暴力和人为的结果。第一，英格兰羊毛输出的绝对禁止；第二，西班牙羊毛无税输入的许可；第三，爱尔兰羊毛只许输入英格兰，不得行销他国。此三种规定的结果，英格兰羊毛市场，就局限于国内，而不能随治化改进，有若何扩张了。其他若干国的羊毛，既得从容与英格兰内地羊毛竞争，爱尔兰羊毛又被强迫与英格兰内地羊毛竞争，所以英格兰内地羊毛，乃不得不趋于跌落。加之，爱尔兰毛织物制造业，因为不能有公正允当的处理，以遂其自然发展，所用羊毛遂愈少，而强迫输入英格兰之羊毛遂愈多，其结果，英格兰羊毛价格，乃愈益低落。

关于往时的生皮价格，我们不能发现何等可靠的记录。羊毛，通例制定为输纳国王的物品，当输纳时，其评价至少必为当时普通价格。若生皮则无此等事实可稽。不过，夫里渥德曾根据鄂斯福巴设斯特寺院一四二五年的记录，以那特殊场合的生皮价格，指示吾人。即，公牛皮五张，价十二先令，母牛皮五张，价七先令三便士，二岁羊皮三十六张，价九先令，小牛皮十六张，价二先令。当时十二先令所含之银,约等于今日英币二十四先令。那么，按这记录，公牛皮每张价格，折回银量，就等于今币四先令又五分之四了。就名义价格言,那固然远较现今为低,但当时十二先令，能购买常价每卡德六先令八便士之小麦十八布奚又五分之四。而同量小麦，在现今以常价每布奚三先令六便士计，却要值三十一先令四便士。因此，当时公牛皮一张，所能购得之小麦量，现在已须十先令三便士购买。即其真实价值，等于今币十先令三便士。又，当时家畜一入冬令，即不免陷于半饿状态，其体躯之非庞然肥大，殆可想见。重量四斯吨（Stone，每斯吨为常衡十六磅）

一张的公牛皮，在今日视为中等牛皮，在往时恐要视为上等牛皮。据我所见，每斯吨半克朗，实为今日（一七七三年二月）牛皮的普通价格，则这重四斯吨的牛皮一张，不过值今币十先令。因此，就名义价格言，今日较当时为高价；就真实价格，即以各自所能购买或支配的食品之真实量言，今日又多少较为低价。如上记录所示，母牛皮价格对公牛皮价格，殆常保有普通比例。羊毛价格，则遥遥超过于（对公牛皮价格的）普通比例。原来，在家畜价格非常低廉的国度中，非为延续畜种而饲养的小牛，例皆于幼时扑杀。二三十年前的苏格兰，尚犹如此。小牛价格，通常不够偿还它所消费的牛乳价格。所以，扑杀小牛，即可节省牛乳，而当时小牛皮又无多大用处，其价格自不得不甚低微。

生皮价格，现在较数年前遥为低廉。此中原因，大约不外海豹皮的关税撤废了，一七六九年又许爱尔兰及其他殖民地的生皮，得于一定年限内，无税输入。不过，就现世纪全体平均看去，生皮的真实价格，恐较往时有多少腾贵。原来，此种商品的性质，比较羊毛，就更不宜于输送远方。其保存所易蒙到的损害，亦较羊毛为大。若以盐腌渍，则以品质不若新鲜生皮，其价格将更为低落。这种情形，曾使生皮价格，在自国精制的国度提高，在自国不精制，须向外国输出的国度减低。在野蛮国度减低，在进步的工业国提高。在现代提高，在往昔低落。加之，英国制革业者，并不能像毛织业者那样使人相信自己这种制造业的繁荣为一国社会安全所系，从而，前者也不能像后者那样受到国人的爱护。固然，生皮输出是被禁止了，且被宣告为一种有害行为，但由海外输入的生皮，却又课有关税。由爱尔兰及诸殖民地输入的生皮关税，虽经一度废除（仅五年），可是，爱尔兰剩余的生皮，即不在国内精制的生皮，却不一定在大不列颠境内销售。至若诸殖民地普通家畜生皮，不过数年以前，才列入只许在本国贩卖，不得向他处贩卖的商品项目中。况且，爱尔兰在这一方面，又并不会像羊毛那样，为了要维持大不列颠的制造业，而受到压迫。

不论何种规定，若立意在低减兽毛价格、兽皮价格，就必在进步及发达的国度中，有提高兽肉价格的倾向。农业家既辟治良好土地，饲养家畜，其家畜价格，势须足够支给地主的合理地租和自己应得的普通利润。此两者不取偿于家畜的皮毛，即当取偿于家畜的肌肉。所取于皮毛者愈少，则所取于肌肉者必愈多。地主只要获取地租，农业家只要获取利润，至若毛皮肌肉价格，各在一畜全价格中所占比例如何，那是他们不暇计及的。由此看来，在改良及耕作发达国度中，地主及农业家，决不会因此等规定，受到大的影响，极其限，不过是肉价因此腾贵，他们在消费者立场上，会蒙其不利罢了。然而在治化未进、田野未辟的国度中，则情形完全两样。此等国家，大部分土地皆从事畜牧，畜牧而外，更无其他用途。而家畜价格的主要部分，又全由毛皮构成，肌肉不过占有极少的部分。在此种场合，他们以地主农业家的资格说，就将大受影响于上述诸规定。但他们以消费者资格说，则所受影响极为有限。因为在此种场合，毛皮价格的跌落，并不会招致肌肉价格的提高。因为，该国大部分土地，既除饲养家畜，即无其他用途，所以，即使毛皮跌落，也只好继续饲养同数家畜。家畜的屠肉，既以同一分量提供市场，其需要却不会较前加大，从而，其价格也不会较前加大。肉价保持原状，毛价比较跌落，于是，全家畜的价格下落，接着，以家畜为主要产物的一切土地（即该国大部分土地）的地租利润，亦因而下落。因此，永久禁止羊毛输出的规定（这种规定，通常说是爱德华三世制定的，实则不然），在当时的情形下，实为最有妨害之规定。其实行，不惟使国家大部分土地的真实价值低落，且使最重要的小家畜价格跌落，从而格外延滞土地的以后的改进。

苏格兰自与英格兰并合后，其羊毛价格即显著下落。因为苏格兰羊毛自合并时起，即与欧洲大市场绝缘，而局限于英格兰小市场中了。设屠肉价格的腾贵，不够充分补偿羊毛价格的下落，则苏格兰南部诸郡以牧羊为主的大部分土地的价格，就不免要深受影响于这次合并了。

人类虽努力增加羊毛量、生皮量，然以努力之效果，须受限制于该国之生产物，故其实效有限，又以须受限制于外国之生产物，故其实效颇少把握。就后一层说，与其说受限制于他国产出的数量，倒不如说，受限制于他国不自行制造的数量。同时，他国对于此等原生产物输出是否加以限制，亦颇于其努力之实效有影响。凡此等等，均非本国操业者所得自主，所以，人类勤劳在这方面所得的实效，不但受有限制，并且最不确实。

人类勤劳增加羊毛生皮所收的效果如此，人类勤劳增加鱼（极重要的一种原生产物）量所收的效果，亦复如此。这方面的努力，势必受限制于当地的地理位置。距离海洋远吗？内地河流多吗？此等海洋江河湖沼产出量丰富吗？这都很有关系。原来，人口加多，该国土地劳动年产物加多，鱼的购买者亦加多。并且，此等购买者，为了买鱼，还持有更多量的其他货物或更多量其他货物的代价。但是，为供应此扩大市场而投下的劳动量，若不加多，那是没有满足此扩大需要之可能的。例如，年年原来只需要一千吨鱼的市场，如扩大至需要一万吨鱼，那么，为供给此市场而须投下的劳动量，亦就非增加十倍，不能满足此需要。因为在此场合，鱼类大都要取自较远地方，使用的渔船一定要较大，持以捕鱼的器具一定较为高价。准此，这种商品的真实价格，自然会随改良增进而腾贵，并且，我相信，各国的实际情形正是如此。

捕鱼一日，所得究有若干，虽事难确定，然若通观一年或数年，则在设定的地理位置上，我们就不妨说，人类努力捕鱼，普通所得，可有定量。实际，亦复如是。然而其实效如何，取决于一国财富及勤劳状态者少，取决于地理位置者多。所以，纵令改良进步的程度非常相异，在渔业上，人类勤劳的效力，却不妨相同；在同一程度，又不妨绝异。其效力与改良状态之关系，很不确实。这种不确实，也是我在这里所要讨论的。

人类要增加由地中心采出的各种矿物金属（特别是更昂贵的金石）量，其勤劳实效，虽似非有限，但全不确实。

一国所有贵金属量之多寡，无关于该国之地理位置（即矿山之肥瘠有无），乃取决于以下两种情形。第一，取决于该国的购买力，于其产业状态，于其土地劳动年产物。购买力有大有小，则用以采掘（自本国矿山）购买（由他国矿山）金银那一类赘余品的劳动与食品量，亦多少不齐。第二，取决于在一定期间内，以金银供给世界商场之矿山的肥瘠程度。因金银输送容易，运费低廉，且因其体积小而价值大，所以，就连离矿山颇远的国家，其金银量，也要多少受影响于这种矿山之肥瘠。中国印度的金银量，曾多少受影响于美洲诸矿山的丰饶。

一国金银量因须取决于前一情形（购买力），故其真实价格，将与其他一切奢侈品赘余品的真实价格，同样随该国财富及改良的增进而腾贵，随该国的贫困与不振而下落。因为，持有多量剩余劳动与食品的国度，比之只持有少量剩余劳动与食品的国度，在购买一定量金银时，一定能提供较多量的劳动与食料。

又，一国的金银量，因须取决于后一情形（以金银供给世界商场的诸矿山的肥瘠情形），故其真实价格，换言之，它所能购买所能交换的劳动量食品量，必按照比例于那矿山的丰饶性而多少下落，按照比例于那矿山的贫瘠性而多少上腾。

在一定时期内以金银供给世界的矿山，究为丰饶，抑为贫瘠，分明与特定国的产业状态没有何等关系。换言之，与世界全般的产业状态，也没有何等必然的关系。固然，工商事业，渐次向世界更广的地面扩充，诸矿山的探索，亦随而向更广的地面扩大，新矿山发现的机会，必较前加多，但新矿山发现和旧矿山渐次掘尽，都是极不确实的事体，都非人类技巧勤劳所能保证的事体。一切征候，均属疑团。新矿山的存在，非实际发现，莫由确定；新矿山的价值，非采掘成功，莫由预测。在进行探索新矿山的时候，人类勤劳成功与不成功，是同样可能的。今后一二世纪行程中，也许能发现较以前更为丰饶的新矿山；也许那时最多产的矿山，比较美洲诸矿山发现以前的任何矿山还要贫瘠。总之，无论这两者哪一方面实现，对于世界之真实的富和繁荣，换言之，对于土地劳动年产物的真实价值，是没有多大意义的。就名义价值说，换言之，就表明或代表此年产物的金银量而言，无疑有极大的差异，可是，其真实价值，换言之，其所能购买所能支配的真实劳动量，却完全一样。即在前一场合，一先令不过只代表今日一便士所能代表的同量劳动。而在另一场合，一便士又或可代表今日一先令所代表的同量劳动。可是，在前一场合，持有一先令的人，不见得比今日持有一便士的人富，在后一场合，持有一便士的人，也并不比今日持有一先令的人穷。人类从前一场合所享得的唯一利益，是金银什器的低廉与丰饶；人类从后一场合蒙受的唯一不利，只是这类不关重要的赘余物的昂贵与稀少。

关于银价变动的结论

搜集往时诸商品货币价格的著者，大抵皆以谷物及一般物品之货币价格低廉，换言之，大抵皆以金银价值昂贵的事实，不仅是此等金属不足的证据，并且是当时一般国家贫乏野蛮的证据。

这种概念，有关于那以一国富裕由于金银丰饶，一国贫乏由于金银不足的经济学体系。关于此种经济学体系，我将于第四篇加以充分的说明，在此仅论及以下的事实，即，金银价值的昂贵，仅可证实以此类金属供给世界商场诸矿山之贫瘠，决难证实金银昂贵国之贫穷与野蛮。贫国不能较富国购买更多量的金银，也同样不能对于金银支给较高的价格。从而，此等金属的价值，在贫国断乎不会比在富国昂贵。中国之富，甲于欧洲，贵金属价值在中国，亦远较欧洲各地为高。固然，欧洲的财富，自美洲诸矿发现以来，大有增加，同时金银价值亦渐次低落。但这种价值的下落，并非发因于欧洲真实财富的增加，或其土地劳动年产物的增加，乃基因于旷古未有的丰饶矿山的偶然发现。欧洲金银量的增加与制造业及农业的发达，虽然起于近似同一的时期，但其原因却非常相异。两者相互间殆没有何等自然关系。金银量的增加，事出偶然，与任何深虑、任何政策无关，并且，深虑政策，亦无能为力。制造业及农业的发达，则是起于封建制度崩坏，与新政府树立。后者对于产业，给予了它所要求的唯一奖励，即相当保证了各人得享受各自的劳动结果。封建制度至今依旧残存的波兰，其贫乏状况殆无异于美洲发现以前。然而在波兰，也像在欧洲其他各地一样，谷物的货币价格腾贵了，金银的真实价值，亦下落了。可知在波兰，也像在他国一样，贵金属增加了；其增加，对于其国之土地劳动年产物，所持比例，亦几乎和他国一样。可是，这种贵金属的增加，并不曾增加该国的年产物，不曾增进其制造业及农业，也不曾改善其居民的境遇。西班牙及葡萄牙二国，是拥有美洲许多矿山的，但在欧洲诸国中，恐怕它们是次于波兰的两个最贫国家了。贵金属由这两国运往欧洲各地，势须附加运费、保险费、偷运费（这两国禁止金银输出或课以高税），从而其价值在这两国，就不得不较其他诸国为低廉。所以，与土地劳动年产物比例言，在这两国贵金属量也一定要比欧洲其他各国为多。然而，它们终较欧洲其他各国为贫困。封建制度虽已废除了，但代兴的不是更好的制度。

由此看来，金银价值低落，并不能证实一国的富裕繁荣，同时，金银价值腾贵，换言之，谷物及一般物品的货币价格低落，也不能证实一国的贫困野蛮。

不过，一国的贫困野蛮，虽不能取证于低贱的谷物，却可十之八九取证于那较谷物的货币价格尤为低贱的家畜及野生鸟兽。因为后者明白指示了以下两种事实。第一，指示了此等产物对谷物而言犹觉丰饶，可知牧畜荒地所占面积，亦较谷物耕地遥为辽阔。第二，指示了畜牧荒地必较谷物耕地低廉，可知该国大部分土地，犹未加以耕作改良。准此二者，更指示这种国家的资财人口，对于其广袤领地所持比例，并非与普通文明国一样；从而指示了其社会状态尚属幼稚。要之，我们由一般货物（特别是谷物）的货币价格的高低，所能推知的只是以金银供给世界商场的诸矿山的肥瘠，决无从推知该国的贫富。但是，我们以家畜这一类货物的货币价格与其他货物的货币价格比，从而察知其高低，却可在盖然程度上，甚或在确然程度上，推知该国为富裕，抑为贫困，其大部分土地是否改良，其社会状态，是接近野蛮，抑是接近文明。

物品货币价格腾贵的原因，如全由银价跌落，则一切货物所受影响一定平均。即，银价若较前减少三分之一、四分之一或五分之一。所有一切货物价格，亦必相应而普遍的抬高三分之一、四分之一、五分之一，但是，世间当作问题，议论纷纭的，各种食品价格的腾贵，其步骤却颇不一致。就现世纪行程平均看去，谷物腾贵率至小，而其他食品价格的腾贵率则颇大。由此可知，后者价格的腾贵决不能完全归因于银价跌落。而且，以上所述各节，已可解说此中原因，并无待于银价跌落之假设。

谷物在现世纪最初六十四年间，及最近异常不良季节以前，其价格尚较前世纪最后六十四年间略低。此种事实，不但征之英国温德索市簿为然，即征之苏格兰各郡公定谷价调查表，以及法国麦省斯，杜不黎·得·圣·摩亚二氏精勤搜集的许多市场账簿，亦颇相吻合。此种实证，原极繁琐难稽，今兹所得，已算异常完备。

至若最近十年或十二年的谷物高价，即令不假定银价有何等跌落，亦得以季节不良而充分说明之。

因此，银价仍在不断跌落的见解，实无何等确凿的根据。只要细心考察一下谷物或其他食品的价格，即知此说不确。

或许有人说：即令由前揭诸计算推测，同量银在今日所能购得的某种食品量，亦远较前世纪所能购得的该种食品量为少。他们还说，确定此变化，究系基因于该货物价值的腾贵，抑系基因于银价的下落，即令区别确定了，亦何益于揣一定量银入市或有一定量货币收入的人。在我，亦不敢主张，知此区别者，即可以较廉价格购买货物。但这种区别，决不能因为这点，便说是全无所用。

一国繁荣状态，可由此区别，而得一平易的佐证。故此区别的确定，当于大众不无益助。某种食品价格的腾贵，如全系基因于银价下落，则我们能由此推得的，单是美洲矿山的丰饶。其真实财富，即其土地劳动年产物，如葡萄牙波兰之日就衰微可，如欧洲其他大部分地方之日渐前进亦可。但是，食品价格的腾贵，如系基因于生产该物品的土地的真实价值腾贵，换言之，基因于其丰度增加或基因于其耕作改善，土地更适于谷物生产，那我们就可以坚决地断定，该国是在繁荣进步。土地在一切大国的国富中，是最大的、最重要的、最持久的部分。此种区别，对于此最大最重要最持久部分的价值增加，既能予以决定的证据，那就不能说于公众毫无益助，至少，它能予公众以多少满足。

不特此也，在规定一部分下级雇役的报酬时，此区别亦于公众有若干益助。设某种食品价格腾贵，系基因于银价下落，则此等雇役的金银报酬（假定以前并未失之过高），便应准此下落程度而增加。否则其真实报酬将依同一比例而减少。但是食物价格的腾贵，如系基因于生产该食物的土地因丰度改良而价值增加，则究须依何种比例抬高他们的金钱报酬，或者是否需要抬高，其判定就成了一个极微妙的问题。我相信，改良及耕作的扩张，一切动物性食物，比之谷物，其价格必多少提高，同时，一切植物性食物，比之谷物，其价格必然多少下落。动物性食物价格腾贵的原因，在于生产此食物的大部土地，皆已改良而适于谷物生产，其价格必须对于地主农业家提供谷田那样的地租利润。植物性食物下落的原因，在于该食物的丰饶程度，可依土地的增加而增加。且农业改良，许多能以更廉（比谷物更廉，因所需土地与劳动较少）价格上市的植物性食物，又相继着手栽培。如马铃薯，如玉米（即所谓印度谷物），皆属于此类。此两者，为欧洲农业，或者说欧洲本身，由通商及航海大发展而招致的二大改良。加之，在农业幼稚状态下，许多植物性食物，其栽培仅拘限于菜园中，其栽培器具为锄。迨农业改进，那始导入普通农场，并以耕犁从事栽植。如芜青、胡萝卜、包头菜等，皆属于此类。因此，社会改良进步，某种食品的真实价格必因而腾贵，同时，其他食品的真实价格又必因而跌落。在此场合，要制定前者腾贵，究须在何种程度，始能由后者跌落而抵偿，那是更其微妙的问题。屠肉价格一旦达到相当高度（猪肉除外，一切屠肉在英格兰大部分地方，似已于一世纪前，达此极限），此后，其他各种动物性食物价格，无论如何腾贵，在一般下层阶级的人民境遇上，是不会有何等大的影响的。英格兰大部分贫民境遇，由马铃薯跌落而受到的实惠，确能补偿其因家禽鱼类野兽或鹿肉价格腾贵而蒙到的不利。

当现今食物缺乏时，谷物高价，无疑要重苦一般贫民。但当普通丰年，谷物以普通价格或平均价格发卖，故贫民所感到痛苦的，不是他种原生产物价格上的自然的腾贵，而是食盐、肥皂、皮革、麦芽、麦酒等价格，因课税而起的人为的腾贵。

改良的进步对于制造品真实价格的影响

至若一切制造品之真实价格渐次减少，却又是改良的自然结果。一切制造业的费用，殆莫不逐渐减少。机械的改善，技巧的进步，作业上更妥当的分工，无一非改良所致，亦无一不使特殊作业所需劳动量大减。固然，社会状态日臻繁荣，劳动的真实价格，必题著腾贵。但必要劳动量的大减少，一般是足够补偿劳动的大腾贵而有余。

自然，有一部分制造品，因原料真实价格腾贵，其作业上，因改良所得的一切利益，尚不足以相偿。在许多木器制作上，虽有机械改良，技巧增进，及分工改善，可以引出许多利益，但这一切利益，仍不足补偿木材真实价格因土地改良而腾贵的程度。

但在原料的真实价格尚未腾贵或腾贵有限的场合，制造品的真实价格，却不免要大大低落。

近两世纪，物价跌落最著的，要数那些以贱金属为原料的制造品了。前世纪中叶需二十余镑始能购得的手表机械，现在恐怕有二十先令就可购得。铜匠铁匠的制造品，各种铜铁玩具，以及以伯明翰出品席斐尔德出品著称的一切货物价格，其跌落程度，比之表具虽稍有逊色，但实际上也足令欧洲大陆各地的工人惊倒。他们在许多场合，承认即使以两倍甚至三倍的价格，犹不能制出同样优良的产品。原来，以贱金属为材料的这种种制造业，比一切其他制造业，都更宜于进一步的分工，其所用机械，都更易于改良。其制造品价格之特别低廉，当无足怪。

在近两世纪中，毛织业制造品，不见有何等显著的跌落。最上等毛织物价格，在这二十五年乃至三十年间，反而腾贵了若干。据说，这是因为来自西班牙的羊毛原料价格，是在着着腾贵。又有人说，由英格兰羊毛制成的纽克州毛织物价格，就其品质较量，在现世纪中，是大大跌落了。但是品质一语，至为含糊，所以这诸般报告，我都难十分置信。毛织业上的分工状况，今日殆与百年前所见略同。而其使用的机械，亦无大变动。然而大体上，这两方面都有小小改良。其产品价格，亦必因而有若干跌落。

但是，我们试把此种制造品的现在的价格和更远的十五世纪末叶的价格，两相比较，其跌落趋势，乃遥为显著明确。由此可知当时分工程度，远较今日为低，而当时在该业上使用的机械，亦远较今日为劣。

一四八七年（即亨利七世第四年）曾颁布以下的法令："最上等赤呢或最上等花呢一码，零售不得过十六先令，违者每码科罚金四十先令。"依此推断，含有今币二十四先令同量银之十六先令，当然不能视为当时上等呢一码之不合理价格。当时颁布此法令，意在取缔奢侈，可知普通售价必在十六先令以上。每码一几尼（二十一先令）为今日此等织物最高价格。就品质较量，今日确较当时优良。即假定品质相等，上等织物的货币价格，自十五世纪末叶以来，亦显有跌落。而其真实价格，则跌落更大。以谷物计，六先令八便士，为当时及此后许久小麦每卡德的平均价格，从而十六先令，就约为小麦二卡德二布奚的价格。现在小麦一卡德如评价为二十八先令，则当时最上等毛织物一码的真实价格，至少必等于现在英币三镑六先令六便士。即购此毛织物一码者所舍给之数，实为今日三镑六先令六便士所能支配的劳动量与食品量。粗贱制品的真实价格，虽亦显有跌落，但其跌落程度，究不及精贵制品之大。

一四六三年（即爱德华四世第三年）制为法令，限定“农业雇役，普通劳动者，市外或郊外居住的一切工匠所雇用的雇工，皆不得着用每码二先令以上的织物”。当时二先令，约含有今币四先令同量之银。但是，现在每码值四先令之约克毛织物，恐怕比当时最贫乏雇役服用的任何织物，还要遥为优良。所以，就这般人所着衣物的货币价格与品质比例而言，现在亦较往时低廉。至若真实价格，那是更较往时低廉。小麦每布奚十便士，正当时所谓适中的合理价格。从而，二先令就是小麦约二布奚二培克的合理价格。以现在每布奚三先令六便士计，二布奚二培克，当值八先令九便士。当时贫困杂役，每购毛织物一码，所须舍给的购买力，实为今日八先令九便士所能购得的食品量。但是，这法令之设，仍为了要取缔贫民之奢侈与浪费。可知当时贫民通常购买的织物价格，必大超此额以上。

这法令，又禁这阶级人民，不得着用每双价格超过十四便士（即今币二十便士）的长袜。当时十四便士，约为小麦一布奚二培克的价格，以现在每布奚三先令六便士计，一布奚二培克值五先令三便士。长袜一双值五先令三便士，在我们今日看来，已是极高价格。然而，当时下级雇役，必有以此价购买长袜者，否则决不会著为禁令。

当爱德华四世时代，欧洲各地皆不知织袜技术，当时所着长袜，例由普通布匹制成。此或为其高价原因之一。英格兰最初着袜者，据说始于女王伊利沙白，她的袜是由西班牙大使奉赠的。

往时精粗毛织业机械，皆远不及今日完备。近数百年来，此种机械改良次数繁多，不胜枚举。就其中最主要的改良言之，约有三端：第一，有纺条纺锤代替纺轮，其结果，同量劳动乃能成就二倍以上的工作。第二，对于经纬线上机前之配置，有许多精妙机械可用，可以省去许多劳动（经纬线的配置，在此等机械未发明前，至为累赘困难）。第三，布脱机后，向例须入水蹩踏，使成坚缴，今则有漂布机可用，工大省而效益著。然在十六世纪初期，英格兰各地尚不知水车风车，即阿尔卑斯山以北之欧洲诸国，亦属如此。当时采用此等机械的，唯有意大利一国。

根据此等考察，我们对于往时精粗毛织品，何以较现在昂贵的事实，乃可说明。往时，此等货物上市，势须费去多量劳动，所以上市后，必须交换多量劳动价格。

英格兰往时粗品制造，与今日工业幼稚国所用方法正同。全业作之各部分，殆由家人分途担当；他们通例以此为副业，每当主要业务完结时，即在各该家内进行。由是可知彼等大部分生活资料并非取给于此。劳动者当作副业制成的物品，常较其资生专业的制品遥为低廉，那是我们在前面已经讲过的。至若精品制造，原为英格兰所无。英格兰关于此等制品，向系仰给于伏兰德。该地商务繁盛，人民多以此为资生专业，故其制品之价，不能过廉。又，当时伏兰德制品，在英格兰尚为一种外货。对国王，照例须付纳若干赋税，至少，亦得付纳往时通行之吨税镑税。虽当时欧洲政策，不在设高率关税，以限制外国制品输入，却宁愿奖励商人，使能廉价输入豪绅显贵所希求的奢华外货，但那既须纳税，其价格自不免加大若干。以与粗制品成于国内，无须此项费用比，其间正自有别。

根据此等考察，粗制品的真实价格，与精制品真实价格比例而言，何以昔时远较低廉于今日，就可在某种限度内，予以说明了。

本章的结论

我在此将以以下的议论，结束这冗长的一章。即，一切社会状况的改良，都有一种倾向，直接或间接，使土地的真实地租腾贵，使地主的真实财富增大，使地主对于他人之劳动或劳动生产物有更大的购买力。

改良及耕作的扩张，即可直接抬高土地的真实地租，使地主所得那一份生产物，必然随全产物增加而加大。

土地原生产中，有一部分的真实价格的腾贵，最初为土地改良耕作扩张的结果，接着，又为促进土地改良耕作主张的原因。像这种腾贵（例如土地上饲养的家畜价格的腾贵），势必更直接，而且以更大比例提高土地地租。地主所得部分的真实价值，换言之，他对于他人劳动之支配权，固然会随土地生产物之真实价值抬高而增大，他在全生产物中所占的比例亦必因此而增大。这种生产物之真实价值虽然增大了，其所需劳费，却不必比前加多。因此，在土地全生产物中，只须以一较小部分，已够补偿雇用劳动的资本及其普通利润。而其余一大部分，遂为地主所有。

劳动生产力的改良，如果能直接使制造真实价格低落，亦必能间接使土地真实地租腾贵。地主，通例把他消费不了的原生产物或剩余原生产物的代价去交换制造品。制造品的真实价格下落，就无异原生产物价格腾贵。其结果，同一量的原生产物，便可交换更大量的制造品。由是，地主便能购买更大量的他所需要的方便品、装饰品和奢侈品了。

社会真实财富的增加，社会所雇用的有用劳动量的增加，皆有间接抬高土地真实地租的倾向。此劳动量，自然有一定部分归于土地。土地上将有更多的人和家畜从事耕作。其生产物，将随所投资本的增加而增加，地租又将随生产物的增加而增加。

至若与上述诸端相反的种种情形，例如耕作及改良的忽视，某种土地原生产物的真实价格低落，由制造技术退步和产业凋敝而起的制造品真实价格腾贵，以及社会的实富衰落等等，皆有一种倾向，会减低土地的真实地租，减少地主的实富，使地主对于他人的劳动或劳动生产物，只有更小的购买力。

一国土地劳动年产物的全部，或者说，年产物的全价格，自然分解为土地地租、劳动工资及资本利润三部分。这三部分构成三个阶级人民的收入，一由地租生活，一由工资生活，一由利润生活。此三阶级，是构成文明社会的三大主要基础阶级。一切其他阶级的收入，终归是这三大阶级收入的派生。

这三大阶级中，第一阶级即地主阶级的利益，与社会一般利益密切相关，不可分离。促进社会一般利益之事，亦必促进地主利益，妨害社会一般利益之事，亦必妨害地主利益。地主在商业及政治的集议上，为本阶级利益的打算，决不会贻误国家。至少，在他们对本阶级利益持有相当知识的场合是如此。但实际上，他们往往过于缺乏这种知识。他们在上述三阶级中，算是一个特殊阶级。他们不用劳力，不用注意，更用不着任何计划与打算，就自然可以取得收入。这一阶级所处地位安乐稳定，自不免流于懒惰。懒惰，不但使他们无知，并使他们对于一切公法的结果，不能用思想来预料或理解。

第二阶级即由工资生活的阶级的利益，也同样与社会利益密切相关。如前所述，劳动工资最高的时候，就是劳动需要不绝增加，所雇劳动量逐年显著增加的时候。当社会实富入于停止状态时，劳动者的工资，马上就会低落，只够他们扶养家族，维持种类。当社会衰落时，其工资甚且要低减至此限度以下。劳动者在繁荣社会不能享得地主阶级那样大的利益，在衰微社会却要蒙受任何阶级所经验不到的痛苦。但是，劳动者的利益，虽与社会一般利益密切相关，但他们没有了解一般社会利益的能力，更没有能力理解本身利益与社会利益的关切。他们的情状，不能让他有接受各方必要消息的时间，即使有此时间，他的教育和习惯，也不能使他对于任何信息作适当的判断。因此，当国家有何等公共集议时，劳动者能发言的，已不多见。其议论受人尊敬的，殆全然没有。可是，在某特殊场合，即在劳动者喧嚣起来，不是为自己的目的，而是为雇主的特殊目的，且为雇主所煽动所激励所援助的场合，则又当别论。

劳动者的雇主即赖利润生活的人，构成第三个阶级。社会大部分有用劳动之所以活动，是得力于这种为利润而使用资本者。资本使用者的规划和设计，对于劳动各种重要作用，加以制驭指导，但他们这一切规划设计，却就以利润为目标。利润率，不像地租和工资那样，随社会繁荣而腾贵，随社会衰微而低落。反之，它在富国，自然低落，在贫国，自然腾贵，而在急速趋于颓废的诸国，常达到极高限度。依此为断，这一阶级与一般社会的利害关系，就和其他二阶级不同。商业家制造家在这一阶级中所使用之资本最大，因他们最富裕，故大为社会所尊敬。他们终日在从事规划与设计，自然比较一般乡绅，持有遥遥敏锐的理解力。可是因为他们通例勤于为自己的特殊事业的利益打算，而疏于为社会全般的利益打算，所以，他们的判断，即使在最为公平（一向并非如此）的场合，也是关于前者方面的，要比关于后者方面的，遥为可靠。他们优于乡绅的，与其说他们更理解公众利益，倒毋宁说他们更理解自身的特殊利益。依着这种更深的理解，他们往往利用乡绅的宽宏，使他老老实实地相信他自身的利益不是公众利益，惟有他们的利益，才是公众利益。并使他仅仅凭了这单纯而诚笃的信念，而舍弃自己的利益，舍弃公众的利益，去迁就他们，为他们所愚弄。其实，不论在哪一种商业上哪种制造业上，商人的利益，常在若干方面，和公众利益相异，有时甚或相反。扩张市场，缩小竞争，无疑是一般商家的利益。可是前者对于公众虽十分有利，后者却与公众利益相反。缩小竞争，商家的利润固可提高到自然的程度以上，而其余同胞市民，却不得不连累负担不合理的赋税。因此，这一阶级所提议的新商业法规，是应当小心听察的。未经最穿凿的注意，最猜疑的斟酌，总之，未经过长期的详细检讨，决不应随便采用。因为他们这般人的利益，永不能与公众利益正确一致。他们大都以欺骗公众、压迫公众为利益。事实上，公众亦常为他们所欺骗、所压迫。

<table>
<tr><td rowspan="2">年度十二</td><td colspan="3">各年度小麦每卡德的价格</td><td colspan="3">同一年度各种价格的平均</td><td colspan="3">换算为今币后的各年度的平均价格</td></tr>
<tr><td>镑</td><td>先令</td><td>便士</td><td>镑</td><td>先令</td><td>便士</td><td>镑</td><td>先令</td><td>便士</td></tr>
<tr><td>1202</td><td>—</td><td>12</td><td>—</td><td>—</td><td>—</td><td>—</td><td>1</td><td>16</td><td>—</td></tr>
<tr><td rowspan="3">1205</td><td>—</td><td>12</td><td>—</td><td rowspan="3">—</td><td rowspan="3">13</td><td rowspan="3">5</td><td rowspan="3">2</td><td rowspan="3">—</td><td rowspan="3">3</td></tr>
<tr><td>—</td><td>13</td><td>4</td></tr>
<tr><td>—</td><td>15</td><td>—</td></tr>
<tr><td>1223</td><td>—</td><td>12</td><td>—</td><td>—</td><td>—</td><td>—</td><td>1</td><td>16</td><td>—</td></tr>
<tr><td>1237</td><td>—</td><td>3</td><td>4</td><td>—</td><td>—</td><td>—</td><td>—</td><td>10</td><td>—</td></tr>
<tr><td>1243</td><td>—</td><td>2</td><td>—</td><td>—</td><td>—</td><td>—</td><td>—</td><td>6</td><td>—</td></tr>
<tr><td>1244</td><td>—</td><td>2</td><td>—</td><td>—</td><td>—</td><td>—</td><td>—</td><td>6</td><td>—</td></tr>
<tr><td>1246</td><td>—</td><td>16</td><td>—</td><td>—</td><td>—</td><td>—</td><td>2</td><td>8</td><td>—</td></tr>
<tr><td>1247</td><td>—</td><td>13</td><td>4</td><td>—</td><td>—</td><td>—</td><td>2</td><td>—</td><td>—</td></tr>
<tr><td>1257</td><td>1</td><td>4</td><td>—</td><td>—</td><td>—</td><td>—</td><td>3</td><td>12</td><td>—</td></tr>
<tr><td rowspan="3">1258</td><td>1</td><td>—</td><td>—</td><td rowspan="3">—</td><td rowspan="3">17</td><td rowspan="3">—</td><td rowspan="3">2</td><td rowspan="3">11</td><td rowspan="3">—</td></tr>
<tr><td>—</td><td>15</td><td>—</td></tr>
<tr><td>—</td><td>16</td><td>—</td></tr>
<tr><td rowspan="2">1270</td><td>4</td><td>16</td><td>—</td><td rowspan="2">5</td><td rowspan="2">12</td><td rowspan="2">—</td><td rowspan="2">16</td><td rowspan="2">16</td><td rowspan="2">—</td></tr>
<tr><td>6</td><td>8</td><td>—</td></tr>
<tr><td rowspan="2">1286</td><td>—</td><td>2</td><td>8</td><td rowspan="2">—</td><td rowspan="2">9</td><td rowspan="2">4</td><td rowspan="2">1</td><td rowspan="2">8</td><td rowspan="2">—</td></tr>
<tr><td>—</td><td>16</td><td>—</td></tr>
<tr><td colspan="4" rowspan="2"></td><td colspan="3">合计</td><td>35</td><td>9</td><td>3</td></tr>
<tr><td colspan="3">平均价格</td><td>2</td><td>19</td><td>$1\frac{1}{4}$</td></tr>
</table>

<table>
<tr><th>年度十二</th><th colspan="3">各年度小麦每卡德的价格</th><th colspan="3">同一年度各种价格的平均</th><th colspan="3">换算为今币后的各年度的平均价格</th></tr>
<tr><th></th><th>镑</th><th>先令</th><th>便士</th><th>镑</th><th>先令</th><th>便士</th><th>镑</th><th>先令</th><th>便士</th></tr>
<tr><td>1287</td><td>—</td><td>3</td><td>4</td><td>—</td><td>—</td><td>—</td><td>—</td><td>10</td><td>—</td></tr>
<tr><td rowspan="8">1288</td><td>—</td><td>—</td><td>8</td><td rowspan="8">—</td><td rowspan="8">3</td><td rowspan="8">$-\frac{1}{4}$</td><td rowspan="8">—</td><td rowspan="8">9</td><td rowspan="8">$-\frac{1}{4}$</td></tr>
<tr><td>—</td><td>1</td><td>—</td></tr>
<tr><td>—</td><td>1</td><td>4</td></tr>
<tr><td>—</td><td>1</td><td>6</td></tr>
<tr><td>—</td><td>1</td><td>8</td></tr>
<tr><td>—</td><td>2</td><td>—</td></tr>
<tr><td>—</td><td>3</td><td>4</td></tr>
<tr><td>—</td><td>9</td><td>4</td></tr>
<tr><td rowspan="5">1289</td><td>—</td><td>12</td><td>—</td><td rowspan="5">—</td><td rowspan="5">10</td><td rowspan="5">$1\frac{3}{4}$</td><td rowspan="5">1</td><td rowspan="5">10</td><td rowspan="5">$4\frac{2}{4}$</td></tr>
<tr><td>—</td><td>6</td><td>—</td></tr>
<tr><td>—</td><td>2</td><td>—</td></tr>
<tr><td>—</td><td>10</td><td>8</td></tr>
<tr><td>1</td><td>—</td><td>—</td></tr>
<tr><td>1290</td><td>—</td><td>16</td><td>—</td><td>—</td><td>—</td><td>—</td><td>2</td><td>8</td><td>—</td></tr>
<tr><td>1294</td><td>—</td><td>16</td><td>—</td><td>—</td><td>—</td><td>—</td><td>2</td><td>8</td><td>—</td></tr>
<tr><td>1302</td><td>—</td><td>4</td><td>—</td><td>—</td><td>—</td><td>—</td><td>—</td><td>12</td><td>—</td></tr>
<tr><td>1309</td><td>—</td><td>7</td><td>2</td><td>—</td><td>—</td><td>—</td><td>1</td><td>1</td><td>6</td></tr>
<tr><td>1315</td><td>1</td><td>—</td><td>—</td><td>—</td><td>—</td><td>—</td><td>3</td><td>—</td><td>—</td></tr>
<tr><td rowspan="4">1316</td><td>1</td><td>—</td><td>—</td><td rowspan="4">1</td><td rowspan="4">10</td><td rowspan="4">6</td><td rowspan="4">4</td><td rowspan="4">11</td><td rowspan="4">6</td></tr>
<tr><td>1</td><td>10</td><td>—</td></tr>
<tr><td>1</td><td>12</td><td>—</td></tr>
<tr><td>2</td><td>—</td><td>—</td></tr>
<tr><td rowspan="5">1317</td><td>2</td><td>4</td><td>—</td><td rowspan="5">1</td><td rowspan="5">19</td><td rowspan="5">6</td><td rowspan="5">5</td><td rowspan="5">18</td><td rowspan="5">6</td></tr>
<tr><td>—</td><td>14</td><td>—</td></tr>
<tr><td>2</td><td>13</td><td>—</td></tr>
<tr><td>4</td><td>—</td><td>—</td></tr>
<tr><td>—</td><td>6</td><td>8</td></tr>
<tr><td>1336</td><td>—</td><td>2</td><td>—</td><td>—</td><td>—</td><td>—</td><td>—</td><td>6</td><td>—</td></tr>
<tr><td>1338</td><td>—</td><td>3</td><td>4</td><td>—</td><td>—</td><td>—</td><td>—</td><td>10</td><td>—</td></tr>
<tr><td colspan="4" rowspan="2"></td><td colspan="3">合计</td><td>23</td><td>4</td><td>$11\frac{1}{4}$</td></tr>
<tr><td colspan="3">平均价格</td><td>1</td><td>18</td><td>8</td></tr>
</table>

<table>
<tr><td>年度十二</td><td colspan="3">各年度小麦每卡德的价格</td><td colspan="3">同一年度各种价格的平均</td><td colspan="3">换算为今币后的各年度的平均价格</td></tr>
<tr><td></td><td>镑</td><td>先令</td><td>便士</td><td>镑</td><td>先令</td><td>便士</td><td>镑</td><td>先令</td><td>便士</td></tr>
<tr><td>1339</td><td>—</td><td>9</td><td>—</td><td>—</td><td>—</td><td>—</td><td>1</td><td>7</td><td>—</td></tr>
<tr><td>1349</td><td>—</td><td>2</td><td>—</td><td>—</td><td>—</td><td>—</td><td>—</td><td>5</td><td>2</td></tr>
<tr><td>1359</td><td>1</td><td>6</td><td>8</td><td>—</td><td>—</td><td>—</td><td>3</td><td>2</td><td>2</td></tr>
<tr><td>1361</td><td>—</td><td>2</td><td>—</td><td>—</td><td>—</td><td>—</td><td>—</td><td>4</td><td>8</td></tr>
<tr><td>1363</td><td>—</td><td>15</td><td>—</td><td>—</td><td>—</td><td>—</td><td>1</td><td>15</td><td>—</td></tr>
<tr><td rowspan="2">1369</td><td>1</td><td>—</td><td>—</td><td rowspan="2">1</td><td rowspan="2">2</td><td rowspan="2">—</td><td rowspan="2">2</td><td rowspan="2">9</td><td rowspan="2">4</td></tr>
<tr><td>1</td><td>4</td><td>—</td></tr>
<tr><td>1379</td><td>—</td><td>4</td><td>—</td><td>—</td><td>—</td><td>—</td><td>—</td><td>9</td><td>4</td></tr>
<tr><td>1387</td><td>—</td><td>2</td><td>—</td><td>—</td><td>—</td><td>—</td><td>—</td><td>4</td><td>8</td></tr>
<tr><td rowspan="3">1390</td><td>—</td><td>13</td><td>4</td><td rowspan="3">—</td><td rowspan="3">14</td><td rowspan="3">5</td><td rowspan="3">1</td><td rowspan="3">13</td><td rowspan="3">7</td></tr>
<tr><td>—</td><td>14</td><td>—</td></tr>
<tr><td>—</td><td>16</td><td>—</td></tr>
<tr><td>1401</td><td>—</td><td>16</td><td>—</td><td>—</td><td>—</td><td>—</td><td>1</td><td>17</td><td>4</td></tr>
<tr><td rowspan="2">1407</td><td>—</td><td>4</td><td>$4\frac{1}{4}$</td><td rowspan="2">—</td><td rowspan="2">3</td><td rowspan="2">10</td><td rowspan="2">—</td><td rowspan="2">8</td><td rowspan="2">11</td></tr>
<tr><td>—</td><td>3</td><td>4</td></tr>
<tr><td>1416</td><td>—</td><td>16</td><td>—</td><td>—</td><td>—</td><td>—</td><td>1</td><td>12</td><td>—</td></tr>
<tr><td colspan="4" rowspan="2"></td><td colspan="3">合计</td><td>15</td><td>9</td><td>4</td></tr>
<tr><td colspan="3">平均价格</td><td>1</td><td>5</td><td>$9\frac{1}{3}$</td></tr>
</table>

年度十二	各年度小麦每卡德的价格			同一年度各种价格的平均			换算为今币后的各年度的平均价格		
	镑	先令	便士	镑	先令	便士	镑	先令	便士
1423	—	8	—	—	—	—	—	16	—
1425	—	4	—	—	—	—	—	8	—
1434	1	6	8	—	—	—	2	13	4
1435	—	5	4	—	—	—	—	10	8
1439	1	—	—	1	3	4	2	6	8
	1	6	8						
1440	1	4	—	—	—	—	2	8	—
1444	—	4	4	—	4	2	—	8	4
	—	4	—						
1445	—	4	6	—	—	—	—	9	—
1447	—	8	—	—	—	—	—	16	—
1448	—	6	8	—	—	—	—	13	4
1449	—	5	—	—	—	—	—	10	—
1451	—	8	—	—	—	—	—	16	—
				合计			12	15	4
				平均价格			1	1	$3\frac{1}{2}$

<table>
<tr><td rowspan="2">年度十二</td><td colspan="3">各年度小麦每卡德的价格</td><td colspan="3">同一年度各种价格的平均</td><td colspan="3">换算为今币后的各年度的平均价格</td></tr>
<tr><td>镑</td><td>先令</td><td>便士</td><td>镑</td><td>先令</td><td>便士</td><td>镑</td><td>先令</td><td>便士</td></tr>
<tr><td>1453</td><td>—</td><td>5</td><td>4</td><td>—</td><td>—</td><td>—</td><td>—</td><td>10</td><td>8</td></tr>
<tr><td>1455</td><td>—</td><td>1</td><td>2</td><td>—</td><td>—</td><td>—</td><td>—</td><td>2</td><td>4</td></tr>
<tr><td>1457</td><td>—</td><td>7</td><td>8</td><td>—</td><td>—</td><td>—</td><td>—</td><td>15</td><td>4</td></tr>
<tr><td>1459</td><td>—</td><td>5</td><td>—</td><td>—</td><td>—</td><td>—</td><td>—</td><td>10</td><td>—</td></tr>
<tr><td>1460</td><td>—</td><td>8</td><td>—</td><td>—</td><td>—</td><td>—</td><td>—</td><td>16</td><td>—</td></tr>
<tr><td rowspan="2">1463</td><td>—</td><td>2</td><td>—</td><td rowspan="2">—</td><td rowspan="2">1</td><td rowspan="2">10</td><td rowspan="2">—</td><td rowspan="2">3</td><td rowspan="2">8</td></tr>
<tr><td>—</td><td>1</td><td>8</td></tr>
<tr><td>1464</td><td>—</td><td>6</td><td>8</td><td>—</td><td>—</td><td>—</td><td>—</td><td>10</td><td>—</td></tr>
<tr><td>1486</td><td>1</td><td>4</td><td>—</td><td>—</td><td>—</td><td>—</td><td>1</td><td>17</td><td>—</td></tr>
<tr><td>1491</td><td>—</td><td>14</td><td>8</td><td>—</td><td>—</td><td>—</td><td>1</td><td>2</td><td>—</td></tr>
<tr><td>1494</td><td>—</td><td>4</td><td>—</td><td>—</td><td>—</td><td>—</td><td>—</td><td>6</td><td>—</td></tr>
<tr><td>1495</td><td>—</td><td>3</td><td>4</td><td>—</td><td>—</td><td>—</td><td>—</td><td>5</td><td>—</td></tr>
<tr><td>1497</td><td>1</td><td>—</td><td>—</td><td>—</td><td>—</td><td>—</td><td>1</td><td>11</td><td>—</td></tr>
<tr><td colspan="4" rowspan="2"></td><td colspan="3">合计</td><td>8</td><td>9</td><td>—</td></tr>
<tr><td colspan="3">平均价格</td><td>—</td><td>14</td><td>1</td></tr>
</table>

<table>
<tr><th>年度十二</th><th colspan="3">各年度小麦每卡德的价格</th><th colspan="3">同一年度各种价格的平均</th><th colspan="3">换算为今币后的各年度的平均价格</th></tr>
<tr><td></td><td>镑</td><td>先令</td><td>便士</td><td>镑</td><td>先令</td><td>便士</td><td>镑</td><td>先令</td><td>便士</td></tr>
<tr><td>1499</td><td>—</td><td>4</td><td>—</td><td>—</td><td>—</td><td>—</td><td>—</td><td>6</td><td>—</td></tr>
<tr><td>1504</td><td>—</td><td>5</td><td>8</td><td>—</td><td>—</td><td>—</td><td>—</td><td>8</td><td>6</td></tr>
<tr><td>1521</td><td>1</td><td>—</td><td>—</td><td>—</td><td>—</td><td>—</td><td>1</td><td>10</td><td>—</td></tr>
<tr><td>1551</td><td>—</td><td>8</td><td>—</td><td>—</td><td>—</td><td>—</td><td>—</td><td>2</td><td>—</td></tr>
<tr><td>1553</td><td>—</td><td>8</td><td>—</td><td>—</td><td>—</td><td>—</td><td>—</td><td>8</td><td>—</td></tr>
<tr><td>1554</td><td>—</td><td>8</td><td>—</td><td>—</td><td>—</td><td>—</td><td>—</td><td>8</td><td>—</td></tr>
<tr><td>1555</td><td>—</td><td>8</td><td>—</td><td>—</td><td>—</td><td>—</td><td>—</td><td>8</td><td>—</td></tr>
<tr><td>1556</td><td>—</td><td>8</td><td>—</td><td>—</td><td>—</td><td>—</td><td>—</td><td>8</td><td>—</td></tr>
<tr><td rowspan="4">1557</td><td>—</td><td>4</td><td>—</td><td rowspan="4">—</td><td rowspan="4">17</td><td rowspan="4">$8\frac{1}{2}$</td><td rowspan="4">—</td><td rowspan="4">17</td><td rowspan="4">$8\frac{1}{2}$</td></tr>
<tr><td>—</td><td>5</td><td>—</td></tr>
<tr><td>—</td><td>8</td><td>—</td></tr>
<tr><td>2</td><td>13</td><td>4</td></tr>
<tr><td>1558</td><td>—</td><td>8</td><td></td><td>—</td><td>—</td><td>—</td><td>—</td><td>8</td><td>—</td></tr>
<tr><td>1559</td><td>—</td><td>8</td><td>—</td><td>—</td><td>—</td><td>—</td><td>—</td><td>8</td><td>—</td></tr>
<tr><td>1560</td><td>—</td><td>8</td><td>—</td><td>—</td><td>—</td><td>—</td><td>—</td><td>8</td><td>—</td></tr>
<tr><td colspan="4" rowspan="2"></td><td colspan="3">合计</td><td>6</td><td>0</td><td>$2\frac{1}{2}$</td></tr>
<tr><td colspan="3">平均价格</td><td>—</td><td>10</td><td>$\frac{5}{12}$</td></tr>
</table>

年度十二	各年度小麦每卡德的价格			同一年度各种价格的平均			换算为今币后的各年度的平均价格		
	镑	先令	便士	镑	先令	便士	镑	先令	便士
1561	—	8	—	—	—	—	—	8	—
1562	—	8	—	—	—	—	—	8	—
1574	2	16	—	2	—	—	2	—	—
	1	4	—						
1587	3	4	—	—	—	—	3	4	—
1594	2	16	—	—	—	—	2	16	—
1595	2	13	—	—	—	—	2	13	—
1596	4	—	—	—	—	—	4	—	—
1597	5	4	—	4	12	—	4	12	—
	4	—	—						
1598	2	16	8	—	—	—	2	16	8
1599	1	19	2	—	—	—	1	19	2
1600	1	17	8	—	—	—	1	17	8
1601	1	14	10	—	—	—	1	14	10
				合计			28	9	4
				平均价格			2	7	$5\frac{1}{3}$

下列各表是温德索市上，由一五九五年至一七六四年间，最精良或最高价小麦每卡德的价格。但这各年度的价格，系依据该市通告节（Lady——三月二十五日）及秋节（Michaelmas——九月二十九日）两开市日最高价格间的中数。

年度	镑	先令	便士
1595	2	0	0
1596	2	8	0
1597	3	9	6
1598	2	16	8
1599	1	19	2
1600	1	17	8
1601	1	14	10
1602	1	9	4
1603	1	15	4
1604	1	10	8
1605	1	15	10
1606	1	13	0
1607	1	16	8
1608	2	16	8
1609	2	10	0
1610	1	15	10
1611	1	18	8
1612	2	2	4
1613	2	8	8
1614	2	1	8
1615	1	18	8
1616	2	0	4
1617	2	8	8
1618	2	6	8
1619	1	15	4
1620	1	10	4
26 年合计	54	0	$6\frac{1}{2}$
平均	2	1	$6\frac{9}{13}$

年度	镑	先令	便士
1621	1	10	4
1622	2	18	8
1623	2	12	0
1624	2	8	0
1625	2	12	0
1626	2	9	4
1627	1	16	0
1628	1	8	0
1629	2	2	0
1630	2	15	8
1631	3	8	0
1632	2	13	4
1633	2	18	0
1634	2	16	0
1635	2	16	0
1636	2	16	8
16 年合计	40	0	0
平均	2	10	0

年度	小麦一卡德的价格		
	镑	先令	便士
1637	2	13	0
1638	2	17	4
1639	2	4	10
1640	2	4	8
1641	2	8	0
1642*	0	0	0
1643	0	0	0
1644	0	0	0
1645	0	0	0
1646	2	8	0
1647	3	13	8
1648	4	5	0
1649	4	0	0
1650	3	16	8
1651	3	13	4
1652	2	9	6
1653	1	15	6
1654	1	6	0
1655	1	13	4
1656	2	3	0
1657	2	6	8
1658	3	5	0
1659	3	6	0
1660	2	16	6
1661	3	10	0
1662	3	14	0
1663	2	17	0
1664	2	0	6
1665	2	9	4
1666	1	16	0
1667	1	16	0
1668	2	0	0
1669	2	4	4
1670	2	1	8
结转额	79	14	10

年度承前	小麦一卡德的价格		
	镑	先令	便士
	79	14	10
1671	2	2	0
1672	2	1	0
1673	2	6	8
1674	3	8	8
1675	3	4	8
1676	1	18	0
1677	2	2	0
1678	2	19	0
1679	3	0	0
1680	2	5	0
1681	2	6	8
1682	2	4	0
1683	2	0	0
1684	2	4	0
1685	2	6	8
1686	1	14	0
1687	1	5	2
1688	2	6	0
1689	1	10	0
1690	1	14	8
1691	1	14	0
1692	2	6	8
1693	3	7	8
1694	3	4	0
1695	2	13	0
1696	3	11	0
1697	3	0	0
1698	3	8	4
1699	3	4	0
1700	2	0	0
60 年合计	153	1	8
平均：	2	11	$\frac{1}{3}$

年度	小麦一卡德的价格		
	镑	先令	便士
1701	1	17	8
1702	1	9	6
1703	1	16	0
1704	2	6	6
1705	1	10	0
1706	1	6	0
1707	1	8	6
1708	2	1	6
1709	3	18	6
1710	3	18	0
1711	2	14	0
1712	2	6	4
1713	2	11	0
1714	2	10	4
1715	2	3	0
1716	2	8	0
1717	2	5	8
1718	1	18	10
1719	1	15	0
1720	1	17	0
1721	1	17	6
1722	1	16	0
1723	1	14	8
1724	1	17	0
1725	2	8	6
1726	2	6	0
1727	2	2	0
1728	2	14	6
1729	2	6	10
1730	1	16	6
1731	1	12	10
1732	1	6	8
1733	1	8	4
结转额	69	8	8

年度承前	小麦一卡德的价格		
	镑	先令	便士
	69	8	8
1734	1	18	10
1735	2	3	0
1736	2	0	4
1737	1	18	0
1738	1	15	6
1739	1	18	6
1740	2	10	8
1741	2	6	8
1742	1	14	0
1743	1	4	10
1744	1	4	10
1745	1	7	6
1746	1	19	0
1747	1	14	10
1748	1	17	0
1749	1	17	0
1750	1	12	6
1751	1	18	6
1752	2	1	10
1753	2	4	8
1754	1	14	8
1755	1	13	10
1756	2	5	3
1757	3	0	0
1758	2	10	0
1759	1	19	10
1760	1	16	6
1761	1	10	3
1762	1	19	0
1763	2	0	9
1764	2	6	9
64 年合计	129	13	6
平均：	2	0	$6\frac{19}{32}$

年度	小麦一卡德的价格		
	镑	先令	便士
1731	1	12	10
1732	1	6	8
1733	1	8	4
1734	1	18	10
1735	2	3	0
1736	2	0	4
1737	1	18	0
1738	1	15	6
1739	1	18	6
1740	2	10	8
10年合计	18	12	8
平均	1	17	$3\frac{1}{5}$

年度	小麦一卡德的价格		
	镑	先令	便士
1741	2	6	8
1742	1	14	0
1743	1	4	10
1744	1	4	10
1745	1	7	6
1746	1	19	0
1747	1	14	10
1748	1	17	0
1749	1	17	0
1750	1	12	6
10年合计	16	18	2
平均	1	13	

* 计算簿上缺至1642—1645年，1646年始由监餐夫里渥德的记述补上。

第二篇　论资财之性质，蓄积与使用

序　　论

在无分工，少交换，己所需要的一切物件均由自己供给的原始社会状态下，要经营社会事业，无须预储资财。人各由勤劳以满足自身随时发生的欲望。饿了，便到森林打猎去；衣服毁了，便把禽兽杀死，剥到皮革来穿；房屋破了，便就近伐取树枝茅草，尽其所能，加以修葺。

分工之事兴，一己之劳动生产物，遂仅能满足自身随时发生的欲望的极小部分。而其他大部分欲望，就不能不仰赖他人劳动生产物的供给了。这种生产物必由购买而得。购买的手段，即是他自己的生产物，或其生产物之价格。但在购买以前，不仅自己的劳动生产物，要已经作成，还要已经卖掉，所以至少在这两种事件能够实行以前，必须先在某个地方，储有各色各样的货物，足以维持他的身体，并以材料工具，供他使用。例如织匠在织物尚未作成、尚未卖掉以前，倘非在自己手上或他人手上有所蓄积，足以维持他生活，并供他以材料工具，他就会织不来一点东西。他认定一种特殊职业，做下去，不是一刻两刻的事，在他从事这职业以前，必须先有这种蓄积。

按照事物的本性，财之蓄积，必在分工以前。预蓄之财愈丰夥，分工亦按比例愈细密。分工越是细密，每个工人所能制造的材料，定然越是增加。每个工人所担任的作业，既渐趋简单，便有各种新机械发明，使作业更为简便而迅速。所以，分工进步了，要常雇用等数的工人，必须预先储有的食料，固无异于原始状态，但必须预先储蓄的材料工具，却必较多于原始状态所需。况且，一种职业的分工越是细密，这一职业的工人数，亦往往越是增加；不如这样说吧，使他们分工能够越是细密的，就是他们人数的增加。

要这样大改进劳动生产力，预蓄资财，乃是绝对必要的。但这种蓄积，亦自然会导出这种改进。投资雇用劳动的，必愿投资的方法，可以尽量产出最大量的出品。所以，工人职务的分配，必努力期其最适当；在能够发明或购买的限内，他所备办的机械，又必努力期其最精良。但在这两点上，他的能力怎样，往往要看他能有多少资财，看他能雇多少工人。所以，一国举办产业的资财增加了，这国的产业固然会增加起来，但资财增加的结果，同量产业所能生产的出品，亦会大增。蓄积增加，对于产业及其生产力，一般就有这样的影响。

本篇，我所要说明的是资财的性质怎样，资财蓄积及于各种资本的影响怎样，资本用途不同，其影响又是怎样，本篇共分五章。我们知道，一个人或一个大社会的资财，自然会分成几个部门，所以第一章我要说明什么是这些部门。我们视货币为社会总资财的一个特殊部门，从而第二章我要讨论它的性质和作用。积为资本的资财，或由所有者使用，或贷与他人使用，所以第三章第四章我要就这两个情形加以讨论。第五章所要讨论的，就是资本的用途不同，对于国民产业量及土地劳动年产物量，直接会发生什么不同的影响。[①]

---

① “资财”由Stock译转，“资本”由Capital译转。此二字，在里嘉图《经济学及赋税之原理》中，常为同义之字，但在亚当·斯密此书，其意却屡屡颇不相同。

第一章　论资财的划分

一人所有的资财，若仅足支度数日或数周，他自然不大会想从此取得收入。他消费，自然慎之又慎，并且希望在用完现有的资财以前，能依自身劳动，取得一些东西来补充。在这场合，他的收入，仅出自劳动。各国贫穷劳动者，就大部分是过的这种生活。

他们所有的资财，若足供他数月数年之久，他自然希望在这资财中，有大部分可以提供收入；他仅保留适当一部分作为收入未曾取得以前的支费[①]，以维持他自身。他的全部资财，于是分成了两部分。他希望可以提供收入的部分，称作资本。别部分就供目前消费，其中，包含三项东西：(一）原为这目的而保留的那部分资财；(二）逐渐进来的收入，来源不问；(三）由上两种款项，以前买进来了，但至今尚未用完的物品，如被服家具等等。为目前消费而保留的资财，或包含三项之一，或三项之二，或三项全有。

对于投资家，提供收入或利润的资本，有两种使用方法。

一、投下资本，把物品开采出来，制造出来，或购买进来，再卖出去而兼得利润。这样使用的资本，若留在所有者手中保持原状，对于投资家，就不能提供任何收入或利润。商人货物在未卖出而换得货币以前，决不能提供收入或利润；货币在未付出而换得货物以前，亦是一样。他的资本，不断在这一形态用出，在

① “支费”由A Stock for immediate Consumption译转，直译应为“目前消费的资财”，为简便计，意译为支费。

别一形态收进；亦就靠了这种流通，靠了这种继续的交换，才有利润可图。这样的资本宜称为流动资本。

二、资本又可用来改良土地，购设有用的职业上的机械工具，总之，用来设置那一类无待交换，无待流通，已可提供利润的东西。这样的资本，宜称为固定资本。

职业不同，所必须投下的固定资本流动资本间的比例，可以极不相等。

譬如，商人资本便全然是流动资本。除了商店堆栈可作如是观，他简直无须乎职业上的机械和工具。

手工师傅和制造家的资本，一部分就须固着在职业的工具上。不过，这部分的大小很是不齐。在这一行业极小，那一行业可以极大。裁缝师傅除了一包针，便不需别种用器。鞋匠师傅的工具，比较值钱些，但多得有限。织布师傅与鞋匠师傅比较，工具就贵多了。但是，这一类手工师傅的资本，都大部分是流动的，起初，作为工人的工资或材料的价格而流出，然后再以产品价格，偿还资本而兼取利润。

在别种事业，就需要更大得多的固定资本了。譬如，一个大铁厂，要设熔铁炉、锻冶场、截铁厂，就非有极大经费不可。至若开采炭矿所需的吸水机以及其他各种机械，所费还要更多。

就农业说，购买农具的资本部分是固定的；雇用工仆支付工资的资本部分，就是流动的。其一，必须自身保有，始有利润可图；其他却须舍给。代劳牲畜的价格或价值，可称为固定资本，与农具同；饲养牲畜的费用，可称为流动资本，与饲养工仆的费用同。农业家获取利润的方法，一为保有代劳的牲畜，一为舍给饲养牲畜的费用。但以售卖为目的，非以代劳为目的的牲畜，其购买费饲养费，却都当归在流动资本内。对于为售卖而饲养的牲畜，不舍给，即不能生利润。产畜的国度，购买牲畜的，既非为代劳，又非为售卖，但要剪其毛，捋其乳，繁其种，以求利润。所以，这牲畜本身，就应当称为固定资本。这时，取利润的方法，在于保有它们。它们的维持费，却是流动资本；这种资本生利的方法，在于舍给。维持费偿还的时候，维持费的利润及牲畜全价格的利润，都会在羊毛价格、产乳价格、繁种价格上，提供出来。种子的全部价值，亦宜称为固定资本。那虽一往一返于土地与仓谷之间，但未更换主人，不宜称为流动资本。农业家获取利润，非由于种子的售卖，乃由于种子的孳生。

一个国家一个社会的总资财，即是住民全体的资财，所以，亦自然分作这三个部分，各有各的作用。

第一部分为支费，留供目前消费，其特性为不提供收入或利润。已由真正消费者购买，但尚未完全消费掉的食品衣服家具等物，属于这一类。国内房屋，仅供居住者，亦是这个部分中的一个部分。投在屋主人自家住屋上的资财，已失资本作用，那对于屋主已不能提供任何收入。这样的居屋，虽然像衣服家具一样，极有用于他，但不能供他以收入，亦如衣服家具。那只是用费的一部分，不是资本的一部分。租屋与人，可以取租，但屋之本身不能有所生产，租所从出，仍为劳动、资本或土地。所以，对于屋主私人，那虽有收入提供，因而有资本作用，但对于社会公众，则不能提供收入，不能有资本作用。这种屋租，不能丝毫增加人民全体的收入。同样，衣服家具，有时亦可提供收入，从而对于特殊个人有资本作用。扮装舞蹈会盛行的地方，就有人以出租扮装衣为业，租期一夜罢了。家具商人出租家具的时期，以月计或以年计；葬仪店出租葬仪品，往往以日计星期计。还有许多人是出租房屋兼家具来换取租金。总之，这种租借事件随地都有。但由出租此种物品而得来的收入，结局总是出自别种收入的资源。此外，尚有一事须注意的，即无论就个人说，抑就社会说，在留供目前消费的各种资财中，消费最缓的，都是投在房屋上的那一部分。衣服可经用数年，家具可经用五十年一百年，但建筑坚固，保护周全的房屋，却可经用好几百年。不过消费迟缓的情形，无异于住宅之为支费，它是供目前消费的，与衣服家具同。

社会总资财分成三个部分，第二部分，就是固定资本。其特性为不流通，不更换主人，已可提供收入或利润。其中，主要包含四项：

第一，职业上一切便利劳动缩减劳动的有用的机械与工具。第二,一切有利润可取的建筑物,如商店、堆栈、工场、农屋、厩舍、谷仓等。这类建筑物，对于出租房屋的屋主，固有收入提供，然对于纳租住屋的房客，亦是获取收入的手段。这和住屋大不相同。这是职业上的工具，亦应视为职业上的工具。第三，由开垦、排水、围墙、施肥等有利方法投下的使土地最适于耕作的土地改良费。改良的农场，使投资家投下等量流动资本，能提供更大得多的收入。那好像有用的机械，可以便利劳动，缩减劳动。它们是一样有利的，但机械较易消磨、改良的土地，却比较耐久。农业家除了按照最有利的方法，投下耕作所必须投下的资本以外，对于土地简直用不着什么修缮。第四，社会上一切人民习得的有用才能。学习一种才能，须受教育，须进学校，须做学徒。这种才能的学习所费不少。这样费去的资本好像已经实现并且固着在他的人格上。这对于他个人，固然是财产的一部分，对于他所属的社会，亦然。这种优越的技能，可以和职业上缩减劳动的机械工具作同样看法，说是社会上的固定资本。学习的时候，固然要一笔费用，但这种费用，可以希望偿还，而兼取利润。

社会总资财自然分成三个部分，第三部分就是流动资本。其特性，为只由流通，只由更换主人，而提供收入。亦包含四项：

第一，货币。赖有货币，下述三项，始得周转而分配给真正的消费者。第二，屠户、牧畜家、农业家、谷商、酿酒家等人所有的食料，这种食料的出售可以希图利润。第三，衣服、家具、房屋三者的材料，尚归耕作家、制造家、布匹商、木材商、木匠、瓦匠等人保存。这种材料是否为纯粹的材料，不问；但若未曾造成衣服、家具或房屋，即当属于这项。第四，已经造成但仍在制造家商人手中，未曾分配给真正消费者的物品，例如锻冶店、木匠店、金匠店、宝石店、瓷器店以及其他各种店铺柜台上陈列着的熟货。所以在流动资本中，本包含各种职业家手里的食料、材料、熟货，再加以货币。食料、材料、熟货的分配周转，都须有货币。用者赖之，得有所消费。

这四项中有三项——食料、材料、熟货——照例每年（或较一年为长或短的期间）会由流动资本变作固定资本或目前消费的支费。

固定资本莫不由流动资本变成；要继续持久，亦要流动资本来补充。职业上一切有用的机械工具，都出自流动资本。无材料，则机械无由建；无食料，则工人无由养。迨机械既成，又常须有流动资本为之修缮葺治。无流动资本，固定资本不能提供任何收入。工作所资的材料，工人生存所赖的食料，都出自流动资本。没有流动资本，那虽有职业上最有用的机械工具，亦不能生产一点东西。土地无论怎样改良，没有流动资本，亦不能提供收入。耕作和收获的工人，不吃饭，是不能做事的。

固定资本和流动资本，有一个目的，亦只有一个目的，那就是，求目前消费的支费，不致匮乏，且能增加。吾民所食、所衣、所住，均仰给支费这个资财。人民贫富，亦即取决于这两个资本所能提供的支费，究是丰饶，究是贫啬。

为补充社会上固定资本和支费起见，既须继续把大部分流动资本变化出来，所以流动资本亦须有不绝的补充。没有这种补充，流动资本不久就会干竭。这种增补有三个主要来源，即地产物、矿产物、渔产物。这三个资源，不断供给食料和材料。那其中有一部分加以制造，自然会成熟货。但亦就靠了这种供给，变作固定资本和支费的流动资本，换言之，从流动资本变化出来的食料、材料、熟货，才有了新的补充。此外，货币是金属造成的，这种金属的供给和增加，又是由于矿产。在普通情形下，货币虽则不必要从流动资本变成固定资本或支费，但终难免有些消磨损失，难免输往外国，所以，仍须继续补充，小得多罢了。

土地、矿山、渔业，都须固定资本流动资本来经营；其产物，不仅要偿还如此投下的资本，益以利润，还要偿还社会上一切其他的资本，而益以利润。制造家每年消费的食料材料，须农业家年年为之补充；农业家每年消费的熟货，亦须制造家年年为之补充。在这二阶级间，虽少有直接的物物交换，但这二阶级年年交换制造品农产物的实情，却就如此（我们知道，农业家有的是谷物、牲畜、亚麻、羊毛，他要的是衣服、家具、工具。买谷物、牲畜、亚麻、羊毛的人，不见得就是卖衣服、家具、工具的人。农业家出卖原生产物，是先换取货币；有了货币，他就可随意购买他所需要的制造品）。并且，渔业、矿业的资本，亦至少有一部分，须由土地补充。从水里捕起鱼来，从地里掘起矿来，都少不了地面上的地产物。在自然丰度相等的场合，土地、矿山和渔场的产额，按照比例于投资的数量和用法。在资本数量相等，投资方法又同样适当的场合，那当然就按照比例于它们的自然丰度了。

国事安定，有常识的人，莫不愿用可供他使用的资财以求目前享乐，或求未来利润。若是求目前享乐，那就把它用作目前消费的支费。若是求未来利润，那求利润的方法，不是把资财保有，就是把资财舍给。前一场合，是把它用作固定资本；后一场合，是把它用作流动资本。国泰民安，家有蓄积，邻可通财，如竟舍此三道弗由，说他不是疯狂，我是不能相信的。

若不幸，国家专制，君主暴虐，人民财产随时有受侵害的危险，则人民为求财产安全，每以资财之大部掩埋地下。据说，在土耳其，在印度，并且，我相信，在亚洲其他各国，常有这种事情。在封建暴虐时代，我国亦似乎有过这种事情。发掘的宝物，当时被视为欧洲各大国君主的一项大收入。凡埋地下，莫征谁属的物品，概视为王有，非得国王特令恩准，那就既不属于发现者，亦不属于地主。此事在当时甚为重视。当时的金银矿产亦复如此。倘非明令特许，金银矿产并不包含在普通土地所有权内，随意开采是不行的。但铅、铜、锡、炭各种矿山，因比较不甚重要，故可听民自取。

第二章　视货币为社会总资财之一支而论述之，并论国民资本之维持费

第一篇，我们说：因为商品的生产搬运上市，曾经使用劳动、资本与土地，所以大部分商品的价格都分解作三个部分，其一为劳动工资，其二为资本利润，其三为土地地租。固然，事实上，有些商品的价格，仅分作两部分，即劳动工资和资本利润，甚而有极少数商品的价格，仅包含一部，即劳动工资。但无论如何，商品价格终不外还原作上述那三个部分。不为地租，不为工资，必为利润。

就特殊商品分别论述，情形已如上述，就全国土地劳动年产物而总括论述，情形亦必如此。我们在第一篇讲过：一国年产物的总价格或总交换价值，亦必分解作三个部分，而分配于国内各居民。那不是作为劳动工资，作为资本利润，就是作为土地地租。

一国土地劳动年产物的全价值，虽如此分归各居民而成为各居民的收入，但是，好像个人的地租可以分为总地租和纯地租一样，国内全居民的收入，亦可分为总收入与纯收入。

个人私有土地的总地租，包含农业家付出的一切；在总地租中，减去管理上、修缮上各种必要费用，其余留给地主支配的部分，始得称为纯地租。换言之，所谓纯地租，乃以不伤害所有财产为条件，而留供地主使用的资财，那是他的支费，可用来购置桌椅家具、修饰衣服宫室，供他私人享乐的。地主的实富，不按照比

例于其总地租，但按照比例于其纯地租。

大国居民全体的总收入包含他们土地劳动年产物的全部。在总收入中减去固定资本流动资本的维持费，其余留供居民自由使用的，便是纯收入。换言之，所谓纯收入，乃以不侵蚀资本为条件，留供居民享用的资财。那是用来购置生活品、方便品、娱乐品的。国民的实富不按照比例于其总收入，但按照比例于他们的纯收入。

固定资本必须补充。固定资本的补充费，决不能算在社会纯收入内。有用的机械必待修缮而后有用；职业上的工具必待修补而后能工作；有利可图的房屋必待修葺而后有利可图。这种修葺所必要的材料，既然不是社会纯收入的部分，整饬这种种材料所必要的劳动的生产物，亦不能算作社会上的纯收入。这种必要劳动的价格，固然可说是社会纯收入的一部分（因为如此雇用的工人，可以把工资的全部价值归为目前消费的支费），但其生产物却不宜称为纯收入。若就别种劳动说，情形就不同了。不仅劳动价格可以归作支费，劳动的生产物亦可归作支费。劳动价格将归作工人的支费，劳动生产物则将成为别人的支费。所以，别一些人的生活品、方便品、娱乐品，可由他们劳动而增加。

固定资本的目标，在于增加劳动生产力，换言之，在于使同人数的工人能够遂行更多得多的作业。设备完全，有必要建筑物、围墙、水沟、道路等等的农场，和没有这些设备的农场比较，即令广狭相等，肥瘠相等，劳动人数相等，代劳牲畜的数目相等，所获产物亦定然更多得多。有最精良机械帮助的制造厂，和工具更不完美的制造厂比较，虽所雇工人之数相等，出产量亦一定会更大得多。固定资本的使用方法若能得当，那无论怎样，它的偿还都能带回很大的利润，并且比较地说，这类改良物所必要的维持费，将甚微小，年产物价值由此而生的增加将甚巨大。不过，这种维持总需年产物的一部分。所以，原来可直接用以增加食品、衣料、住所各种必需品方便品的材料和人工，就有一部分须改作他用。这用途当然是很有利的，但与原来的用途不同。即因此故，我们说，机械学的改良，使同人数的工人得以较低廉、较简单的机械，遂行同量的作业，委实是社会的福利。昂贵复杂的原机械，其修补常须费去一定量的材料和人工。现在机械改良了，这一定量的材料人工，已可节省下来，再凭藉某种机械的力量，被利用来增加产品的数量。譬如，大制造厂主，原来每年须以一千镑作为机械的修葺费，现在，倘使能够把修葺费减为五百镑其余五百镑，自可用以购买追加量的材料，雇用追加数的工人。因之，机械出品的数量，自然会增加起来。产品增加了，由此种产品而生的社会的福利亦跟着增加。

大国固定资本的维持费，宜与私有土地的修理费相比。土地收获的保持，从而，地主总收获纯收获的保持，都常须有修理费。然若措施得宜，则修理费减少，尽可不致减少收获。总地租至少也必依旧；纯地租则一定会增加起来。不过，固定资本的维持费固然不能列在社会纯收入内，流动资本的维持费，却不能与此并论。流动资本，包含四部分，即货币、食料、材料、熟货。我们讲过，后三部分，照例会由流动资本变作社会上的固定资本或目前消费的支费。不变为固定资本的消费可能品，就会变作支费，而成为社会纯收入的一部分。所以，维持固定资本所必要的部分除外，我们无论抽出多少年产物来维持这三部分流动资本，亦不致减少社会纯收入。

就这点看，社会流动资本便与个人流动资本不同。个人流动资本，决不能算作个人的纯收入；个人纯收入，全由他的利润构成。社会流动资本，虽由社会内各个人的流动资本合成，但不能藉此缘由，便说社会流动资本绝对不是社会纯收入的部分。商店内存的货物，固然不是商人自己目前消费的支费，但可以是别人目前消费的支费。由别种财源取得收入的他人，照例可以偿还他货物的价值以及利润。商人的资本不会减损，享用者的资本亦不会减损。

社会流动资本，只有一部分的维持，会导致减少社会纯收入。这一部分就是货币。

货币虽为流动资本的一部分，但就影响社会收入的那一层说，它和固定资本是很相像的。

第一，职业上机械工具的建立与维持，是需要一项费用的。这项费用，虽然是社会总收入的部分，却不包含在社会纯收入中。货币亦然。货币的搜集与弥补，亦需要一项费用，这种费用虽然是社会总收入的部分，但亦不包含在社会纯收入中。货币是商业上的大工具，亦最昂贵。有了它，社会上的生活品、方便品、娱乐品，才得以适当的比例，照常分配于社会上各个人。但这昂贵工具的维持，必须费去社会上极有价值的材料如金银和一定量极其精巧的劳动，使不能用来增加目前消费的支费，即不能用来增加人民的生活品、方便品和娱乐品。

第二，无论就个人说，社会说，职业上的机械工具都是构成固定资本的要素，所以都不是构成社会总收入纯收入的部分。货币亦然。社会的全部收入，虽赖货币，得照常分配于社会各员，但货币不是社会收入的部分。货币只是流通的轮毂，大异于所通的货物。构成社会收入的，只是所通的货物，无关于流通的轮毂。计算社会总收入或纯收入的，既然合计了每年流通的货币与货物的全部，便须在这个合计额中，减去货币的全部价值，一个铜板也不能算在里面。

我说这句话，世俗的人们或不免惊讶疑问。这种疑问，当归过于文字暧昧。若解释适当，道理却几乎是自明的。

我们说一定量货币，有时指的单是货币内含的金块，有时又兼带暗指这一定量货币所能换得的货物。换言之，指着因占有这一定量货币而取得的购买力。譬如，我们说英格兰的通币，计一千八百万，我们意下不过说，据某著作家计算或者设想，英国现今流通着这样多的金块。但若说某甲年入五十镑，或一百镑，我们所指的，却大都不仅是他每年可入的金块的量，并且是他每年可以购买可以消费的货物价值。我们大都用这句话来表示他是怎样生活。或者说，他应该怎样生活，换言之，他所能享受的生活上必需品、方便品，就数量说，就品质说，该是怎样。

我们说一定量货币，意思即不仅指这一定量货币内含的金块，内中还暗指这一定量货币所换得的货物，所以，在这场合，这一定量货币所指示的财富或收入决不能同时等于这两个价值，却只能等于二者之一。但与其说等于前者，毋宁说等于后者；与其说等于货币，毋宁说等于货币所值。设某甲每星期恩俸一几尼，一星期内，他可用这几尼购买一定量的生活品、方便品、娱乐品。他每星期的真实收入，换言之，他的实富，即按照比例于这量之大小。他每星期的收入，当然不能同时与几尼等，又与这几尼所能购买的货物等。那只等于二者之一。事实上，与其说等于前者，毋宁说等于后者；与其说等于这几尼，毋宁说等于这几尼所值。

如果这人的恩俸，不以金付给，却每星期付以一几尼的支票一纸，很明显的，他的收入，与其说是这一片纸，毋宁说是这一片纸所能换得的物品。一个几尼，亦可以看作一张支票，有了这张支票，他不过可以向邻近各个商人，支取一定量必需品、方便品而已。构成他的收入的，与其说是金块，毋宁说是因他占有这个几尼而能换得的货物。银行倒闭了，支票固然毫无所用，但是，如果这个几尼，竟然不能换得什么物品，那它的价值和废纸亦就相差不多。

国内全体居民每星期或每年的收入，虽然都可以是而且实际也是由货币支付，但无论如何，他们的实富，他们全体每星期或每年的真实收入的大小，却按照比例于他们全体用货币所能购买的消费品量。如是，他们全体收入的全部，当然不等于货币和消费品的总和，那只等于二者之一，与其说等于前一价值，毋宁说等于后一价值。

我们常用一个人每年领受的金额来表示这个人的收入。但所以如此，只因这个金额可以支配他的购买力。换言之，可以支配他每年所能取得的消费品的价值。

我们觉得，构成各人收入的，是他所有的购买力或消费力，不是交付这权力的金块。

就个人说，情形已经十分明白，就社会说，情形还更明白。一个人每年领受的金额，往往恰好等于他的收入；亦即因此故，他所领受的金额，最能简切明白表示他收入的价值。但流通在社会间的金额，决不能等于社会全体人员的收入。同一几尼，今日付甲，作为甲的恩俸，明日付乙，作为乙的恩俸。再明日付丙，又可作为丙的恩俸，所以在任何国家，年年流通着的金额，和年年付出的俸钱比较，价值都要更小得多。但购买力，换言之，由陆续付出的全部俸钱而陆续买进的全部货物，和这全部俸钱比较，却常须有同样的价值；因为这种购买力，才是他们全体的收入。构成社会收入的决不是金块，社会上所有的金块未免价值太小。构成社会收入的实在是购买力，是用通币陆续买去的货物。货币是流通的大轮毂，是商业上的大工具。像一切其他职业上的工具一样，那是资本的一部分，并且是极有价值的一部分，但不是社会收入的一部分。分配收入于应得收入的人，固然是靠了铸币内含金块的流通，但那金块决不是社会收入的部分。

还有第三个相似之点，构成固定资本的职业上的机械工具，还有一点类似于货币那一部分流动资本。机械建立费、修缮费的节省，若不致减损劳动生产力，就无异于社会纯收入的增进。同样，货币鼓铸费、弥补费的节省，亦是社会纯收入的增进。

固定资本修缮费的节省何以无异于社会纯收入的增进呢？关于这问题，我们曾加以局部的解释，那是够明白了。职业家的全部资本，必然会分作固定资本和流动资本。在资本总额不变的场合，二者互相消长，乃势所必然。这部分越是小，那部分就越是大。但提供材料，支给工资，推动产业的，是流动资本。所以，固定资本维持费的节省，若不致减损劳动生产力，就一定会增加推动产业的基金，从而增加土地劳动的年产物，增加社会的真实收入。

以纸代金银币，即以比较更低廉得多的通商器具，代替昂贵的，但其便利，却有时几乎相等。有了纸币，流通界无异有了一个新轮，它的建立费、维持费，比较旧轮，都更轻微得多。但它怎样可以作流通的轮毂，怎样可以增加社会的总收入纯收入呢？个中理由，却尚为人不甚明了，所以，可以进一步说明。纸币有好几种不同，银行的流通券，是最普通的、最合用的。一国人民若相信某银行家的资产雄厚，行止诚实，处事谨慎，换言之，相信他有随时履行预约，兑换现金的能力和意思，那银行发行的钞票，便可在社会上通用，无异于金币银币。

假设某银行家，以十万镑信用券，借给他的顾客，这种信用券，既然和货币有同等作用，所以，债务人自当照样支付利息。这利息便是他利得的来源。发出去的钞票，固然有一部分，会不绝回来兑现，但总有一部分是不绝在社会上流通。所以，他发出去的钞票，虽然是十万镑，但有二万镑金银币，已够应付不时的需要。这种信用券的发行，使二万镑金银币，可收十万镑金银币的功用。要行同样的交换，要周转分配同量的消费品，通行十万镑信用券，已无异通用十万镑金银。因之，国内流通界，已可省下八万镑的金银。设国内银行林立，都依这法则发行信用券，那么，这时流通国内货物所需的金银，就不过等于无信用券时代所需的五分之一了。让我们假设某个国家、某个时代的通币总共一百万镑吧，让我们假设这个数目已够流通国内全部年产物了吧，再让我们假定，后来因为银行林立，发行兑现的信用券一百万镑，而在金柜内保留二十万镑，以应不时之需要吧。那显明的，在流通界就有了八十万镑金银币和一百万镑信用券了，总共一百八十万镑了。但国内土地劳动年产物的流通周转和分配，原来只需要一百万镑，现在，银行作用又不能马上增加国内年产物的额数。所以，在有银行作用以后，流通国内年产物，一百万镑仍是足够的。待售待买的货品量照旧，用售用买的货币量，亦自然可以照旧。流通的水道——如果这名称适当——自必照旧一样。一百万镑，已足充满水道了。逾这限度，灌注下去，势必溢而旁流。现在，我们灌注下了一百八十万了。有八十万镑，定然会旁流出来，那是国内流通界所不能容纳的。国内不能容纳的数目，置之不用，又未免太过损失。那一定会送到外国去寻求在本国寻求不到的有利的用途。不过，外国既然隔银行甚远，兑不兑现，却又不能受法律制裁，所以，纸币在外国是不能通用的，纸币是不能送到外国去的。送到外国去的，一定是八十万镑金银。国内流通的水道，昔由一百万镑金银充满，现在，却将充以纸币一百万镑了。

这巨量金银送往外国，决不是无所为的，送给外国的礼物。它的外流，定然会换进一些外国货来，供本国人消费，或转卖给别国人民消费。

假使他是甲国的人民，他现今用这巨量的金银，购乙国货物，供丙国人民消费。他所经营的，就是所谓贩运贸易。由此获得的利润，当然是甲国纯收入的增进。所以，这巨量的金银，就像新创的基金一样，可以供他开办新的事业。国内事业，已由纸币经营，金银就可转移过来，作为这种新事业的基金。

如果他用这巨量的金银，购外国货物来供本国消费，那买进来的货物，不是游惰阶级消费的货品，如外国葡萄酒、外国丝等等，就一定是勤劳工人（勤劳工人每年消费的价值，可以再生产出来，兼提供利润）生活所赖的材料、食料和工具。

由前一方法，无异鼓励奢侈，不增加生产，不增加维持消费的固定基金，徒增加消费。那于社会，无论就哪一点说，都是有害的。

由后一方法，却可鼓励勤劳，那虽然会增加社会上的消费，但也会增加维持消费的固定基金。消费者会把每年消费的价值全都再生产出来，兼提供利润。社会上的总收入，换言之，社会上土地劳动的年产物，势将增加起来。因为工人劳动的结果，被造作的材料，一定能够取得追加的价值。在这个追加的价值中，减去工具机械所必要的维持费，其余就是社会的纯收入了，所以，社会的纯收入亦将因而增加。

由银行作用而被排往外国的金银，假如是用来购买本国消费的外国货品，就有大部是，而且一定是用来购买第二类货品。这不仅是盖然的，而且几乎是必然的现象。固然，有特种人侈靡消费，不会增加收入，但我相信，世界上，决没有一个阶级全是这么办。谨慎从事，固然不能望于人人，但至少，一个阶级总有大多数人不侈靡，不乱耗财，这大多数人的行为，总能奉行谨慎的原则。至若那般游惰者，他们的收入，既不能由银行作用而增加毫末，所以，除了少数实际的例外，他们这一阶级的费用，亦不能由银行作用而增加。游惰阶级对外国货品的需要，是照旧的，或者大概照旧。由银行作用而排往外国，购买外国货品，以供本国消费的货币，亦只有一极小部分，是用来购买这般人需用的物品。其中，大部分，当然是用来振兴实业，不是用来奖励游惰。

我们要计算社会流动资本所能推动的勤劳量，常须记着一件事情，那就是，在社会流动资本中，常须减去货币，仅仅计算食料、材料、熟货三项。这三项的流通，固然有赖货币，但振兴实业，只有这三项才是必要的。材料是工作的对象；工具是工作的手段；工资是工人作工的目的。货币既不是工作的材料，亦不是工作的工具；工资虽普通用货币支付，但工人的真实收入，并非由货币或金块构成。工人的真实收入，是货币的所值，或者说，是金块所能换得的货物。

雇用工人者，定然会看工人的作业，给他以相当的材料工具和食料。一定量资本所能提供的这三项物品，究竟能够供多少工人呢？它能供给多少工人，亦就能够推动多少勤劳。至若货币，固然是购买这三项物品所不可少的，但全资本所能推动的勤劳量，却也不能同时等于用以购买的货币和被购买的材料工具食料。那只等于二者之一，与其说等于前者，毋宁说等于后者。

以纸币代金银币，则流动资本所能提供的材料、食料、工具，必按所代金银的全价值而增加。向来充作流通轮毂的全部价值，可一变而为被流通的货物。这件事，有些像某个大工厂厂主的处境。他采用新机械，舍弃旧器具的结果，把省约的费用（新旧机械价值之差）加入流动资本，作为购置材料、支付工资的基金。

一国年产物，依货币而流通。流通的货币，对于被流通的货物价值，究竟保持着什么比例，也许没有确定的可能。有人说是一比五，又有人说是一比十、一比二十、一比三十。但是，货币对年产物全部价值所持的比例，无论怎样微小，但在年产物中，因为只有一部分，常常是一小部分，是指定用作维持产业的基金，所以，货币对这一部分年产物所持的比例，总该不小。如果能以纸币代替，那流通所必要的金银量，也许会减而等于原先五分之一，其余那五分之四，若有大部分是加在维持产业的基金内，那当然会大大增加产业的数量，因之，会大大增加土地劳动年产物的价值。

晚近二三十年来，苏格兰各大都市，已有银行林立，甚至穷乡僻壤，亦间有之。这种银行作用的结果，正如上述。国内事业，几乎完全用纸币周转；一切种类的购买和支付，亦都凭藉纸币。除了兑换二十先令的钞票，银币是少见了，金币尤其少见。银行林立，虽未免良莠不齐，致议院有立法制裁之必要，但国家曾因银行设立而得莫大利益，却无可讳言。我听说，格拉斯哥自银行肇立以来，十五年间，商业竟已加倍。苏格兰的商业，自两公共银行（一名苏格兰银行，一六九三年国会议决创立；一名皇家银行，以王命册立于一七二七年）创立于爱丁堡以来，就不只加了四倍。在这个短期内，苏格兰一般的商业，格拉斯哥的商业，是否这样增进，我不敢自作聪明，妄加断议。若果如此，则效果过大，似不尽由于银行设立，或许还有别种原因。不过，说苏格兰这个时期的工商业大有增进，并且说银行设立，就是它们增进的一个大原因，总不见得错误。

一七〇七年，英苏始合并。合并后不久，苏格兰通用的银币，概须输入苏格兰银行再铸。据册覆案，合并前苏格兰流通的银币价值，实为四十一万一千一百一十七镑十先令九便士。关于金币，则无可稽考。但据苏格兰造币局旧籍所录，似乎每年鼓铸的金价，且略多于银。[①]当时尚有许多人民，恐银一入局，即不能复为己有，所以有许多银币，始终没有拿到苏格兰银行去；此外，英格兰铸币潜行国中，亦有许多未曾缴进去。所以，未统一前，苏格兰通用的金银价值，合计当不下于一百万镑。当时，苏格兰银

① 见鲁迭曼著《苏格兰外交史序》。

行还是唯一的银行，它的钞券流通，虽已令人注意，但为数不多，在流通界上，尚仅占极小部分。当时苏格兰的流通界，几乎全用金币银币。现在却不然了。现在苏格兰是钱钞并行，合计当不下二百万，其金银至多不过五十万罢了。但是，苏格兰的金银币虽是大减了，它的实富却丝毫未受损害。农工商各业的发达，是很明显的，土地劳动年产物的增加，亦很明白。

银行发行信用券的主要方法，是折扣期票，换言之，是垫付货币，收买未满期的期票。期票不俟期满，即可持票往银行预贷现金。银行方面，就计算到期应收的利息，在全贷额中扣除。到期后，期票的兑付，既可偿还银行预贷出去的价值，并带有利息的纯利润。兼之，银行折扣期票，是付以本银行发行的信用券，并不是付以金银。银行家可以根据经验，在可能范围内，尽量把信用券垫付出去，所以，他所能折扣的期票金额，可以加多，他在利息方面所能获得的纯利益，亦自然加多了。

苏格兰的商业，今犹不甚繁盛，在二银行肇立时，尤不足道。设银行设立专为折扣期票，银行营业必甚寥寥。所以，有别一方法发明来发行信用券，即所谓现金结算法。其法，随便哪个人，只要他找得到两个有确实信用、并有确实地产的保证人担保，并允在银行要求偿还时即如数还清所借金额及其法定利息，就可向银行商借一定额的款项如二千镑三千镑。我相信，这种借债方法，世界各处都有。但苏格兰各银行索回的条件，特别简易。据我所知，这也许是他们银行营业旺盛，国家得益深厚的主要原因。

在苏格兰，可以向银行按照这个方法借钱的（比方说，向银行借一千镑吧），还债时，可以随时分纳，有二三十镑，就可付纳一次。银行方面就从每次收数的日期起，至全数偿清的日期止，计算每次所收数额的利息，而在全金额的利息中，扣除相当的数目。各种商民，各种实业家，都觉得这种方法的便利，都愿接受银行钞票，并劝人向银行贷借，于是银行营业，赖之助长不少。在顾客商借货币时，银行大都以本银行的信用券付给。商人以钞票购买制造家的货物，制造家以钞票购买农业家的食料材料，农业家以钞票付给地主作为地租，地主以钞票付给商人，购买各种方便品奢侈品，商人到底把钞票还给银行，来抵消借款。因之，全国银钱来往，几无往不用钞票。银行营业，自然就旺盛了。

赖有现金结算法，商人们得推广营业，不致有冒险逐利的危险。设有二商人，一在伦敦，一在爱丁堡，所经营的职业相同，所投下的资本相等。爱丁堡因有现金结算法，故其地商人营业的推广，所雇人员的增加，都不致有冒险逐利之虞。伦敦则因无现金结算法，故其地商人常须在自己金柜内或在银行金柜内（那自然没有利息）保有巨额的货币，以应续来的需要，备还清购货赊欠的数目。设常须保有五百镑吧。因之，和不需常常保有现金五百镑滞财的场合比较，在这场合，堆栈内货物的价值，就会更少五百镑了。假设商人保有的存货，普通每年脱售一次，这时候，与无需保有滞财的场合比较，他就因为常须保有五百镑滞财，所得而脱售的货物，定然会更少五百镑的价值。在这场合，他每年的利润额，他所能雇用的生产工人数，均必较少于毫无滞财的场合。反之，爱丁堡的商人，却无须保有滞财来应付急需。万一遇有急需，他可由现金结算法，向银行借钱来应付，嗣后，续有售卖，即以所得货币或纸币，逐渐偿还银行的借款。与伦敦商人比较，他可用同量资本囤积多量货物，而无冒险逐利的危险。因之，他自己获得的利润更大了，勤劳工人就事的机会又更多了。国家因之得利很是不小。固然，英格兰银行的折扣期票，亦有利于英格兰商人，但苏格兰银行并非不折扣期票。他们折扣期票的办法，是一样简单。但除了折扣期票，苏格兰银行还有现金结算法，故于商人尤为便利。

在没有纸币的场合，国内流通，全以金银，但金银在国内商业依旧时所得而流通的价值，原是有限的。代替金银的纸币，要其流通无疑，当然不可超过这个限度。苏格兰通用的纸币，比方，假设最贱的是二十先令的纸票吧，那通行国内，要其流畅，总额无论如何，亦不可超过国内每年交易二十先令及二十先令以上的价值的交易通常所需的总和。如果不幸超过了这个总额，那过剩的部分既不能行于国内，又不能输往国外，结果，会马上回到银行去，兑换金银。得钞票的人民，将立觉他们所有的钞票，已过于国内交易所需。他们既然不能把纸币送往外国，当然，马上会持向银行，要求兑现。因为，过剩的钞票，一经换作金银，输往国外，很容易就有用处；在钞票还是钞票的时候，却一点用处也没有。总之，过剩的额数将扫数回到银行去，如果银行略示困难，回到银行去的钞票还会更多。由此而起的惊疑,必然会使兑现要求，更会紧张起来。

各种职业的经营，都少不了经费。房租，仆役、书记、账房的工资，在各种职业都是不可少的。除了这各项，银行特有的费用可分为二类：第一，金柜内，常须储存无利益可得的巨额货币，以应付持票兑现的不时要求。第二，因应付不时要求而将就干竭的金柜须时时补充。银行发行纸币过多，不能流通的过剩的额数，既然会不绝转来兑现，银行的金柜，就非按纸币过剩的比例储存追加量的金银不可。且不仅如此，和纸币量的过剩比较，纸币的归来，是更速得多的。因之，银行第一项特别用费的增加，不仅要按照比例于兑现事件的非得已的增加，且远甚如此。

银行如此，那虽有较充实的金柜，金柜的干竭，仍必较速于谨慎进行的银行。金柜的补充，常须有不绝的加紧的努力。但这样巨额的继续由金柜流出来的铸币，又不能在国内流通。这种铸币，为兑换流通限度以上的纸币而流出，故亦在流通限度以上。

按照常理，铸币是不能废置无用的，它在国内没有用处，就会在某种形态上输往外国，以寻求有利用途。但金银的不绝输出，又适足助长银行兑取金银补充金柜的困难，从而增加银行的费用。所以，像这样的银行，又必致因兑现事件的非得已的增加，增加它第二项特别费用。与第一项比较，这项怕还更多。

按照国内情况，假设某银行所得而发行的纸币，恰为四万镑。为应付不时需要起见，银行金柜，也只须常常储有一万镑金银。假如银行发行四万四千镑，那追加的四千镑，将为社会所不易容受，随时发出，会随时归来。为应付不时需要起见，银行金柜应该储存的款项，当不只一万一千镑，而为一万四千镑。四千镑过剩通币的利息，就毫无利益可得了，不仅无利，而且有损。这四千镑金银一经收集进来，马上又要散发出去。不绝收进，不绝散出，所费该要多少。

银行如果理解了而且注意了它本身的利益，流通界上，就不至于纸币过剩。不幸，理解本身利益的银行，现在远是没有。流通界纸币过剩的现象，就常常发生了。

因发行纸币量过大，剩余额不绝归来兑换金银，许多年来，英伦银行，每年都须鼓铸金币，自八十万镑至一百万镑不等，平均计算，每年也大约要八十五万镑。数年前，因金币磨损得不堪，低劣得不堪，银行大铸金币，常须以每翁斯四镑的高价格，购买金块，迄其铸成，每翁斯却仅值三镑十七先令十又二分之一便士。损失在百分之二点五至百分之三。铸造的数额既甚大，所以损失甚是不小。政府方面总算宽宏大度了，造币一切费用，全由政府负担，但银行方面，仍是所费甚大。

苏格兰银行，亦以纸币过剩之故，不得不常常委托伦敦代理人代他们收集货币，因之，费用亦不在百分之一点五或百分之二以下。这样收集的货币，例由马车送来，保险费每百镑抽十五先令，即百分之〇点七五。但代理人所收集的货币，犹往往不足补充本银行的金柜。金柜的干竭太快了。在这场合，苏格兰银行，只有和伦敦向有来往的诸银行订立期票，来取得所需数目。迄至期满，伦敦银行索款的书函迫至，它所应该付出的借款利息、佣钱，都完全没有着落。因纸币过剩的缘故，苏格兰银行每每无法如期偿给，迫于无法可想，又不得不向原债权人或伦敦别家银行，再行订立期票，而以期票偿还期票。有时，同一金额，不，不如说同一金额的期票，会在伦敦爱丁堡间，往返二三次以上。这样累积的全金额的利息佣钱，都须由债务银行付给。在苏格兰，就连一向不会太过于冒险逐利的银行，亦难免被迫而使用这种自取灭亡的方法。

因兑换过剩纸币而由英伦银行或苏格兰银行付出的金币，亦必成为过剩，而为流通界所不容。结果，这种金币，或在铸币形式上输往外国，或熔成金块输往外国，又或熔成金块以每翁斯四镑的高价格售于英伦银行。然被输往外国的或熔成金块的，在金币中，一定是最新的、最重的、最好的。因为留在国内保持铸币形态的铸币，并不分别轻重。轻的重的，都是一样。但在外国，或者在金块形态上，重币的价值就更高昂。所以，英伦银行尽管每年鼓铸大批新币，年终仍不免讶然失惊，叹息今年铸币的缺乏和去年原来没有不同。并且，英伦银行尽管每年发出许多新而且好的铸币，铸币的成色，总不见一天一天好起来，却只见一天一天坏下去。今年铸了这样多新币，明年又觉有再铸这多新币的必要。又因铸币常常磨损剪铰，金块价格遂不绝提高起来，因而，每年造币的费用，也是一年大过一年。据观察所得，英伦银行因须以铸币直接供给本银行的金柜，竟须以铸币间接供给全国。英伦银行金柜内的铸币，会在各式各样的方法下，不绝流了出来。英格兰、苏格兰因纸币过剩而生的需要，无一不仰赖英伦银行供给。无疑，苏格兰诸银行，因为自己不小心，自己太没有成算，吃亏是不小的。不过英伦银行所吃的亏还要更大。它自己不小心，使它吃亏；苏格兰诸银行更不小心，还更使它吃亏。

英国大胆的空谋家，往往不度量自己的资力，经营过分的营业。英国纸币会如此过剩，当初亦即肇因于此。

商人或企业家营业的资本，既不宜全部向银行贷借，亦不宜大部向银行贷借。商人或企业家固然可以向银行借钱来应付不时的需要，省得储下现钱来留着不用，但他的资本，亦只有这个部分，宜向银行借贷。企业家向银行借钱，应该限于这个部分。如果银行投借出去的纸币，不过这个限度的价值，那发行出去的纸币额，亦绝不会超过国内无纸币时流通所需的金银额，决不致数量过剩，决不致有一部分为国内流通界所不能容纳。

假设银行代商人折扣的，乃是有真实债务人到期即兑，而由真实债权人持来的真实期票，银行垫付的，亦就只是价值的一部分，那不过使商人无须在现钱形式上保留着一种滞财，以待不时的需求而已。这种期票，一经到期，既然就会兑付，所以，银行垫付出去的价值及其利息，也一定可以取回。在这场合，银行只和这类顾客来往，银行的金柜亦就像一个水池，虽有出口，亦有入口，而出入相敌，无需乎顾虑维持，积水已可常常一样充满。它的金柜的补充，并不要多少费用，甚而完全不要。

一个营业不会过度的商人，就连在没有期票要求银行折扣的场合，亦常有现金的要求。如果银行方面代他折扣期票，还尤在简单的银行条件上，用现金结算法，在他需要金钱的时候，贷以货币，而在他存货续有售卖的时候，陆续零星偿还，那于商人，当然极其便利。赖有这个方法，他无需常常储有滞财不用，以应不时的急需。遇有不时的急需，他就可凭现金结算法来应付。不过，为银行计，对于作这种贷借的顾客们，是不应该十分随便的。它应该注意短期间内（比方说，四个月、五个月、六个月，或者八个月吧），从他那里收入的总额是否等于贷给他的总额。在这短期间内，如果收入大都能够等于贷出，就可放心大胆继续和这个顾客来往。像这样的来往，金柜的流出，固然很大，流入幸亦巨大；所以，无需乎顾虑维持，金柜已可始终一样充满，补充这样的金柜，实在用不着多大的费用。反之，如果其顾客偿还的额数，常常不及他贷出的额数，继续和他来往，至少，继续在这情形下和他来往，就一定不大稳便。在这场合，金柜的出流，必遥大于入流。设使没有巨额的继续的补偿费，金柜就很容易趋于干枯。

因之，苏格兰诸银行，往往长期注意着要求一切顾客的借贷，都须有常川[①]的偿人。设使他不能有常川的偿人，那无论他有怎样大的家产怎样好的信用，亦不要想向银行贷得一文。这种注意，不仅使银行方面，不必特别破费来补充金柜，此外还有两种颇大的利益。

第一，有了这种注意，银行方面，不必在簿据上搜集别种证据，已有机会相当审察债务人情况的盛衰。债务人是否常川偿人，大都取决于自身情况的好坏。私人放债，少的数家，多亦不过数十家，所以，要察知债务人的行为情况，委托一个经理人就行了，甚而经理人亦不必要。但银行放债，动辄数百家，那除了参看簿据，就简直不能知道债务人的情况行为。苏格兰诸银行，所以要求债务人必须常川偿款，也许因为看见了这点。

第二，有了这种注意，银行方面乃不至于发行过剩的，为社会所不能容用的纸币。在相当时期内，顾客偿人的额数，若大都等于贷出的额数，那就可证明银行贷给他的纸币额，并没有超过他（在无银行贷借的场合）为应付不时的急需而必须保留的金银

---

① 常川：经常；连续不断。——编者注

量。从而，可以证明银行发出去的纸币额，也未曾超过国内（在无纸币的场合）应有流通的金银量。偿入事件的频繁，偿入时期的有定，偿入款项的额数，足以表明银行方面贷出去的额数，并没有超过顾客在无借贷时所必须在现钱形式上保留以应不时之需的那一部分资本，不过，使其不必为一部分资本的不绝使用，而保有别一部分资本不用。顾客的这一部分资本，本来要常常在相当期间内，在货币、铸币、纸币形态上，时而收进，时而付出的。银行借贷，如果超过这一部分，那在相当时期内，顾客偿入的额数，一定不能等于贷出的额数。就银行的金柜说，这种来往的入流，定然抵不住这种来往的出流。纸币的发行，因为超过了在无纸币发行时他所须保有以应急需的金银量，遂亦马上超过了在无纸币发行时国内流通界所会有的（在国内商业依旧的场合）金银量，从而，马上就会超过国内流通界所易容用的数量。纸币过剩了，这种过剩的纸币，马上会回银行来兑换现金。这当然于银行不利。为避免这不利，这种注意，于银行是颇有利益的；与第一种利益比较，那应该同样实在。不过，对于这种利益，苏格兰诸银行，也许比较更不了解。

银行既以折扣期票法，又以现金结算法，使国内有信用的商人无需储有滞财，以待不时的急需，那就算尽了全力了，国内商人就不可再有所望于银行了。为银行本身的利益与安全计，它只能做到这个地步，不能再作什么了。为银行本身利益计，商人的流动资本，不能全部贷自银行，大部分亦不行。因为商人的流动资本，虽继续由货币的形式，一出一入，但全部的入，必远于全部的出。商人的流动资本，如果大部分贷自银行，那要在短期间内适合于银行利益，使偿入的额数等于贷出的额数，无论如何，亦是办不到的。至若固定资本，就更不应该大部分贷自银行了。比方说，制铁家建立铁厂、铁炉、工场、仓库、工人住宅等等的资本吧，又比方说开矿家开坑掘井，排除积水，建筑道路车轨的资本吧，改良土地、开垦荒地、排积水、筑围墙、建农舍、厩舍、仓谷等必要建筑物的资本吧，那都不宜大部分贷自银行。固定资本的偿还，遥缓于流动资本。固定资本一经投下，就令投下的方法非常适当，亦要经过许多年数，方能有所偿还。这样长的期间，当然不利于银行。固然，为企业家计，企业家的营业资本，能大部由贷借得来，当然很好。但要使债权人不吃亏，债务人务必要持有一种资本，足够保证（如果我可以这样说）债权人的资本。债务人营业计划纵令失败，亦不致使债权人蒙受损失的贷借方法，才可以说是得当。然而，就使如此，非数年不能偿清的借款，仍以不向银行贷借为上策。那顶好提出抵押品，向那些专赖利息为生的私人贷借，因为他们是不想投资营业，但愿把钱供给有信用的人，数年不还，亦未尝不可的。不取抵押品，无需印花费律师费，就以货币贷人，而还偿条件又很简单的银行，对于这样的商人企业家，当然可说是最方便的债权人。不过，像这样的商人，对于这样的银行，却就是最不方便的债务人了。

二十五年来，苏格兰诸银行所发行的纸币，至少，也十足的等于国内流通界所易容用的额数了。对于苏格兰各种事业，诸银行的帮助，已经是尽了全力了，为银行本身利益计，它只能办到这样。而且事实上，它们的营业，已有些微过度的地方。因为这种过度，银行方面已经吃亏了，至少，利润是减少了。因为在这一种营业上，只要略为过度，便不免有此结果。不幸，逐利常情，得陇望蜀，商人们、企业家，还以为未足。他们以为，银行信用事业的推广，除了添少数纸张费以外，是用不着添什么费用的。银行信用事业，本可任意推广。对于银行理事先生们的眼光狭小，态度畏葸，他们表示非常不满。他们说，银行信用事业的扩充，宜与国内各种事业的推广成比例。然而，他们所谓事业推广，很明白，只是他们计划的不可能的推广。他们自己的资本有限，他们可以用抵押品向私人借得的资本，亦是有限。他们以为，对于他们这种有限，银行有代为充给的义务。他们觉得，他们营业所需的全部资本，银行义当供给。但银行方面的意见，终不同于此。于是，在银行拒绝推广信用的时候，有些企业家却又想出了一个法门。这个法门虽所费更大得多，但其有效性，却与任意推广银行信用事业无异。这法门就是大家知道的循环划汇。大凡不幸商人，在濒于破产地位的时候，往往利用这个办法。由这办法取得资金，在英格兰是行之已久了。据说，前次战争期间，因营业利润甚大，商人们往往不度量已有的资本，把事业过分推广起来，所以，到底就是这种循环划汇的办法，大为流行。后来，这办法又由英格兰传入苏格兰。在苏格兰，商业是有限多了，资本亦有限多了，所以这种办法传入苏格兰后，比较起来，愈见流行。这种循环划汇办法，在一般营业家心里，当然很是明白，似乎没有我解述的必要。但本书读者，不必尽是营业家，而且，这种办法对于银行的影响，就连一般营业家，亦似乎不大了解，所以，我的解说，就当尽我所能使其明了了。

欧洲野蛮法律，不责人民履行契约，但商民间自成风气，对于期票一事，特别谨慎，到期的票据，尤其是定期甚短，不过三、四月的票据，比任何他种债务，都更容易兑到现钱。期票到期，认受人若竟不能立即照付，他马上就算破了产。期票一经声明无效，就可持向出票人，如果出票人又不能立即照付，亦就算破了产。又假设未满期以前，期票流转，购货取材，迭经数人之手，且各在票背签署名号，作为签保，那对于期票，亦就要负完全责任，如果期票到了自己面前，自己不能立时照付，亦会马上被宣告破产。这种风气，晚近二百年来，已为欧洲各国法律所采纳了。出票人、认受人、签保人，即令信用不足，但时期的短促，亦多少是期票的保障，所以，他们虽然都有破产的危险，但因时间短促，也尚有人乐于执掌。“房子已经倾斜了，不能持久了，今晚就会倒塌吗？不见得吧，我姑且冒险住一晚”——这是倦行者的心事，正好比喻期票执掌人的心理。

假令爱丁堡商人甲，出票向伦敦商人乙，限期两月，要乙付银若干。事实上，伦敦商人乙，并无所付于爱丁堡商人甲。他所以愿认受甲的期票，因为两方协商的条件，是在付款期间未届以前，乙亦可向甲出一张期票，数额（外加利息佣钱）相等，兑期亦为两月。所以，在两个月的期未满以前，乙定然会向甲出一张期票，甲又会在第二次满期以前，再向乙出第二次期票。在第二次期未满以前，乙再照样向甲出期票，都以两个月为期。这样循环下去，可连续至于数月，甚而至于数年。不过，在期票转到甲手上的时候，累积下来的利息佣钱，都要算在里面的。那既须加上利息每年百分之五，又须加上佣钱，每次至少百分之零点五。如果每年来往六次，佣钱亦就要加六倍，所以靠这种办法取钱的甲，每年费用就至少也在百分之八以上。如果佣钱高涨，利上算利，费用就要更大。但这就是所谓循环取钱的办法。

近来，国内大部分商业上的投资，据说，普通利润是在百分之六至十之间。空谋家用这样的方法借得货币营业的结果，如果除了偿还借钱的一切费用，仍能提供很好的剩余利润，那当然是一种很幸运的投机。并且，近来亦就有许多空谋家，是这样野心勃勃，有了大的计划，就数年间，单靠这个方法，不惜厚费，来取得营业的基金。无疑的，他们的黄金梦，仍是未曾觉醒，他们梦想中，大利润的幻想，还是非常显异。但是，有一天，他们醒了，我相信，在他们营业结束，或不能再继续营业的时候，会没有几个有好造化能够实现自己的梦想。[①]

甲乙两方出的期票，照例都会拿到银行去折扣。但银行折扣这循环期票所付出的，又大都是纸票。在爱丁堡，是付苏格兰银行的纸票；在伦敦，是付英伦银行的纸票。固然被折扣的期票，期到了都有偿还，不过，为折扣第一张期票而实际付出去了的价值，却永远不会实际归还银行。因为，在第一张期票将到期的时候，第二张期票又出了，数额还要比较大。没有这第二张期票，第一张期票根本就没有兑付的可能。所以，第一张期票的兑付，全然是个名义。这种循环期票的来往，银行金柜实际上只有出流，没有入流。

银行用纸币折扣期票，本来可以使营业家无需储有滞财不用，

---

① 这书描写的循环取钱方法，并不是顶普通顶耗费的。像下面那样的事，确是数见不鲜。爱丁堡的甲，往往在第一张期票满期前几天，向伦敦的乙出第二张期票，以三个月为期，因而使乙能够兑付第一张期票。第二张由甲请求，即可兑付的期票，便由甲按照额面价格，在爱丁堡售卖出去；却用售卖所得，买些在伦敦兑付的期票，规定是见票就要付钱给乙而由邮局寄往伦敦。我们晓得，前次战争将要结束的时候，对伦敦的汇兑，爱丁堡已常要贴水百分之三。购买那种见票即付的期票，当然要有同样的赔偿，那都要由甲担负。这种来往，每年至少四次，每次拥费，又至少百分之零点五，所以，这时候，甲每年所费，至少也等于百分之十四。有的时候，情形又稍为两样。甲在第一张期票满期前几天，是向伦敦的丙（不是乙）出第二张期票，以两月为期，因而使乙能够兑付第一张期票。丙认受的那张支票，由乙请求，本来可以兑付的，现在，就由乙拿到伦敦银行里去折扣。于是，甲又在第二张期票满期前几天，向乙或向丁向戊出第三张期票，亦以两月为期，因而使丙能够兑付第二张期票。丙收到了第三张期票，本来由他请求，亦可以兑付的，所以，亦就把它拿到伦敦银行里去折扣。这种手续，每年至少可以重复六次，每次佣钱百分之零点五，利息百分之五计算，所以，这种取钱方法，亦像书上所讲的那样，至少要破费甲百分之八以上。这个方法，因为可以节省爱丁堡伦敦间的汇费，比较注解内讲的第一种方法，也许费用少些；但要这样办，甲的信用，一定要非常好。如果伦敦市内单只一家相信他，肯和他来往，就不行了。但是，像这样逐利的冒险家，又哪里去找这种信用呢？

以应不时的急需，所以利益是很大的。但银行借款，事实上亦只能做到这步,这是我们讲过了的。现今却不然了。农业上、商业上、工业上，有些大计划的营业基金，就是全部由这种循环期票向银行取得。于是，银行发出的纸币过剩了，已有大部分为社会所不能容用了，那是超过了国内（在无纸币时）流通界应有的金银价值了。过剩的部分马上会回到银行，要求兑换金银。银行方面的损失，就可想见了。不幸这班空谋家弄取资本的办法，甚为诡黠巧妙，不独为银行家所不深辨，且有一个时候为银行家所不稍疑。

今使甲乙二人狼狈相倚，互出循环期票，而折扣于同一银行。银行方面，当然不久就能发觉他们的行径。他不久就会觉悟，他们营业，自己并没有资本。他不久就会晓得，他们的资本，全然是他借出去的。但是,假若折扣不常在一家,时而就此,时而就彼,并且出票认受，亦不只限于二人，换言之，假若卖空买空的阴谋家成群结党，互相倚赖，藉由此法以猎取货币，那么，孰真孰伪，就颇不易辨识了。是有真实债务人真实债权人的真实期票呢，抑是除了折扣期票的银行，就没有真实债权人，除了猎取货币的空谋家，就没有真实债务人的循环期票呢，那就难于知道了。有时，银行对于这事的发觉，已经太晚，折扣的这样的期票，也许已经不少。这时，拒绝他们，不再折扣，固然会使他们一齐破产，但他们破产，间接亦会使银行破产。为顾念自身利益与安全计，在这危险境况中，银行方面只好再冒险进行一些时候，慢慢把贷款收回，或者加重条件，使他们自己觉得困难，退了下去，再从别方面或者别个银行设法，俟机会一到，便从这个圈套自拔了出来。然而就在银行(宏大如英伦银行,慎重如苏格兰诸银行)陷入过深、折扣为难的时候，这班空谋家不仅大惊起来，而且大愤了。他们自己的困蹶，本来直接发因于银行方面的不得已的慎重。但在他们空谋家口里，却简直是全国的困蹶[1]；他们说，这种困蹶的肇因，纯然是银行方面的识见卑陋，举措失当；他们想努力使国家至于繁庶富裕的境地，银行家却吝于帮助。他们以为，照他们的志愿，如此长期借他们以如此巨额的钱财，乃是银行的义务。然而就事实说，值此借贷已过限度的情状，要救济银行自身的信用，兼救济国家的信用，不再借贷，已经是唯一可能的办法。

在这次喧扰窘迫期中，苏格兰有一新银行[2]出世，声言以救国难为职志。计划是很宽大的，但举措失当了，而且似乎未甚明了这次困蹶的性质和原因。这银行的贷借，无论就现金结算法说，就折扣期票法说，与其他银行比较，都要更为宽大。就后一法说，那就几乎不辨期票虚实，一律加以折扣。这银行会明白宣布宗旨，只要有相当的保证，就连像改良土地那样的资本（那要非常长的期间，才能偿还），亦全部可以向银行借取。促进这样的土地改良，据说，还是银行设立的公开的一个目标。现金结算，期票折扣，竟然宽大到这个地步，当然会使银行纸票过剩，过剩的部分，既然为社会所不易容用，当然随发随入来兑换金银。银行金柜，本来就不甚充实。银行资本总额号称十六万镑，实入不过百分之八十，而且是分期付纳。有一部分纳资人每于第一次纳资后，即亲向银行，用现金结算法贷借；银行理事先生们，又以为纳资人借款，当受同样宽大的待遇，所以，有大部分纳资人，缴了第一期资金以后，其余各期纳入的，几乎全在现金结算法下，被他们自已借了出去。他们后来纳进来的资本，名为续收，实则先取。所以，银行金柜，即令原本充满，但过度的流通，亦必使银行无法补充金柜的亏耗，没有办法，又只好走上失败的途径，而向伦

① 困蹶：穷困潦倒，处境艰难。——编者注

② 此银行名笃格拉斯侯伦公司，一七六九年设于苏格兰之爱尔地方，一七七二年歇业，终亏四十万镑。

敦银行，造立期票，迄至期满，无法兑付，又计惟再立期票，但已须加付利息佣钱了。据说，这银行的金柜，原来就不很充实，所以营业不过数月，就不得不陷于这种困境。幸而，纳资人的田产，指定作银行担保品的，不在数百万镑以下，拿去押借，亦颇可支持，所以，贷借虽如此宽大，银行营业，仍得赓续二年有余。迄至非停不可时，发出的纸币额已近二十万镑了。这种纸币，随发随入，因要支持这些纸币的流通，它不得不屡与伦敦诸银行造立期票。累积下去，到了银行不得不倒闭的时候止，期票价值已在六十万镑以上。但在这二年余，银行借出去的亦在八十万镑以上，百分之五行息。对于那二十万镑用纸币付出去的债务，行息百分之五，也许可被视为纯利，因为除了管理费，就不必再有什么费用，但那六十多万镑，向伦敦出期票借来的，计算利息佣钱，费用却在百分之八以上，所以，两方对较，银行借出的金额，损失在百分之三以上的，居然不止四分之三。

银行进行的结果，正相反于创办诸人的本意。他们觉得，国内人民鼓舞精神，经营事业，缺少的，资本罢了。在他们以为，这正待他们起来支持。他们攻击苏格兰诸银行，尤其是攻击设在爱丁堡的各家银行的退缩态度。他们想把这般银行推翻，而集银行事务于一身。无疑的，这对于空谋家，也曾给以暂时的救济，使他们在无可奈何的境地，多拖延了大概两年。但事到尽头，仍不过使他们陷入愈深，迄至没落，他们的负担加重了，他们债权人的负担亦加重了。空谋家的空谋，陷他们自身并陷国家于困难之境，然而，以救国难为职志的这银行，到底，也不但没有救济，事实上，反而把困难加重了。为他们本身计，为债权人计，为国家计，空谋家的营业，都不如早两年停下来好。这银行失败了，这银行的失败，告诉我们苏格兰诸银行应该注意什么事情。暂时救济的无效，指示了实际的永续的救济方法。苏格兰其他银行的退缩态度，毕竟胜利了。在它们不肯折扣循环期票的时候，一切出循环期票的人，都来依赖这个新银行。它是无所不容的。赖有它，其他诸银行，很容易就脱离了厄境，不致大受损失，稍失信任。结局，它原想救济的国难，因有它，反而益加厉害了；它原想推翻的商敌，因有它，反而得了最切实的救济。

这银行初立的时候，有些人说，银行金柜虽易干枯，但来贷借纸币的，不都提出了担保品吗？他们以为，拿这种担保品作担保，要取得钱补充金柜，绝不是件难事。但我相信，不久，经验就告诉他们，这个取钱方法，未免远水救不得近火。这样不充实而又易干竭的金柜，除了走上没落的途径，向伦敦诸银行出了一次期票，满期时再出一次期票，层迭下去，而累偿以利息佣钱，就简直没有第二个办法可以补充。向伦敦诸银行迭造期票，固然可以应急取钱，但结果不仅无利可得，且将屡行屡损，结局，跟在循环划汇的商店后面，虽略为迟点，终究是要同样没落。社会不易容用的过剩纸币，虽有利息，但于银行毫无利益。过剩的纸币，既然随发随入来换取金银，所以为了兑换，银行方面常须继续借债，借债各种费用（探听谁有钱借，和有钱的人接洽，写债券，立契约，都需费用），却全须银行负担。双方对较，于银行，自然有损无益，而且大损了。用这方法补充金柜，简直有些像责人持斗具车，继续汲水于远井，以期补充有继续出流无继续入流的水池。那是一定失败的。

这种办法的不适用，是很明白的。对于经商谋利的银行，它的不利，亦很明白的。然尚不只此。对于国家，它一无所利。不仅无利，且有大害啊。这办法丝毫不能增加国内贷借的货币量，却不过把全国的贷借事项集中在它一身，而成为全国总贷借机关罢了。要借钱的，将不向有钱出借的私人贷借，都来请求这个银行。私家贷借，本不过数人十数人，债务人的行为谨慎与否，诚实与否，都为债权人所熟习，尽有选择甄别的余地。和银行来往的，动辄数百家，其中有大多数的情况，往往为理事先生所不深悉，选择甄别，当然无所措手，因之，比较起来，银行贷借，当然不如私家审慎。事实上，和这样一个银行来往的，本来就大部分是买空卖空的空谋家，他们一出再出循环期票，都只有个名义。他们的过分的营业，即令得有一切可能的帮助，亦必难底于成。即令可成，亦决不能偿还所费。他们由经营事业而取得的基金，决不够照原样雇用等量的劳动。私家贷借，就没有这种现象。诚实俭朴的私家的债务人，往往会称量自己的资本，而经营可靠的事业。其所经营的，也许没有那样阔大可观，但更稳当，更有利。经营事业，定可偿还他投下的资本，兼供以大的利润。因此，他所取得的基金，使他可以比较原先雇用更多得多的劳动。所以，比较看来，在这点上，私家贷借，实较优于银行贷借。所以，即令新银行的计划成功，结果也不能增加国内资本的毫末，那不过使大部分资本，不再投在谨慎有利的事业上去，而改投到不谨慎无利益的事业上去罢了。

有名的洛君，以为苏格兰产业不振的原因，就是营业货币的缺少。他提议设立一个特别银行，使银行所发纸币等于全国土地的总价值。他觉得，这才是救济货币缺少的办法。在他初倡此议的时候，苏格兰议会亦觉得不宜采纳。后来奥林斯公[①]摄法兰西政事，却就他的原议，略加改正，竟然采行了。可任意增加纸币数额的观念，即是所谓密西西比计划的实在根据。这个计划宏大无比，它所拟立的银行业，合股公司业，在世界上，真是空前。杜浮纳批评杜笃氏商业上财政上的政治观察，曾详细说明这个计划的内容，这里不赘了。这计划所根据的原理，在洛氏所著关于货

① 奥林斯公爵：the Duke of Orleans，今译奥尔良大公。——编者注

币与贸易的论文（那在他初倡议时，就在苏格兰公表了）中，亦有说明。这个宏壮而空幻的理论，至今犹在许多人脑中，留有甚深刻的印象。今日苏格兰及其他各处银行作用的毫无节制，恐怕亦多少受了这个理论的影响。

英伦银行，在欧洲是最大的，是一六九四年七月二十七日，由国会议决，以玺书册立的。当时它借给政府的数目，共计一百二十万镑，每年可向政府支取十万镑，其中，九万六千镑作为利息（年利百分之八），四千镑作为手续费。新政府革命初创，信用尚轻，所以有这样高的利息。

一六九七年，银行资本增加了一百万一千一百七十一镑十先令，全资本有二百二十万一千一百七十一镑十先令了。银行信用，亦益见稳固。所以，一六九六年，国库合同契，尚须四折、五折或六折，银行券却仅须二折。但后来，因银币大加改铸，银行改变方针，停止兑现，银行信用遂一落千丈。

安皇后第七年第七号法令，规定银行须以四十万镑贷付国库，加上原贷的一百二十万镑，合计已为一百六十万镑。一七〇八年，政府信用已等于私人，政府贷借利息率遂亦减为百分之六，和当时市场上的普通利息率没有两样了。但就按照这个法令，银行又须购买利息六分的财政部证券，连一百七十七万五千零二十七镑十七先令十又二分之一便士。银行资本，亦允倍加。所以，在一七〇八年，银行资本，就等于四百四十万二千三百四十三镑；贷给政府的总额，就等于三百三十七万五千零二十七镑十七先令十又二分之一便士了。

一七〇九年，按照百分之十五的比例集股，集得了六十五万六千二百零四镑一先令九便士。一七一〇年，又按照百分之十的比例集股，集得了五十万一千四百四十八镑十二先令十一便士。两次集股的结局，银行资本等于五百五十五万九千九百九十五镑十四先令八便士了。

乔治一世第三年，依第八号法令，银行又购买了财政部证券二百万镑。就这时计算，银行贷给政府的金额，已有五百三十七万五千零二十十七镑十七先令十便士。乔治一世第八年，再依第二十一号法令，银行又购买南海公司股票四百万镑，因要购买这项股票，银行不得不增募资本三百四十万镑。这时总算下来，银行贷给政府的金额为九百三十七万五千零二十七镑十七先令十又二分之一便士，其资本总额却为八百九十五万九千九百九十五镑十四先令八便士。两方对较，贷出的金额，已较多于母本；贷出金额所收入的利息，已不须全数分配于股东了。银行已有不分红利的资本了。这情况一直继续至于现今。一七四六年，银行陆续贷给政府的金额，已达一千一百六十八万六千八百镑，银行陆续募集的分利资本，亦达一千零七十八万镑。自此以往，直至今日，都没有改变。乔治三世第四年，依第二十五号法令，更定银行册书，银行方面虽缴纳了十一万镑，但无须付息，亦无须偿还，所以，不会增加银行贷出额，亦不会增加银行资本额。

银行红利，时有高下。那须随国债利息高下及其他事件而发生变动。国债利息率，已渐由百分之八减至百分之三了。过去几年间，银行红利，常为百分之五点五。

英政府安定，英伦银行亦随之安定。这银行的债权人，已经有了政府保障。贷给政府的金额不丧失，银行债权人亦不致有所损失。英格兰不能有第二个银行，由国会议决册立，而股东在六员以上。所以伦敦银行，已非普通银行可比，它是国家一个大机关了。国债年利的大部分，是由它出入聚散；财政部证券，是由它流通；土地税、麦芽税的预征收额，是由它垫付。在这情况下，即使主事者明察，亦不能防阻纸币流通额的过剩。它亦折扣商人期票。有时，不仅英格兰，就连汉堡荷兰的巨商，亦求它贷借。据说，一七六三年，有一次，英伦银行，在一星期内，贷出了将近一百六十万镑，还大部分是金块。事实是否如此，期间是否如此短促，额数是否如此巨大，我不敢妄断。但英伦银行，却真有时迫不得已，竟以六便士的银币来应付各种大借款。

慎重的银行活动，可增进一国产业。但增进产业的方法，不是增加一国资本，却不过使本无所用的资本有用，本不生利的资本生利。商人不得不储存以应急需的滞财，全然是死的资财，无所利于商人自己，亦无所利于他的国家。慎重的银行活动，却可使这种死资财变成活资财，换言之，变成工作所需的材料工具食品，既有利于己，亦有利于国。在国内流通的金币银币，固然是国内土地劳动生产物年年流通年年配分于真正消费者的手段，但它尚保在商人手上，依然是现钱的时候，亦就依然是死的资财。这种死资财，在一国资本中，虽是极有价值的一部分，但不能为国家生产任何物。慎重的银行活动，以纸币代替大部分的这项金银，当然可以使这个国家，把大部分的这项死资财，变做生产的有利于国的活资财。流通国内的金币银币，宜与通商运货的通衢大道相比。通衢大道，不能生产稻麦，但运稻麦，却须有大道可通。慎重的银行活动，以纸币代金银，比喻得过火一点，简直有些像驾空为轨，使昔日的通衢大道，多化为栽种牧畜的田地，从而，大大增加土地劳动的年产物。但是，我们又必须承认，有了这种设施，国内工商业，固然略有增进，但与单用金银而脚踏实地的时候比较，用这样的纸币飞在空中，却是比较危险的。管理纸币若不甚熟练，不用说了，即令熟练慎重，恐仍难免会发生无法制止的灾祸。

比方，战争失败，敌军占领首都，维持纸币信用的库藏，亦坠敌手，国内纸币就会成为废纸。处在这情况下，国内流通界全用纸币的场合，比较大部分使用金银的场合，当然会更困难得多。平常的通商手段，全无价值，所以除了物物交换，除了赊欠，就不能更有交换。一切赋税，既常由纸币付纳，所以，君主亦无法支付军饷，充实武库。处在这境况下，全用纸币的国家，与不全用纸币的国家比较，会更难恢复原状罢。因之，有国之君，如果想领地易保，想地失而易复，就不仅要防止那种破坏银行的纸币过剩现象，还要设法使银行所发纸币，不在国内流通界占得较大的部分。

国内流通界，总可分作二途：（一）商人彼此间的流通；（二）商人与消费者间的流通。一片货币（无论纸币现金），固然不是固定要用在那一途，但这两途是同时不绝进行的，所以，各需一定量的货币来经营。商人彼此间流通的货物价值，决不能超过商人和消费者间流通的货币价值。商人所买的一切，终须卖归消费者。但商人彼此间的交易，往往是批发，所以每次总须有巨量货币。商人和消费者间的交易，往往是零售，所以每次有小量货币（如一先令半便士）已足。小币流通，遥速于大币。一先令较速于一几尼，半便士又较速于一先令。以年计算，消费者所购买的价值，虽应等于商人所购买的价值，但消费者每年购买所需的货币量，却比较更小得多。同是货币，但以其流愈速，其用亦愈大，即可以进行更多次数的购买。

统制纸币，或使其仅通于商人彼此间，或推广之，使商人与消费者间的交易，亦有大部分使用纸币。伦敦钞票，每张值五镑以上，那就是统制纸币，使其仅通于商人彼此间。消费者手中，若持有五镑钞票，那他在第一次购买的时候，即令所购仅值五先令，亦须出钞折换。所以在消费者把这张钞票用完以前，钞票早已回到商人手上了。苏格兰诸银行所发的钞票，却有小至二十先令的，那就是推广纸币，使商人与消费者间的交易，亦有大部分使用纸币。在国会议决禁止通用十先令和五先令钞票以前，消费者购物，常用小额纸币。北美洲则尤甚。那里发出的纸币，竟有小至一先令的，结果，消费者购物，几乎都用钞票。至于约克夏，有些纸币，仅值六便士，结果如何，更不用讲了。

准许这样小额的纸币通常发行，无异奖励平常人去开银行。平常人发出去的五镑一镑的信用券，大家会拒绝不用；他发出去的六便士的信用券，大家却不会拒绝。乞丐般的银行家，当然很容易破产，结果，对于一般接受他们钞票的可怜人，也极不方便，甚而极有妨害。

要免此弊，银行发券，宜限五镑为最低额。像今日伦敦一样，英王国各地银行所发的钞票，应限制流通于商人彼此间。在伦敦，钞票不得在十镑以下。五镑所能购得之货物，虽仅等于十镑之半，但在英王国其他各地，五镑已像似豪华伦敦的十镑，不是一次花得掉的。

纸币发行，如果仿效伦敦，限制通行于商人彼此间，市面上的金银，便可常不匮乏。纸币发行，如果仿效苏格兰或北美洲的办法，使通用于商人消费者间交易之大部分，市面上的金银就会全被驱逐。国内商业，会全由纸币流通。苏格兰禁发十先令五先令的钞票，曾稍救济市面上金银缺乏的困难；若再禁发二十先令的钞票，当更有救济的功效吧。听说，美洲自从禁废若干纸币以来，金银已更丰饶了。但在纸币未曾发行以前，听说美洲的金银远更丰夥。

银行发行纸币，宁可限制通行于商人彼此间。似此，国内流通，虽非全由纸币，但对于国内工商业，银行家的帮助，却是几乎一样。因为商人为应付不时急需而须储存的滞财，本来就只流通于商人彼此间。在商人与消费者的交易上，商人没有储存滞财之必要。在这种交易上，商人只有钱进，没有钱出。所以，银行钞票虽限制行于商人彼此间，但若银行能折扣真实期票，再用现金结算法贷借，银行就已经大大救济了商人，使他们大部分不必储有那么多的现金不用，专门用来对付不时之需。银行家依然有力，对各种商人提供他所宜提供的大贡献。

或谓，银行信用券无论微巨，只要私人愿受，就应在许可之列。政府从而禁止其领受，取缔其发行，实在是侵犯天然的自由，不是法律应有的。因为法律不应妨害天然的自由，只应扶助。从某观点说，这限制诚然是侵犯天然的自由。但于少数人为天然的自由，而于全体社会则为安全的危害，却要受而且应受法律制裁的。这样绝对的自由无异于极端的专制。法律强迫人民建筑隔墙，乃为预防火灾蔓延起见。我们这里提议法律限制银行活动，用意亦正类此。

由银行券构成的纸币，若由信用确实的人发行，无条件的，只要拿来，随时都能兑现，那就无论从哪方面说，它的价值都等于金币银币，因为它随时可以换得金银。所以，就物价贵贱那一层说，用纸币买卖，必无异于用金银买卖。有人说，纸币增加，因将增加通币总量，从而低减通币价值，所以，不免会提高商品的货币价格。这话不见可靠。因为有多少纸币加进来，就有多少金银会改作他用，所以，通币的总量不一定会增加。一世纪来，苏格兰食品价格，以一七五九年为最廉。但那时，因有十先令、五先令的银行券发行，纸币之多，实非今日可比。再者，现在苏格兰银行业的增加，总算可以了，但现在苏格兰食品价格和英格兰食品价格的比例，却和先前没有两样。英格兰的纸币，可算多了，法兰西的纸币，可算少了，但两国谷物价格的贵贱，却多是相等。

休谟君出版《政治论集》的一七五一年至一七五二年间，适在苏格兰增发纸币之后，食品价格，极显明的涨了起来，但其原因，与其说是纸币增加，也毋宁说是天时不适。

如果构成纸币的信用券，是否能够立即兑现，还须取决于发行人之有无善意；或者，兑现的条件，非执券人常可履行，甚或期限悠久，不计利息，那情形就不同了。这样的纸币，当然要按照立即兑现之困难的大小，不确性的大小，或者按照兑现期间的远近，而多少跌在金银价值之下。

数年前，苏格兰诸银行，每于所发钞票，别加标识。依此标识，凡持券求兑者，或见票即支，或见票六月后始支，但添付六个月的法定利息。有时，有些银行的理事先生，就利用这个标识，或威胁持大批钞券求兑者，使不敢十分要求，若能有一部兑现，亦就不得不自己满足。因之，愈发愈滥，直到后来，苏格兰金融界几乎大部分是银行的信用券，能否兑现，大是疑问，其价值当然会低落在金银之下。在这期间（尤其是一七六二年、一七六三年、一七六四年），卡里虚[①]对伦敦行平价汇兑，登福里斯[②]（距卡里虚不及三十英里）对伦敦的汇兑，却常须贴水百分之四。这很明显的，是因为卡里虚以金银兑付汇票，登福里斯则以苏格兰银行钞票兑付汇票。这钞票要兑换现金，既然不一定有把握，所以比较铸币，价值就跌了百分之四。后来，国会禁止发行五先令十先令钞票的命令，又规定钞票不得附加标识，因之，英格兰对苏格兰的汇兑，才再恢复自然的标准，而顺应于贸易情状和汇兑情况。

约克夏纸币，竟有小至六便士的，但持券人规定要存票至一几尼，始可要求兑现。这个条件，在持券人方面，颇难办到，故其价值亦低在金银价值之下。后来，国会议决，废止这种规定，认为不合法，并且像苏格兰一样，禁止发行二十先令以下的信用券。

北美洲纸币，非由银行发行，亦不能随时兑现。那是由政府

---

① 卡里虚：Carlisle，今译卡莱尔，英国西北部城市。——编者注

② 登福里斯：Dumfries，今译邓弗里斯，英国城市。——编者注

发行的，非轻数年，不能兑现。殖民地政府虽不付持券人以任何利息，但曾宣告纸币为法货，须按额面价值流通。但是，即令殖民地政府坚固不倾，十五年后支付的一百镑，和行利六分的现金四十镑比较，所值也差不了多少。立时支付的一百镑，决不等于十五年后支付的一百镑。所以，强迫债权人收纳纸币，未免太不公平吧，那在他国惯以自由标识的政府，大概未曾试行过。这显然像笃格拉斯[①]博士所说，是债务人欺骗债权人的诈术。一七七二年，本雪文尼亚[②]政府，第一次发行纸币，佯言纸币价值与金银等，严禁歧视或低价使用纸币等情事。这个法令，言专横，则与其本意所要支持的现象无异；言无效，则又过之。规定一先令，按法可以偿清一几尼的债务，不是法律不可办到，因为法庭可以按法律解除债务人的义务。不过，售货与否，卖者各有自由。强卖者视一先令为一几尼，却是法律所办不到的。所以，英国对这一些殖民地的汇兑，有时一百镑，可以等于一百三十镑，对别一些殖民地，一百镑却简直可以等于一千一百镑。虽有法令，亦无可奈何。但试一研究其中原因，就知道价值悬殊，乃是因为各殖民地发出去的纸币额，极不相等。而且，纸币兑现期间，既长短不一，是否确有把握，亦不能一律。

这样看，国会议决殖民地以后发行的纸币，皆不得为法货，就很适当了。为什么，殖民地都不赞成这个议决案呢？

与我国其他殖民地比较，本雪文尼亚发行纸币，又似乎比较持重。那里的纸币，据说，自来没有低在未发纸币以前的金银价值以下。但在纸币第一次发行以前，本雪文尼亚已提高殖民地铸币的单位名称，且由议会通令，英国五先令的铸币，在殖民地境内流通，可以当作六先令三便士，后来提至六先令八便士。所

---

① 笃格拉斯：Douglas，今译道格拉斯。——编者注

② 本雪文尼亚：Pennsylvania，今译宾夕法尼亚。——编者注

以，殖民地铸币一镑，和英国铸币一镑比较，价值已较低百分之三十以上。因之，转铸币为钞票，遂不再折扣。已经跌了百分之三十，无可再跌了。主其事者，以为这样提高单位名称，使等量金银在殖民地当作更大的数目用，即可防止金银输出。却不知道殖民地铸币的单位名称提高了，由母国运来的货物价格，亦必按比例提高，金银输出，还是一样迅速。

殖民地纸币，若许人民用以完纳本州各种赋税，不折价，那么，即令兑现期间真的甚长，或被认为甚长，其价值亦定可多少增加一些。不过，这种附加价值，当视本州发行的纸币额怎样超过本州付纳赋税所能使用的纸币额，而有多少不等。据我们考察所得，各州纸币额，都超过本州付纳赋税所能使用的纸币额甚大。

一国君主，如果规定赋税，有一定比例必须用纸币付纳，那么，即令纸币兑现期间，定于国王意志，亦定能多少提高纸币价格。发行纸币的银行，若揣度纳税所需，使所发纸币额，常常不够应付纳税人的需求，那纸币价值，即将高在金银货币之上。但有些人就根据这点，说明亚美斯特登[①]银行亚骄（agio 意谓银行纸币，优于通用货币）的理由。他们说，大部分外国汇票，须由银行转付，换言之，大部分外国汇票须由银行纸币兑付；慎重的银行理事先生，却故意使银行纸币额，常常不够应付这用途的需要。他们说，这是亚美斯特登银行纸币常须亚骄百分之四，甚至百分之五的理由。但后来的事实证明了，这种说明是很不确实的。

纸币价值，虽可落在金银纸币价值之下，但金银价值，不能因纸币价值下落而下落。金银所能换得的他种货品量，不能因而减少。金银价值对其他货物价值的比例，无论在什么场合，都不取决于国内通用纸币的性质与数量，那只取决于当时矿产，究可

---

① 亚美斯特登：Amsterdam，今译阿姆斯特丹。——编者注

在如何程度上（富厚呢还是贫瘠呢），以金银供给商业世界上的大市场。换言之，那只取决于一定量金银上市所必要的劳动量对一定量他种货物上市所必要的劳动量，究成什么比例。

银行发行钞票，若有限制且可随时兑现，即可不致妨碍社会安全，他的营业，亦就可任其自由。英苏二地，近年来，银行林立，为众人所惊。但其设立，不仅无害于社会；社会安全，反从而增进了。银行林立，竞争者多，乃使各自营业，非慎重不可，所发纸币，亦非对于现金额数，按照适当比例不可。因此，银行事业，乃不致越出常轨。银行纸币，又因此限在较狭范围内流通；银行纸币额，遂因此减少。全国流通界既然分成了更多得多的区域，所以，一个银行的失败（这是必有的事），对于公众，影响是比较小的。同时，这种自由竞争，又使银行对于顾客的营业条件，必须更为宽大，否则将为同业所排挤。总之，一种事业若果于社会有益，就应当任其自由，广其竞争。竞争愈自由，愈普遍，那事业亦就愈有利于社会。

第三章　论资本蓄积，并论生产的和不生产的劳动

有一种劳动，加在物上，能增加物的价值；别一种劳动，却不能够。前者因可生产价值，可称为生产的；后者可称为不生产的[①]。制造业工人的劳动，通常，会把自身生活所需和雇主利润上应有的价值，加在制造的原料价值上。反之，家仆的劳动，却不能增加什么价值。制造业工人的工资，虽由雇主垫付，但事实上，雇主是毫无所费。劳动投在物上，物的价值必增加。这样增加的价值，通常，可以补还工资的价值，兼供利润。家仆的维持费，却是不能复还的。雇用许多工人，是致富的方法，维持许多家仆，是致贫的途径。但奴仆的劳动，亦有它本身的价值，那应得报酬如制造业工人。不过，制造业工人的劳动，可以固着并且实现在特殊的可卖商品上，可以持生一些时候，不会随生随灭。那似乎是，把一部分劳动贮存起来，在必要时，再提出来用。那物品，或者说，那物品的价格，在必要时，日后尚可用以雇用劳动。其量，至少也可等于原为生产这物品而投下的劳动量。反之，家仆的劳动，却不固着，亦不实现在特殊物品，或可卖商品之上。家仆的劳动，随起随灭，要把价值保存起来，供日后雇用等量劳动之用，是万难的。

① 法兰西有些博学多能的作家，在另一意义上，使用这个字。第四篇最末一章，我将要指示他们的错误。

社会上等阶级人士的劳动，和家仆的劳动，一样不能生产价值，那既不能固着而且实现在固定物或可卖品上，亦不能保藏起来，备日后雇用等量劳动之用。上自王公，下至官吏兵役，都是不生产的工人。他们是公仆，其生计由他人勤劳年产物的一部分而维持。他们的职务，无论是怎样高贵，怎样有用，怎样必要，但终究是随生随灭不能保留起来的，供日后获得同量职务之用。他们治理社会，捍卫国家，功劳当然不小，但今年的治平，买不到明年的治平；今年的安全，买不到明年的安全。在这一类中，当然包含着各种职业，有些是很尊贵很重要的，有些却可说是最下流。前者如牧师、律师、医师、文人；后者如伶人、歌妓、舞女。在这一类劳动中，最下流的，亦有若干价值，支配这种劳动价值的原则，就是支配一般劳动价值的原则。但这一类劳动中，就连最尊贵的，亦不能生产什么东西，供日后购买等量劳动之用。像伶人的对白、雄辩家的演说、音乐家的韵律一样，他们这一般人的工作，都是随生随灭。

生产劳动者、不生产劳动者、不劳动者，同样仰食于土地劳动的年产物。这生产物的量虽甚大，但决不能无穷，它是有限的。用以维持不生产工人的部分愈大，用以维持生产工人的部分，必按比例愈小，从而，次年生产物，亦必按比例愈小；用以维持不生产工人的部分愈小，用以维持生产工人的部分，必按比例愈大，从而,次年生产物,亦必按比例愈大。除了土地上天然生产的物品，一切年产物，都是生产的劳动之结果。

固然，无论在哪一国，土地劳动年产物，到底都不过供国内居民消费，给国内居民以收入，但其收获，无论出自土地，或出自生产劳动者之手，都是一出来就自然会分成两个部分。一部分（往往是最大的一部分）是用来换还资本，补充从资本取出了的食料、材料和熟货；别一部分，则以利润形式作为资本所有者的收入，或以地租形式作为地主的收入。就土地生产物说，一部分是用来换还农业家的资本，别一部分，就用来支付利润，作为资本所有者的收入，或支付地租，作为地主的收入。就大制造厂的生产物说，一部分（往往是最大的一部分）换还营业家的资本，别一部分则支付利润，作为资本所有者的收入。

用来换还资本那一部分年产物，只能直接雇用生产劳动者，那只能支付生产的劳动之工资。别一部分，既然作为利润或地租的收入，所以，用来维持生产劳动者，固然可以，但要用来维持不生产的，亦未尝不可。

把资财一部分当作资本而投下的人，莫不望资本偿还，兼取利润。他投资，只雇用生产劳动者。对于所有者有资本作用的资财，对于生产的工人，始能充为收入。用来维持不生产工人的资财，不是资本，只能算作目前享乐的支费。

不生产劳动者、不劳动者，都须仰给于收入。这里所谓收入，可分为两项：一、在年产物中，原有一部分，须在地租或资本利润上，归作这类人的收入；二、在年产物中，又有一部分，原想用来换还资本，只雇用生产工人，但一经归到这类人手上，他们除去维持生产工人所必要的部分，就会把剩余部分，不问究竟，拿出来用了就算了，所维持的是生产工人，抑是不生产工人，就不一定。大地主，富商，不用说了。就连普通工人，在工资丰厚的场合，雇个把家仆，看回把戏，亦算不了回事。这样，他就拿了一部分收入，来维持不生产的工人了。并且，他纳一些税，亦不是不可能的。这时，他所维持的工人，虽然尊贵得多，但不生产，却是一样的。不过，按照常情，原想用来换还资本，只雇用生产工人的那部分年产物，大概，在尚未充分雇用生产工人以前，决不致移作不生产工人的维持费。工人非事先做工获得工资，那他要用一部分工资来维持不生产的工人，是绝不可能的。并且，那部分工资，往往不多。这是他节省下来的收入，就生产工人的情况说，无论怎样，也节省不了许多。但他们总有一些。就赋税一层说，因为他们这一阶级的人数，是很多很多的，所以，他们个个所纳，虽甚有限，他们这一些阶级所纳，却也可观。无论如何，不生产者生活所赖的主要资源，总归是地租和利润。这二种收入，最容易节省。他们可以用来雇用生产者，亦同样可以用来雇用不生产者，但大体上，似乎特别喜欢用在后一方面。大领主比较更喜欢供养游惰阶级，而不大愿意供养勤劳阶级。富商的资本，虽只用来雇用勤劳阶级，但他随在大领主后面，他的收入，却大都用来豢养不生产的游民。

我们讲过，从土地，从生产劳动者手里生出来的年产物，一出来，就有一部分被派定作换还资本的基金，还有一部分作为地租或利润的收入。我们现在又知道，随便在哪一国，生产者对不生产者的比例，即取决于这两个部分的比例。并且，这比例，在贫国，又极不相同于富国。

今日欧洲各富国，固然往往以土地生产物的极大部分，用来换还独立富农的资本，而以其余支付利润与地租。但在昔日，封建政府繁立，年产物的极小部分，已经足够换还耕作的资本。因为那时候耕作所须的资本，不过是几头老牛马，他们的食物，就是荒地上的天然草。荒地在那时，又大都属于地主，而由地主借给土地耕作者。所以地内所出，有余，几乎悉归地主，那可说是荒地的地租，亦可说是这个无价资本的利润。耕者大都是地主的奴仆，他们的身家财产，都同样是地主的财产。即令不是奴隶，是无自由佃人，他所付纳的地租，亦每每少在免役租以上，但事实上，他所纳的，依然等于全土地生产物。并且，在和平的时候，雇主可随时征取他们的劳役；在战争的时候，他们又须出去征战。所以，家奴固然是领主的隶属，住得远些的他们，一样是领主的隶属。他们的劳役既然都须听他支配，土地生产物，不用说，是全部属于他的。但现在，欧洲却大不同了。在全土地生产物中，地主所占比例不常在三分之一、四分之一以上了。但以量计，改良国土地的地租，却大都已三倍四倍于往日；现今在年生产物中取出三分之一或四分之一来，和往日年产物的全部比较，亦似乎已经三倍四倍了。当此农功日进时代，就数量说，地租虽是日增，对土地生产物比例而言，却是日减。

今日欧洲各富国的资本，大部分投在商业和制造业上。古代贸易稀疏，制造业简陋，所需资本极少，但所供利润，却是很大。古时利息率，罕有在百分之十以下的。这可证明他们的利润，至少也足够提供这么大的利息。现在呢，欧洲各进步国的利息率，已罕在百分之六以上；最进步国的利息率，且有时低至百分之四、百分之三、百分之二。固然，因为富国的资本，比较贫国更多得多，所以，富国居民由资本利润而得的收入，比较贫国，亦是更大得多。但若与资本比例来说，那就通常是更少得多。

与贫国比较，富国用来换还资本的土地劳动年产物的部分，当然要更大得多，但不仅此，与直接归作地租利润的部分比较，它在年产物中所占比例，亦必更大得多。与贫国比较，富国雇用生产劳动的基金，当然要更大得多。但亦不仅此。我们讲过，一国年产物，除了一部分定作雇用生产劳动的基金，其余是用来雇用生产劳动，抑是用来雇用不生产劳动，虽不一定，但常惯是用在后一用途。现今，我们又知道了，与这一部分年产物比较而言，富国雇用生产劳动的基金，在年产物中所占比例，也是更大得多。

这两个基金的比例，在任何国家，都必然会决定一国人民的性格是勤劳抑是游惰。和我们祖宗比较，我们更勤劳；和二三百年前比较，我们用来维持勤劳的基金，与维持游惰的基金比例而言，已经更大得多。我们祖宗，因为没有教他们勤劳的充分奖励，所以游惰了。俗话说：“劳而无功，不如戏而无益。”工商业都市的下等居民，大都仰给于资本的雇用，他们大都是勤劳的、真挚的、兴旺的。英吉利、荷兰的大都市，便是很好的例子。建都的地方，王侯贵族集居，下等人民的生计，大都仰给于收入的支出；他们大都是游惰的、堕落的、贫穷的。罗马、华赛尔[①]、康本尼[②]、方屯布洛，是很好的例子。讲到法兰西，除了鲁昂、波都二市，其他各议会都市的工商业，毫不足道。一般下等人民，大都吃衙门饭，吃诉讼饭，所以，大都是游惰的、贫穷的。鲁昂、波都二市，则因地势关系，商业颇为发达。鲁昂为巴黎门户。举凡巴黎所需物品，由外国或沿海各省输入的，都须经过卢昂。波都则为葡萄酒出口的门户。街罗流域所产的葡萄酒，世界闻名，外国人都喜欢吃，所以输出特多。这样好的地势，当然会吸引资本，投到这方面来。因为这样，这两个都市的工业，才骎骎日上。其他各议会都市的情形，便不同了。他们投下资本，都只为了要维持本市的消费，换言之，投下的资本，实甚有限，决不能超出本市所能使用的限度。巴黎、玛德黎、维也纳的情形，都是如此。在这三城中，巴黎要算最勤劳的了，但巴黎就是巴黎本市制造品的主要销售场；巴黎本城的消费，就是一切营业的主要对象。既为王公驻节之所，又不妨为工商辐辏之地，既为本市消费而营业，又不妨为外市及外国消费而营业的都市，在欧洲，要算伦敦、里斯本、哥本哈根了。这三个城市所处的地位，都很便利，有一大部分远方消费的物品，都把它们当作一个出户。但我们知道，在王公所在的收入消用场，下等人民并不渴望资本的投下。那不比工商大市，人民生计，单靠投资家的雇用。所以，不仅仅为了供给本市消费而投资于王公所在地，也许比较难于有利。那里，人民游惰惯了，他

---

① 华塞尔：Versailles，今译凡尔赛。——编者注

② 康本尼：compiegne，今译贡比涅，法国城市。——编者注

们不愁没有饭吃，王公的给养，使一般人民腐化，就连一班应该勤勉作事的人，亦不免同化。投资如是，当然更少利益。英苏未合并前，爱丁堡工商业很不发达。后来，苏格兰议会迁移了，王公贵族不一定要住在那里了，那里的工商业才慢慢振兴起来。但苏格兰的大理院、关税部等机关，不会迁移，所以仍有不少收入是在那里消用。就工商业讲，爱丁堡实远不及格拉斯哥。格拉斯哥居民的生计，大都靠资本的雇用。再者，我们有时看到，制造业大进步的乡村居民，每因公侯贵族起宅卜居其间，而日趋于游惰贫困。

无论在什么地方，资本与收入的比例，都支配勤劳与游惰的比例。资本占优势的地方，多勤劳；收入占优势的地方，多游惰。资本的增减，自然会增减真实的勤劳量，增减生产的工人数，因而，增减一国土地劳动年产物的交换价值，增减一国人民的真实财富与收入。

资本增加，由于节俭；资本减少，由于奢侈与妄为。节省了多少收入，就增加了多少资本。这个追加的资本，他可以亲自投下来雇用追加的生产工人，亦可以借给别人投下，而分其利润，得利息为酬。个人的资本，既然只能由节省每年收入或每年利得而增加，由个人构成的社会的资本，亦只能由这个方法增加。

资本增加的直接原因，是节俭，不是勤劳。那当然，未有节俭以前，须先有勤劳。节俭所积蓄之物，均由勤劳而得。但是若只有勤劳，无节俭，有所得而无所贮，资本决不能加大。节俭，可以增加维持生产劳动者的基金，从而，增加生产劳动者的人数。他们的劳动，既然可以增加工作对象的价值，所以，节俭，又有增加一国土地劳动年产物交换价值的趋势。节俭，可以推动较大量的勤劳；较大量的勤劳，可以增加年产物的价值。

每年节省的东西，像每年消用的东西一样，照例是要被消费的，而且，几乎是同时被人消费。但消费者不同。富家每年消用的收入部分，大都由游惰的客人和家用的婢仆消费，那是消费完了就算了，一无报酬。至若，因要图利而直接转为资本的每年节省下来的部分，当然会同时被人消费，但消费的人，是劳动者、制造者、手工匠。他们可以再生产他们每年消费的价值，并供利润。现在，假定他的收入都是货币吧。如果他把全部花掉，他由全部收入购得的食品衣服住所，就是分配给前一种人。如果节省一部分，为图利而直接转作资本，亲自投下，或借给别人投下，那，他由这节省部分购得的食品衣料住所，就将分配给后一种人。消费是一样的，消费者不同。

节俭之家，以每年所省，固可在今年明年供养追加的生产工人，然不仅此。好像建立工厂一样，那是一种永续的基金，将来随便什么时候，都可依照原样，用来雇用追加的生产工人。这种基金之永续的划定，虽无法律保证，更无盟约强制，不过，所有者个人的利害关系，是很明白很显著的。这是一个强有力的原理。谁都不能违抗。如果你侵蚀了这个基金，你就非吃亏不可。一经这样划定的基金，永远都要这样用。他们用来维持生产劳动者的基金，永远会用来维持生产劳动者。

在奢侈之家，侵蚀资本的事情是常有的。他的用度不限于他的收入，结果，当然是蚕食资本。从正当用途移收入到不正当用途的他，往往不顾恤父兄节省下来打算作点事业的钱，豢养着许多游手好闲的人。工资是付的，事业却没有做。雇用生产劳动的基金减少了，所雇用的能增加物品价值的劳动量亦减少了，结果，全国的土地劳动年生产物价值减少了，全国居民的真实财富和收入，亦减少了。奢侈者，夺勤劳者的面包来豢养游惰者。如果别一部分人的节俭，不足抵偿这一部分人的奢侈，奢侈者所为，不但要陷他自身于贫穷，且将陷全国于匮乏。

奢侈之家，纵令所费全系国产商品，不用一点外国货，结果亦将同样影响社会的生产基金。每年总有一定量的食品衣服，本应该用来维持生产工人的，将移用来维持不生产者。一国生产物的价值，总不免年有减损。这种浪费，诚然不是用来购买外国货，金银是确实不会往外输出，国内货币是确实不会减少，但是，假若这一定量的食品衣服，不被不生产者消费，反过来，分配给生产的工人，他们就不仅可以再生产他们消费的全部价值，而且可以兼供利润了。这同量的货币依然留在国内，却又再生产了一个等价值的消费物品。不止一个价值，是两个价值。

而且，年生产物价值日趋减落的国家，决不能保留这同量的货币。货币的唯一功用，是周转消费品。赖有货币，食料、材料与熟货，才可实行买卖，而配分给真正的消费人。一国每年所能通用的货币量，受决定于每年在国内流通的消费品价值。每年在国内流通的消费品，不是本国土地的直接劳动生产物，就是用本国生产物购买进来的物品。国内生产物的价值减少了，每年在国内流通的消费品价值亦必减少，因而，国内每年所能通用的货币量，亦必减少。因生产物年年减少而被逐在国内流通界以外的货币，决不能弃无所用。货币所有者的利害关系，决不愿自己的货币歇闲。国内没有用途，它就会不顾法律，不顾禁止，送往外国，用来购买国内有用的各种消费物品。货币每年的输出，使国内人民每年的消费额，超过他们本国年产物的价值。繁荣时代积下来的一点东西或可拿出来购买金银，而在这逆境中支持他们一些时候。但在这场合，金银输出，不是民生凋敝的原因，只是民生凋敝的结果。实际说来，这种输出，还暂时减煞了民生凋敝的痛苦咧！

反过来说，一国年产物的价值增加了，货币量亦自然会增加。每年在国内流通的消费品价值追加了，当然需要追加货币量来流通。有一部分追加生产物，当然会四散出去，在有金银的地方，购买必要追加量的金银。但在这场合，金银增加，只是社会繁荣的结果，不是原因。购买金银的条件，是到处一样的。在英格兰购买金银，出价同于在秘鲁购买金银。从矿山掘出，再搬到市上来，总需要一定量的劳动或资本。为这事业而劳动而投资的人，总需要衣食住的供给与收入。这一定量的供给和收入，就是购买金银的价格。需要金银的国家，只要出得起这个价格，用不着担心所需的金银会长此缺乏。反过来说，不被需要的金银，亦不能长此抑留于国境之内。

所以，无论我们根据明白合理的说法，说构成一国真实财富与收入的，是一国劳动土地的年产物价值，抑是依随通俗偏见的说法，说构成一国真实财富与收入的，是国内流通的贵金属量。总之，无论就哪一个观点说，奢侈都是公众的敌人，节俭都是社会的恩人。

再讲妄为。妄为的结果，同于奢侈。农业上、矿业上、渔业上、商业上、制造业上，一切不谨慎的无成功希望的企谋，对于雇用生产劳动的基金，都有减损的趋势。固然，投在这种企谋上的资本，亦只由生产的工人消费，但因为不谨慎，所以，他们消费的价值必不能充分再生产出来；与投资谨慎的场合比较，似不免减少社会上的生产基金。

幸而就大国的情形说，个人的奢侈妄为，不能有多大影响。别一部分人的俭朴慎重，不难赔补这一部分人的奢侈妄为而有余。

讲到奢侈，一个人所以会浪费，当然因为他有现实享乐的欲望。这种欲望的热烈，有时，简直难于抑制，但一般说来，那总是暂时的偶然的。再讲节俭，一个人所以会节俭，当然因为他有改良自身状况的希望。这希望，虽然平淡，但我们从胎里出来，一直到死，不会把它一刻放弃。我们一生到死，对于自身地位，总有一种不满足的感觉，总想进步，总想改良。但是怎样改良呢，一般人都觉得，有增加财产之必要。这手段，最通俗，最明显；但增加财产的最明白的方法，就是在常年的收入或特殊的收入中，节省一部分，贮蓄起来。所以，虽然每个人都不免有时有浪费的欲望，并且，有一种人，是随时都有，但一般平均说来，在我们人类生命的长途中，节俭的心理，不仅常占优势，而且大占优势。

再讲破产。无论哪里，成功事业总占极多数。不慎重、不成功的事业，总占极少数。我们虽然常常看见破产的没有时运的失意者，但在无数的经商营业家中，失败的总是全数中的极小部分。一千个中，没有一个吧。破产的灾祸，对于一个清白的人，实在是极大的极难堪的灾祸。不留意避免它的人，实在不多。当然啦，不知道避免它的人，也并非没有。

地大物博之国，固然不会因私人奢侈妄为而贫穷；政府的奢侈妄为，却有时可致大国于穷困。随便哪个国家公众的收入，都是全部，或几乎全部用来维持不生产者。朝廷上的王公大臣，教会中的牧师神父，就是这一类人，再如海陆军，他们在平时既一无生产，在战时，又不能有所获取，来获偿战时的军费。然而，亦就因为他们一无生产，才不得不仰给于别人劳动的产物。如果是冗员杂设的话，所费当更不少。因之，能在次年有所再生产的生产劳动者，反有难于生活的危险。下一年的再生产，一定不及上一年。如果情形继续糟下去，第三年的再生产，又一定不及第二年。我们只应拿人民的剩余收入，来维持这一类不生产者的生存，现在，在人民收入中，他们消费了这样大的部分，结果，当然是人民的资本受蚕食。维持生产劳动的基金必受损失。这样的蚕食，太厉害了。个人的节俭慎重，决不能补偿这样大的浪费。

然而，就经验所得，在大多数场合，个人的节俭慎重，又似乎不仅可以补偿个人的奢侈妄为，而且可以补偿政府的浪费。像个人的富一样，社会富，国民富，亦赖各个人民有不绝改良自身境况的努力。这不断的努力，可以战胜政府的浪费，可以挽救行政的大错误，使事情日趋改良。譬如，人间虽有疾病，有庸医，但人身上总似有一种莫名其妙的力，可以突破一切难关，恢复原来的健康。

增加国民土地劳动年产物的方法有二：一增加生产工人的数目，一增进受雇工人的生产力。但要增加生产工人的数目，必先增加资本，增加维持生产劳动的基金。要增加同数受雇工人的生产力，又计有增加那便利劳动，缩减劳动的机械工具，或者把它们改良。不然，就是使工作的配分更为适当。但无论怎样，都有追加资本的必要。要改良机械，少不了追加资本；要改良工作的配分，亦少不了追加资本。把工作分成许多部分，比较由一个人兼任各种工作，定须追加不少资本。试比较同一国民的前代和后代。我们如果发觉那里的土地劳动年产物，后代是比前代大多了，其土地耕作状况进步了，制造业增加了，繁盛了，商业推广了，我们就可断言，在这两个时代间，这国的资本，委实增加了不少。那里一部分人民的节俭慎重，足可补偿别一部分人民的妄为和政府的浪费而有余。讲到这里，我应该声明一句，只要国泰民安，即使政府不是节省慎重的，国家情况也可有这种进步。不过，我们要正确判定这种进步，不宜比较两个相离太近的时代。进步是如此逐渐的，时代太近了，不但看不出它的改良，有时，即令国家是一般的改良了，但我们往往因见某种产业的凋零，某一地方的衰落，便怀疑它全国的富与产业都在退步。

比较一百年前查理二世复辟时，现在英格兰土地劳动的年产物，当然是多多了。现在怀疑英国年产物增加的人，固然不多，但五年前，仍有几本小书的发行，说英格兰的国富是在速减，人口是在减少，并且说那里是农业退步，制造业凋零，商业衰落。

这类书籍的作者，不见得全是党派的宣传品，全是骗人的贼种。我晓得，他们里面有许多是极诚实极聪明的作家，他们相信什么，就叙述什么。他们著述，只因为他们相信。

再者，比较二百年前的伊利沙白时代，查理二世复辟时代的英格兰的土地劳动年产物，又多多了。比较三百年前约克与兰克斯特争胜时代，伊利沙白时代英格兰的年产物，又多多了。再推上去，约克与兰克斯特时代，当然较胜于诺曼征服的时代；诺曼征服的时代，当然较胜于萨克森七人政治的时代。萨克森七人政治的时代，英国当然不能说是一个进步的国家，但与鸠里·恺撒侵略时代（这时，英格兰居民的状况，和北美野蛮人相差不远）比较，又算大进步了。

然而，在这各时期中，私人很多浪费，政府亦很多浪费，而且发生了许多次数出费颇多的不必要的战争，原用来维持生产者的年产物，竟有许多移用来维持不生产者。有时，在内讧激烈的时候，浪费的浩繁，资本的破坏，据任何人想来，亦不但会妨碍富的自然蓄积（这是真的），而且，到底会在这时期之末，陷国家于更为贫困的地位。查理二世复辟以来，英国境况是最幸福最富裕的了，但那时又有多少紊乱与不幸事件发生呢？如果我们是生在那时，我们一定会担心英格兰的前途，说她不仅要陷于贫困，怕还会全然破灭吧。你想想看，伦敦大火以后，继以大疫，又加英荷两次战后的革命骚扰，对爱尔兰战后，又有一六八八年、一七〇二年、一七四二年、一七五六年四次大战，再有一七一五年、一七四五年二次叛变。不说别的，单拿这四次英法大战的结果来说，英国欠下来的债务，就在一亿四千五百万镑以上呀！加以前后筹防善后的特殊经费，总共不下二亿镑吧。自革命以来，我国年产物，就常有这样大一个部分，用来维持非常数的不生产者。假令当时没有战争，则当时当作那样用费的资本，其中定然有一大部分，会改变用途，来雇用生产的工人。生产工人既能再生产他消费的全价值，兼提供利润。那我国土地劳动年产物价值每年的增加，就可想见了，而且每一年的增加，又必能更增加下一年的增加。如果当时没有战争，建起来的房屋，一定加多了；改良了的土地，一定推广了；耕作的事业，一定进步了；制造业一定增加了，已有的制造业，又一定推广了；至若国民真实财富与收入，将要怎样增加起来，我们也许难于想象。

政府的浪费，无疑，会阻碍英格兰在财富方面在改良方面的自然进步，但不是停止。与复辟时代比较，现在英格兰土地劳动的年生产物，是增加多了；与革命时代比较，更是增加多了。英格兰每年用以耕作土地，维持农业劳动的资本，确实是大得多了。一方面虽有政府诛求，但别方面，却有无数个人在那里一般的不断的努力改进自己的境况，节省啊，慎重啊，他们是不作声色的，一步一步地，把资本蓄积了起来。这种努力，因为受着法律保障，得在最有利情况下自由发展，英格兰因之，几乎在过去一切时代，都能日趋富裕，日趋改良。并且，将来永远照样进行下去，亦不是没有希望的事情。实在说，英格兰不仅无福消受节俭的政府，就连居民亦没有节俭的特性。因之，英格兰王公大臣，竟有时不自反省，颁布节俭法令，甚而禁止外国奢侈品输入，倡言要监督私人经济。他们不知道，他们自己就常常是社会上最浪费的阶级。他们好好注意自己的用费就行了，人民的用费，可以任凭人民自己去管。如果他们的浪费，不会使国家灭亡，人民的浪费哪里谈得上呢。

节俭可以增加社会资本，奢侈可以减少社会资本。所以，花费等于收入的人，不能蓄积资本，亦不能蚕食资本；不能增加资本，亦不能减少资本。不过，我们应该知道，在各种花费方法中，有些是更可以促进国富增长的。

个人的收入，或用来购买立时享用的物品，即享即用，无补于来日。又或用来购买比较耐久的可以蓄积起来的物品，今日享用了，就可以减轻或支持明日的费用，或增进来日享用的效果。例如，有些富翁简直是室满奴婢，厩满犬马，大吃大用的花；有些宁愿食事俭约，奴婢减少，却修饰庄园，整饬别墅，频兴建筑，广置家具、书籍、图画等等，至若有用无用，却是向不过问；有些却明珰璎珞，灼烁满前；等而下之，还有些，则有如前数年逝世的某大王的宠臣，愿衣裳满箱，锦绣满床。设有甲乙二富郎，财产相等，甲则用其大部分收入，来购买比较耐久的商品，乙则用其大部分收入，来购买即享即用的物品。到后来，甲的境况，就必能日渐改进，今日的费用，尚多少可以增进明日费用的效果。乙的境况，决不会比原先更好。到底，甲必较富于乙。甲所有的货物，虽已价值不如当时所费，但总有多少价值。乙的费用，就连痕迹也留不下来，十年二十年浪费的结果，真是一无余物。

较有益于个人富的消费法，亦较有益于国民富。富家的房屋、家具、衣服，转瞬可一变而于下等人民中等人民有用。在上等阶级玩厌了的时候，中下阶级的人民，可以把它们买来，所以，在富人一般都是这样使用钱财的时候，全体人民的一般生活状况就逐渐改进了。在一个老富的国家，下等人民虽不能自建大厦，但往往占有大厦；虽不能自制上等家具，但往往占有上等家具。色莫尔的邸宅，现今已经成了巴斯道上的客寓；詹姆士第一的婚床(那是皇后从丹麦运来的嫁妆，作为邻国通婚的礼物)，几年前，已经陈列在东浮林[①]的酒店。古城内的大厦，都易了主了，如果你进里面去，还可见到许多可人的适用的老式家具。但是，它们原来的主人哪里去了？谁知道。并且，王宫别墅，书籍图像，以及

① 东浮林：Dunfermline，今译邓弗姆林，英国城市。——编者注

各种珍奇物品，不仅是当地的光荣，并且是全国的装饰。凡尔赛宫是法兰西的名胜；斯托威[①]和威尔登[②]，是英格兰的胜迹。意大利创造名胜古迹的财富，虽然是减落了，创造名胜古迹的大天才（也许因为没有用处），虽然似乎是湮没了，那里的名胜古迹，却仍然是意大利的光荣。

把收入费在比较耐久的物品上，那不仅较便于国之蓄积，且又较易于养成俭朴的风尚。设有人用费过度，便可幡然改计，不致为社会人士所讥评。如果原来是婢仆成群，骤然撤减，如果原来是华筵广设，骤然俭省，如果原来是陈设丰丽，骤然节用；就不免为邻人共见，或竟为邻人窃笑，疑已自觉往昔之行为错误，始肯出此。像这样大花大用的人，若非陷于破产，恐不能有改变习惯的勇气。反之，如果我原爱用钱添置房屋、家具、书籍、图画，以后如果自觉财力不济，我就可以幡然改习，人亦不疑。良以此类物品，既有前设，虽无后继，亦是不必要的。在别人看来，我改变习性的原因，似乎不是财力不济，只是意兴已阑。

何况，费财于可久之物，所养常多；费财于宾客待遇之事，所惠实浅。一夕之宴，所费为二三百斤之食粮，然倾于粪堆者，或近半数，所耗不可谓不大。设以宴会所费，转用泥木之工，改聘机技之士，则所费食粮之价值虽相等，所养之人数必加大。工人们零星所购，必毫无消耗毁弃。至若，一则用以维持生产者，能增加一国土地劳动年产物的交换价值，一则用以维持不生产者，不能增加一国土地劳动年产物的交换价值，又不必我这里讲了。

读者不要以为，费财于耐久之物，即为善行，费财于宾客待遇之事，全为恶行。我知道，以收入待遇宾客，即以收入之大部，分济友伴，费财于耐久之物，利却仅及于一身，非有代价，即不

---

① 斯托威：Stowe，今译斯陀园。——编者注

② 威尔登：Wilton，今译威尔顿。——编者注

许他人分享。我更知道，购珠宝，添衣饰，不仅是一种无足轻重的勾当，而且是一种卑下的自私自利的性向。我不过说，费财于可久之物，因可助长有价商品的蓄积，更可奖励私人的节俭习惯，故较有利于社会资本的增进；因所养为生产者非不生产者，故较有利于国富的增长。

第四章　论借放利息的资财

贷人取息的资财，常常说是出借人的资本。出借人必望借贷期满，资财复归于己；同时，求借人因会使用这种资财，亦须支付年租若干。这种资财，在求借人手内，可用作资本，亦可用作目前消费的支费。如果用作资本，就用来维持生产劳动者，可以再生产价值，并提供利润。在这场合，一切收入的资源都无须割让减损，资本及其利息，却已可支还。如果用作目前消费的支费，他就成了浪费者，他夺去了维持勤劳阶级的基金，来维持游惰阶级。在这场合，非某种收入的资源（如所有权或土地地租）受损，就无法偿还资本，支付利息。

借放利息的资财，虽有时兼用在这两种用途上，但用在前一用途者其常，用在后一用途者其偶。借钱挥霍的人，势难久立，出借者受愚，常致后悔。除了重利盘剥者，我觉得像这样的贷借，于双方都毫无利益。社会上固然难免有这样贷借的事件发生，但因人各自利，所以，说它不能像我们所想象的那样常有，也未始不可。比较谨慎的富人，愿以大部分资财贷给谋利的人呢，抑是浪费的人？如果真把这问题提出，他听了，怕只会发笑。这其实是不成问题的问题。求借人虽然不是世上很有名的节俭家，但在他们之中，节俭终必遥多于奢侈，勤劳终必遥多于游惰。

乡绅借资，通常有财产为抵押，其所借资，常非用于有利的用途。但借资徒供挥霍者，亦只有乡绅。并且，就连乡绅，亦并非全是借钱浪费。有人说，他们用钱，常在借钱之先。他们日常享用的东西，多向商店老板赊欠，为还清账目，他才有支息借钱的必要。乡绅们因为没有足够地租来偿还商店老板的资本，所以向别人借资来偿还。这时他借钱并不是为了要花费，只为了要补偿先前已经花掉的资本。

为钞票，抑为金银，不必讲了，总之，行息贷借之事，大都是货币来往。但求借人所求，出借人所供，实际上，又不是货币，乃是货币所值，换言之，是货币所能购买的货品。如果我所要求的，是即享即用的支费，所贷借的，便是能够即享即用的货品。如果我所要求的是振兴产业的资本，所贷借的，便是劳动者工作所必需的工具、材料与食品。贷借的事情，似乎是出借人把自己一定部分土地劳动年产物的使用权，让与求借人，听他随意使用。

无论为钞票抑为货币，货币总是国内各种贷借的手段。一国能有多少资财，在行放利息的方式下出借，或者像一般人所说，能有多少货币在行放利息的方式下出借，并不受支配于货币的价值，只受支配于特定部分年产物的价值。这特定部分年产物从土地生出或由生产的工人作出后，即被指定了作资本用，同时所有者又无意亲自使用，因而借给别人。因为这种资本的贷与还，均由货币来往，故被称为金融利害关系。这不仅不同于农业利害关系，且不同于亲自投资的工商业利害关系。但我们应该知道，为货币利息而出贷的货币，不过像一张让与的契约一样，把甲无意亲自投下的资本，由甲转让给乙。这样转让的资本量，比较转让所由的货币量，不知要大多少。同一片货币，可以作许多次的购买，亦可以连续作许多次数的贷借。例如，以一千镑借乙，乙立即用来向丙购货一千镑。丙因不需货币，就把这一千镑借丁，丁又立即用来向戊购货一千镑。同一理由，戊又把这一千镑借己，己再立即向庚购货一千镑。所以货币还是原样，但不消几天工夫，贷借就已三次，购买亦已三次了。每一次，在价值上，都与这货币总额相等。甲、丙、戊是有钱出借的人，乙、丁、已是要借钱的人。他们贷借的，其实只是购买力。贷借的价值与效用，都包含在这购买力上。这三个有钱人所贷出的资财，等于这额货币所能购买的货品价值，所以，这三次贷借所借出的资财，实三倍于购买所由而行的货币价值。假使债务人所购的货品，应用适当，能在相当期间偿还原借的价值及其利息，这种贷借，就十分可靠。并且，原借的货币，既可用作贷借三倍其价值的手段，（为同一理由）或贷借三十倍其价值的手段，所以，同样又可连续用作偿还债务的手段。

照这样看，以资本贷人取息，实无异由出借人，以一定颇大部分的年产物，让与求借人。但为报答这种让与，求借人须在借期内，年年以较小部分的年生产物，让与出借人，称作付息；在借期满后，又按照原借额，以相等颇大部分的年产物，让与出借人，称作还本。在转让这较小部分和较大部分的场合，货币虽然都是让与证，但所让与的，与让与证绝不相类。

一国年产物，一定有一部分，一从土地生出或生产工人做出，即被指定作换还资本用。那一部分年产物，如果加大了，则按照比例于这一部分的加大，金融利害关系，亦自然随而加大。资本一般增加了，所有者无意亲自投用但望从此得一收入的资本，亦必增加。换言之，资财增加了，借放利息的资财，亦必逐渐增加。

借放利息的资财增加了，利息（使用这称资财所必须支付的价格）必致低落。数量增加可以减低物品市场价格的事实，固然是这时利息低落的一个原因，但除了这个原因，我们还可寻出几个特殊的原因。第一，一国的资本增加了，投资的利润必减少。要在国内为新资本寻得有利的投资方法，将日见困难。资本的竞争予以发生，资本所有者常互相倾轧，努力把原投资人排挤出去。

但要排挤原投资人，只有把自己的营业条件放得更为舒裕。他不仅要贱卖，而且，有时因为要贱卖，尚不得不贵买。第二，维持生产劳动的基金增加了，对生产劳动的需要亦必日益加大。因之，劳动者不愁无人雇用，资本家反而愁无人可用。资本家的竞争，把劳动的工资提高，把资本的利润减落。使用资本的利润，既然减落了，使用资本所能支付的价格，换言之，利息率，非一同减落不可。

洛克君、洛君、孟德斯鸠君，还有许多别的作家，都以为，因为西领西印度的发现，金银量增加了，这增加就是大部分欧洲利息率低落的真实原因。他们说，这两种金属本身的价值减低了，所以，它们特定部分的使用，亦只有更小的价值，因而使用它们所能支付的价格亦更小。这个观念，一看，似乎很可称赞，但实际是错误的。这错误已为休谟君充分暴露，我们也许没有再讲之必要。但下面这种极简明的议论，或可进一步说明迷惑这几位先生的谬见。

在西领西印度尚未发现以前，大部分欧洲的普通利息率，似为百分之十。从那时起，各国的普通利息率，似已降为百分之六、百分之五、百分之四甚至百分之三。且假设某国银价低落的比例，恰等于利息率低落的比例。比方说，在利息率由百分之十减至百分之五的地方，等量的银，今日所能购买的货品量，亦仅半于昔日。这种假设，真与事实符合吗？我相信，事实绝不如此。但这种假设，对于我现今待要考验的那种学说，却很合脾味。现在，我就使退一步承认这假设合乎真理，我们亦绝不能说，银价低落，有一点点减低利息率的趋势。因为，假若现今一百镑的价值，仅等于昔日五十镑的价值，那现今十镑的价值，亦就只等于昔日五镑的价值。减低母本价值的原因，亦必恰按同一比例，减低利息价值。母本价值与利息价值的比例必依旧，所以，利息率并未改变。如果利息率真是改变了，这两个价值的比例，就非改变不可。如果现今一百镑所值，不较多于昔日五十镑所值，现今五镑所值，亦不较多于昔日二镑十先令所值。在母本价值折半的时候，我说利息率由百分之十减至百分之五，即是说，现在利息的价值，已等于昔时利息的价值四分之一。

在被流通的商品量未曾增加的场合，银量增加，只会减低银的价值。这时，各种货品的名义价值，都会加大，但他们的真实价值，却必依旧不变。它们可以换得较大量的银，但它们所能支配的劳动量，所能雇用的劳动人数，必依旧不变。周转等量资本所必要的银量，虽是增加了，资本却没有增加。让与证，是累赘多了，所让与的物品，却仍旧一样，只能产生同样的效果。维持生产劳动的基金依旧，对生产劳动的需要亦依旧。生产劳动的价格或工资，名义上虽是加大了，实际上却是不变。以所付的银量计，工资虽是加大了，以所能购买的货品量计，工资却是依旧。资本利润，却无论就名义说，就实际说，都无变动。劳动的工资，因为常以所付银量计算，所以在所付银量增加时，工资虽毫无增加，外表上却似乎已经增加。资本的利润却不是这样。资本利润，不由所得银量的多寡计算。计算利润的时候，我们只计算所得银量与所投资本之比例。比方，我们说到工资，常常说这个国家的普通工资是每星期五先令；我们说到利润，常常说这个国家的普通利润是百分之十。国内所有的资本，既无改于昔，分有这全部资本的国内各个人的资本的竞争，亦必无改于昔。他们的便利如昔，他们的困难亦如昔。资本对利润的普通比例不变，所以，货币的普通利息，亦不变。使用货币一般所能支付的利息，必须受支配于使用货币一般所能取得的利润。

在国内流通界货币量不变的场合，国内年年流通的商品量的增加，却除了发生货币价值提高的结果，还会引出许多别的重要结果。这时，一国资本，名义上虽是依旧，实际上却已增加。那虽继续由同量货币表示，但已能支配较大量的劳动。它所能维持的生产劳动量增加了，从而，对劳动的需要亦增加。工资实际已经随劳动需要的增加而提高了，表面上，却又似乎已经跌落。因为这时，劳动者所领受的货币量，也许已经减少，但现今这较小量货币所能购得的货品量，比较从前较大量货币所能购买的货品量，却也许已经加大。但无论在实际上，名义上，资本的利润都会减少。国内所有的资本总量已增加，资本间的竞争，当然会随而增进。资本家各自投资的结果，即令所获，在各自资本所雇的劳动的生产物中，所占比例已经较小，亦只有自认晦气。货币的利息，既然与资本的利润共进退，所以，货币的价值虽然大增了，换言之，一定量货币所能购买的货品量虽然大增了，但货币的利息大减，仍然是可能的事情。

有些国家的法律禁止货币的利息。不过，使用资本，既然能取利润，其使用亦就应有利息为酬。经验告诉我们，这种法律，不但没有防止重利盘剥的罪恶，反而把它加甚了；因此，债务人不但要支付使用货币的报酬，还要支付一个保险费。因放债取利，有重利盘剥的嫌疑，因而有受处罚的危险。换言之，重利盘剥的刑罚，使债务人必须对债权人提出保障。

在放债取利不被禁止，重利盘剥却受严禁的国家，往往规定合法的最高利息率。这个最高利息率，常应略高于最低市场利息率（即在担保品极可靠时，使用货币一般应出的价格）。这个法定利息率若不及最低市场利息率，结果将无异全然禁止放债取利。没有相当的报酬，债权人不肯借钱出去，但按照适当标准，领受十足价值，又有受处罚的危险。这种危险，非债务人出钱担保不可。如果法定利息率适等于最低市场利息率，结果，遵守国法的诚实人，固将受其迫害；一班没有稳当担保品的人，亦计无他出，只好任重利盘剥者盘剥。现在英国,以货币贷政府,年息百分之三,贷私人,若有稳当担保品,则年息百分之四或百分之四点五,所以,像英国这样的国家,规定百分之五为法定利息率,也许是再适当没有。

法定利息率,应略略高于最低市场利息率,我们已经讲过了,但亦不应过于较高。比方说,如果英国法定利息率,规定为百分之八或百分之十,那么,就有大部分借贷的货币,会借到浪费者空谋家手里去;因为只有他们这一类人,愿意出这样高的利息。诚实人只能以使用货币所获的利润的一部分,作为使用货币的报酬,所以,不敢和他们竞争。一国资本,因之有大部分会离开诚实的人,而掷在浪费者手上,不用在有利的用途上,却用在浪费资本破坏资本的用途上。在法定利息率仅略高于最低市场利息率的场合,有钱出借的,都宁愿借钱给诚实人,不愿借钱给浪费人空谋家。因为借给诚实人所实得之利息,虽不较多于借给浪费人所敢得之利息,但钱在诚实人手上,是稳当得多。一国资本,因之,得以大部分掷在诚实人手中,使经营有利的职业。

普通利息率,决不能因法律规定而较低于当时最低普通市场利息率。一七六六年,法兰西国王规定利息率须由百分之五减至百分之四,但结果,法律等于虚设,民间借贷,利息率仍为百分之五。

据观察所得,土地的普通市场价格,取决于普通市场利息率。对于有资本不愿亲自投下但愿从此得一收入的人,究竟是购买土地上算,抑是借钱取息上算,是一个煞费踌躇的问题。土地财产是极稳当可靠的,除此以外,并大都还有其他几种利益。所以,比较起来,把钱贷给别人收取利息,所得虽更多,但他犹愿购买土地而得较小收入。这诸种利益,可以补偿收入上一定的差额,但亦只能补偿收入上一定的差额。如果土地地租远逊于货币利息,那就谁也不愿购买土地，土地普通价格必致跌落。反之，如果这诸种利益，可补偿这差额而大有余，那就谁也愿购买土地，土地普通价格即将提高。在利息率为百分之十时，土地售价，常为年租之十倍或十二倍。利息率减至百分之六、百分之五、百分之四时，土地售价腾贵，常为年租二十倍、二十五倍甚至三十倍。法兰西市场利息率较高于英格兰；法兰西土地的普通价格，即较低于英格兰。英格兰土地售价，常为年租之三十倍；法兰西土地售价，则常为年租之二十倍。

第五章　论各种资本用途

一切资本，虽均用以维持生产的劳动，但等量资本，因用途不同故，所能推动的生产劳动量极不相等；从而，对于一国土地劳动年产物，它所附加的价值亦极不一律。

资本用途有四种不同：第一，用以获取社会上每年所须使用所须消费的原生产物；第二，用以制造原生产物，使适于使用消费；第三，用以运输原生产物或制造品，从有余的地方运往缺乏的地方；第四，用以分散原生产物或制造品，使成为小的部分，适于需要者的临时需要。第一种用法，是农业家、矿业家、渔业家的用法；第二种用法，是制造家的用法；第三种用法，是批发商人的用法；第四种用法，是零售商人的用法。我以为，这四种用法，已经包括了一切投资的方法。

这四种投资方法有相互密切的关系，少了一种，其他不能独存，即令独存，亦不能发达。为全社会的福利计，亦是缺一不可。为什么呢?

一、假设没有资本用来提供相当丰饶程度的原生产物，制造业、商业怕都不能存在。二、原生产物，有一部分在适合于使用或消费以前，往往要加以制造。假设没有资本投在制造业上把它制造，则因无人需要故，也就没有谁愿培植；那也许竟像是天然生长的，不能有交换价值，不能增加社会的财富。三、原生产物及制造品富饶的地方，必以所余运往缺乏的地方，假设没有资本投在运输业上，这种运输便不可能。社会将成为自足的社会，生产量不能超过本地消费所需。批发商人的资本，却可通有无，使这个地方的剩余生产物，交换别个地方的剩余生产物，所以，那既然可以奖励产业，又可以增进这两个地方的享用。四、假设没有资本投在零售商业上，把大批的原生产物制造品分成小的部分，来适应需要者的临时需要，结果，一切人对于所需的货品，都要大批买进来，超过目前的必需。假设社会上没有屠户老板，我们大家都非一气购买一头牛或一头羊不可。这于富人固然不便，但最感不便的还是贫民。贫穷劳动者如果要勉强一气购买一个月或半年的粮食，那他就定然有一大部分资本，不得不改作目前消费的支费，定然有一部分能提供收入的资财，不得不变作不能提供收入的资财。职业上的工具，店铺内的家具，都非减少不可。为这种人，最方便的办法，是在需要生活品的时候，能够逐日购买。逐时购买亦好，这样，他可以把全部资财用作资本。零售商人的售卖，固然少不了利润，这利润的出处，又固然是零售品的价格追加，但这种人赖之所能提供的制品的价值亦必增加，那尽可补偿价格追加的损失而有余。这显然是一种利益。有些成见在心的政论家，常常反对店老板和小商人。这种论调其实毫无根据。小商贾群立，固然有害于他们自身，但于社会，毫无妨害。所以，课他们的赋税，已经是可以不必，以制他们的人数，更可以不必。比方说，都市及其邻近地带对于杂货的需要，就限制这市场上可以售出的杂货量。能投在杂货商业上的资本，决不能超过足够购买这量杂货所须有的数量。这种有限量的资本，如果分归两个杂货商人经营，那只于民众有利，因为他们彼此间的竞争，有减低货品价格的趋势。如果分归二十个杂货商人经营，还更有减低货品价格的趋势。反过来说，他们的合并，只于民众有害，因为那可以提高货品的价格。总之，他们的竞争，只有害于他们自己，在他们中间，没有运气的，也许会弄到破产。但这种事情，我们不必过问，当事人应该自己小心。那既然不会妨害消费者，亦不会妨害生产者。比较在一两个人独占的时候，那只能使零售商人贵买而贱卖。零售商人多了，其中当然不免有坏分子，诱骗软弱顾客购买自己全不需要的货品。不过，这种小弊害，不值得社会注意，更用不着社会干涉，出来限制他们的人数。说个最奇怪的例，那不是因为市场上有许多酒店，我们社会上才有饮酒的风尚；只是社会上由他种原因而生的好饮酒的风尚，必然会使市场上有许多酒店。

把资本投在这四种用途上的人，都是生产劳动者，他们的劳动，如果投用得当，就可固着而且实现在对象物或可卖品上，至少，也可把他们自身消费掉的价值，加在对象物的价格上。农业家、制造家、批发商人、零售商人的利润，都在货品价格上取出。农业家、制造家生产货品，批发商人、零售商人就买卖货物，这是他们的区别。除了这种区别以外，还有一种区别，即投下去的资本虽相等，但因用途不同故，所能直接推动的生产劳动量极不相等。所以，对于所属社会土地劳动年产物，它们附加价值的比例，亦极不一律。

向批发商人购买货物的零售商人的资本，须换还批发商人的资本及其利润，使其营业得以继续。但他的资本，只直接雇用了他自己，他自己就是受雇的唯一的生产劳动者。对于社会土地劳动年产物，他只附加了一个价值，那就是他自己的利润。

向农业家购买原生产物，向制造家购买制造品的批发商人的资本，须换还农业家制造家的资本及其利润，使其营业得以继续。他间接维持社会上生产劳动，增加社会年生产物价值的主要方法，就是这种事务。他的资本，又雇用了运输货物的水手脚夫。所以对于这种货物的价格，他附加的价值，不仅是他自己的利润，而且是水手脚夫的工资。但他所直接雇用的生产劳动，只如此；对于年产物，他所直接附加的价值，亦只如此。但与零售商人比较，他的贡献，在这二方面，却就大了许多。

制造家的资本，有一部分用作固定资本，投在职业的工具上，须换还其他工匠（卖工具给制造家的工匠）的资本及其利润。其余就是流动资本。在流动资本中，有一部分是用来购买材料，须换还农业家矿业家（他们卖材料给他）的资本及其利润。还有较大的部分，是年年（或者不只年年）配分给他所雇用的工人。所以，对于他所制造的材料，他所附加的价值，包括有雇工的工资，和雇主投资支付工资购买材料工具应得的利润。所以，与任何批发商人的等量资本比较，他的资本所直接推动的生产劳动量大多了，对于社会土地劳动年产物，他所附加的价值，亦大多了。

农业家资本所能推动的生产劳动量最大。他的劳役工人，固然是生产劳动者，他的代劳牲畜，亦是生产劳动者。在农业上，自然与人同劳动；自然的劳动，虽无需代价；它的生产物，却和最昂贵的工人的生产物一样，有它的价值。农业家最重要的任务，与其说是增加自然的丰度，毋宁说是导致自然的丰度，使植物之生产，最有利于人类。与耕事最改良的葡萄园谷田比较，自然的田畴，亦未尝无蓬蒿荆棘丛生其间，所产植物当亦不少。耕耘之事，与其说是增益自然的丰度，毋宁说是支配自然的丰度。人工以外，尚有大部分工作，非赖自然之力不可。所以，农业上雇用的劳役工人与牲畜，不仅像制造业工人一样，要再生产他们消费掉的价值（或者说，再生产雇用他们的资本）及资本家利润，且远甚于此。他们除了再生产农业家资本及其利润，照例还要再生产地主的地租。这种地租，可以说是自然力的产物。地主既然把这种自然力借给农业家用了，农业家就把这种产物，作为地主的报酬。地租的大小，取决于自然力大小的假设，换言之，取决于土地自然丰度及人造丰度的假设。除了人工的报酬，其余的便是自然的作业。那在全生产物中，常不在四分之一以下，而常在三分之一以上。用在制造业上的生产劳动，不能引出这样大的再生产。在制造业上，自然没有作业，人作了一切；但再生产的大小，却常须按照比例于生产动因的强弱和投在制造业上的等量资本比较。投在农业上的资本，不仅可以推动较大量的生产劳动，而且，按照比例于它所雇用的生产劳动量，它对于一国土地劳动年产物所附加的价值，既然更大得多，对于国内居民的实富与收入，所增加的价值，亦是更大得多。在各种资本用途中，农业投资最有利于社会。

投在农业上零售业上的资本，常抑留在本社会内。它们的使用有一定地点。在农业，是农场；在零售业，是商店。并且，它们的所有者，又大都是本社会内的住民。固然，例外亦是不免。

批发商人的资本，却似乎没有留在确定地点之必要。因要贱买贵卖，他们的资本，往往周游各地。

制造家的资本，当然要停留在制造的场所。但在什么地方制造，却似乎没有确定的必要。有时，制造的场所，不仅离材料出产地点甚远，离熟货销卖地点亦甚远。里昂制造业的材料，从很远的地方运来，但那里的出品，亦要运到远地，才有人消费。西西里时髦人的衣料，是别国制造的丝；丝的材料，却又是西西里的产物。西班牙的羊毛，有一部分在英国制造，但英国织成的毛织物，却有一部分，后来又送还西班牙。

投资输出我国剩余生产物的人，无论是我们本国人，抑是外国人，丝毫不关重要。如果是外国人，我国受雇的生产劳动者数，当然比较少，但只更少一个；我国的年产物价值，亦当然比较少，但亦只更少这一个人的利润。至若所雇用的水手脚夫是否是本国人，那与他是否本国人无关，他是本国人，也可以雇用外国的水手脚夫。输出人虽有国籍上的差别，但以资本输出国内剩余生产物而交换国内需要的物品，那就无论是外国人的抑是本国人的资本，对于这剩余生产物所附与的价值，总是一样的。批发商人是本国人好，不是本国人也好，生产这剩余生产物的人的资本，一样可赖而实际偿还，营业一样可赖而实际继续。批发商人的资本，所维持的主要是我们本国的生产劳动；所增加的，亦主要是我们本国的生产物价值。

制造家资本应留在国内，似乎更属紧要。因为有这种资本留在国内，这国所能推动的生产劳动量必较大，对本国土地劳动年产物所能附加的价值，亦必较大。但不在本国境内的制造家资本，亦于本国极有效用。譬如，英国亚麻制造家年年投资从波罗的海沿岸各地，输入麻枲而制造之。此等资本，虽非产麻枲国所有，但于产麻枲国有利，则甚明了。这种麻枲，只是产麻枲国的剩余生产物，设不年年输出，以交换其地所需各物，即无价值可言，其生产将立即停止。输出麻枲的商人，可以换还麻枲生产人的资本，从而鼓励他们继续生产；英国制造家，又可换还这种商人的资本，使他们继续运输。

要改良一切土地，耕作一切土地，又要把全部原生产物制造使适于直接的消费及使用，又要把剩余的原生产物及制造品，运往远方的市场，来交换国内需要的物品，事情未免太繁杂了。一个人的资本，也许不够经营这一切事业；同样，一个国家的资本，也许亦不够经营。英帝国的幅员，不可谓不大，居民不可谓不多，但要使国内土地，全部耕作得好，怕还没有那么多资本吧。苏格兰南部的羊毛，就大部分因为当地缺乏资本，不得不经过极不平坦的道路，用陆车运到约克郡去制造。英国有许多小工业都市的人民，虽要把产业的出品，运到需要其物的远方去售卖，但常苦于资本缺少。他们中，纵使有个把批发的商人，亦只好说是大富商的经理人。这种大富商，往往住在比较大的商业都会上。

一国资本，既不够兼营这三事，那么，我们就可以说，投在农业上的部分愈大，所推动的国内的生产劳动量也愈大，同时，对社会土地劳动年产物所附加的价值也愈大。除了农业，当推制造业。投在输出贸易上的资本，在三者中，效果最小。

所有资本尚不足兼营这三事的国家，就其富裕之程度说，实未达到自然所许达到的最高点。无论就个人说，就社会说，以不充足的资本，实施未成熟的兼营三业的计划，都不是取得充足资本之最捷径。个人的资本有限，国内全体人民的资本亦有限，要兼营三事，实在是不可能。要增加个人资本，须从收入额节省而继续蓄积；要增加国民资本，亦须从收入额节省而继续蓄积。资本的用途，若能提供最大的收入于国内全体居民，从而使全体居民都能有最大的节省，国民资本的增加当然非常迅速。但国内全体居民的收入如何，却又常常按照比例于国民土地劳动年产物的价值。

英领美洲殖民地，几乎把所有的资本投在农业上。那里，亦就主要为了这个原因，才很迅速地日趋于富强。那里，除了家庭制造业的粗糙制造业（这种制造业，一定会伴农业进步而生，每个家庭的妇女儿童，都会经营这种工作），就没有制造业。至若输出业的航运业，却又大部分由住在英国的商人投资经营。甚而，有些地方零售货物（以在威基尼亚和玛利兰二地为尤甚）的商店，亦为居在母国的商人所有。零售业不由本地商人资本经营的事例，本来不多，在这里，却居然提出了一个例示。假使美洲人竟联合起来，用激烈的举动，阻止欧洲制造品输入，给本地人一个独占权，使他们有制造同种货品的机会，因而使本地大部分资本，转投到制造业上来，结果，不但不能加速他们年产物价值的增进，怕还会加以阻碍，不但不能使其国渐臻于富强，怕还会加以妨害。同样，如果他们要设法垄断全部输出业，结果，也许更会如此。

人类繁荣的进步，似乎从来未曾达到令人满足的程度。进步时间似乎太短了，无论哪个国家的资本，都还不够兼营这三种事业。关于中国、古埃及、古印度的境况，各种记载都令人惊骇。据说，那里是很富的，那里的成功是很进步的。然而，就连像这样世界首屈一指的富国，不亦只擅长于农业制造业么？他们的国外贸易并不繁盛。古埃及人对于海洋，有一种迷信的畏惧心；印度人亦常有这种迷信；至若中国的对外通商，向来就不发达。这三个国家的剩余生产物，有大部分由外国人运到外国去，换回来的，亦只常常是他们所需要的金银。总之，同是一个资本，但在国内为什么所推动的劳动量有多寡，所附加的土地劳动年产物价值有大小呢，那只因为它是按照不同的比例，投在农业上、制造业上、批发商业上啊。并且，同是批发商业，投资结果，亦将因所营批发商业的种类不同而极不相同。

一切批发贸易，都是大批买进来，再大批卖出去，但亦可分作三类。即国内贸易、消费品的国外贸易、贩运贸易。国内贸易，是从国内这个地方买国产货物进来，再在国内那个地方，把它售卖出去，那包括内陆贸易和沿海贸易。消费品的国外贸易是购买外国货物供本国消费。贩运贸易，则用以处理诸外国间的两业，即以甲国之剩余产物运往乙国。

投资在国内贸易上，购买国内甲地产物，运往乙地售卖，往还一次，常可换还两个原都投在本国农业制造业上的资本，使本国的农业制造业不致中断。我们晓得，从商人店里，送一定价值的商品出去，结果，大都至少可以换还一个等价值的别种商品。

所以，假若交换的两方，全是本国产业的产物，结果当然可以换还本国两个用来维持生产劳动的资本，使能继续用来维持生产的劳动。比如，送苏格兰制造品到伦敦，再送英格兰谷物或制造品到爱丁堡来的资本，往还一次，无疑，可以换还两个投在英国制造业农业上的资本，那都是英国的。

消费品的国外贸易的一方，既然是本国产业的产物，所以，往返一次，投在对外贸易上的资本，虽能换还两个资本，但只有一个是用来维持本国产业的。例如，送英国货物至葡萄牙，再运葡萄牙货物至英国的资本，往返一次，只补还英国一个资本。那一个却是葡萄牙的。即令此种贸易往返的速度与国内贸易等，投在此种贸易上的资本，亦比较起来，只能鼓励半数的本国产业，鼓励半数的本国生产劳动。

而且，此种贸易往返的速度，决不能与国内贸易等。国内贸易，大都每年往返一次，甚而每年三四次。此种贸易，每年往返一次，已属难能，二三年往返一次，亦非仅见。往往，投在国内贸易上的资本，已经往返了十二次，投存此种贸易上的资本，仅往返一次。所以等是一个资本，与投在对外贸易上的资本比较，投在国内贸易上的资本，对于本国产业，往往可以提供二十四倍的鼓励与扶持。

国内消费的外国货物，有时，不用本国产物换购，却用第二外国的货品。但这第二外国货品，非直接由本国产品换购，即须间接由本国产品换购（即以本国产物，购买第三外国货品，再用以购买第二外国货品）。因为除了战争征服的场合，外国货品，就只有直接、间接或再间接用国产物品换购。像这样迂回的消费品的国外贸易，和最直接的消费品的国外贸易比较，除了往返一次，须经过数次外国贸易，所需时间格外加多那一点外，无论就哪一点说，都有相同的效果。设令商人以英国制造品换购威基尼亚的烟草，再用威基尼亚的烟草换购里加的麻枲，那么，非经过两次对外贸易，资本就难于返到商人手上，再被用来购买同量的英国制造品。再假设用以购买威基尼亚烟草的，不是英国制造品，却是牙买加的砂糖。牙买加的砂糖，才由英国制造品购换，那就非经过三次对外贸易不可。再假设经营这二次或三次对外贸易的，是两三个不同的商人。第一个商人输入的货品，归第二个买去输出，第二个输入的货品，又归第三个买去输出，那就各个商人说，各自资本的归还，确是比较迅速；但投在贸易上全部资本的最后归还，却是一样迟缓。再者，投在这种迂回贸易上的全部资本，究为一人所有，抑为三人所有，于个别商人，虽有计较的必要，但于国家，却用不着关心。无论第一人所有，抑为三人所有，间接用一定价值的英国制造品来交换一定量麻枲，与直接互相交换的场合比较，所需资本总必较大三倍。所以，和更直接的消费品的国外贸易比较，投在迂回的消费品国外贸易上的资本，虽是相等，但对于本国生产劳动，它所提供的鼓励与扶持，却大都更少。

用以购买国内消费的外国货品的，无论是什么外国商品，都不能改变贸易的性质，不能增减它对本国生产劳动所能提供的鼓励与扶持。如果用的是巴西的金，秘鲁的银，这金银的购买，当然少不了要用某种本国产业的产物，或由本国产物换购的某种物品。此中手续，无异先购买威基尼亚烟草，再用威基尼亚烟草，购买本国需要的物品。如果我们的论点，只着眼在本国的生产劳动，那么，无论就利的方面说，就害的方面说，就换还原资本（直接用来维持生产劳动的资本）的迟速说，以金银为手段的消费品的国外贸易，都和那同样迂回的消费品的国外贸易一样。比较起来，说以金银为手段的消费品的国外贸易还比较有利，也未尝不可。金银器物，可在小容积中包含大价值，故与等价值的其他货品比较，运输费是比较小的，保险费却又不必更大。此外，金银放置车上，异常稳当，别种货品，就有损破的危险。所以，用金银作媒介，比较用别种货物作媒介，我们往往可用较小量本国货物，购得等量的外国货品。所以，比较起来，用别种货物作媒介，尚不如用金银作媒介，因可更充分的供给国内需要，所费又比较的少。至若不断输出金银以购买本国需要的外国货物，能否陷国家于贫困，这问题我们以后要从长讨论。

投在贩运贸易上的资本，全从本国抽撤出来，不用来扶持本国的生产劳动，却转用来扶持外国的生产劳动。经营一次，虽偿还两个资本，但全非本国所有。从波兰运谷物到葡萄牙，再运葡萄牙水果葡萄酒到波兰的荷兰商人资本，确乎换还了两个资本，但全非用来扶持荷兰的生产劳动。其中，一个是用在波兰，一个是用在葡萄牙。照例，会归到荷兰去的，只是荷兰商人的利润。有了这种贸易，荷兰土地劳动的年产物，并不是没有增加，但所增加的，只限于此。固然，在经营贩运贸易时搬运所需的船舶与水手，大都为本国所有；为支付运费而使用的那一部分资本，又大都用来推动本国的生产劳动而雇用本国的生产劳动者。事实上，贩运贸易颇为旺盛的国家，几乎都是这样进行的。贩运贸易的名词，也许是从此取得，因为这种国家的人民常常是外国人的贩运者。但搬运所需要的船舶与水手，不一定要为本国所有。比方说，经营波兰葡萄牙间贩运贸易的荷兰商人，不一定要用荷兰船舶，用英国船也未始不可。至少，可以说，在特殊情况下，这是实有的现象。在这场合，说贩运贸易，特有利英国，亦未尝不可，因为一国的国防与安全，取决于船舶与水手的数目。并且，即使所雇用的船舶与水手是本国的生产劳动者，而有利于本国，但亦不能说是贩运贸易的特别优点。消费品的国外贸易的资本，可以照样雇用那么多的船舶与水手。甚而国内贸易的资本，（设由海船搬运）亦可照样雇用。一定量资本究能雇用多少船舶与水手，不取决于贸易的性质，一部分取决于货物容积与货物价值的比例，一部分取决于运输海港间的距离。在这二条件中，前者尤为重要。牛凯萨伦敦间的煤炭贸易，海港距离甚近，但所雇用的船舶与水手，比英格兰任何贩运贸易，都要更大。以异常奖励，强迫一国资本，使不按照自然趋势，而以过大部分，投在贩运贸易上，是否能够增进一国航业，大是疑问。

与投在消费品的国外贸易上的等量资本比较，投在国内贸易上的资本，所扶持所奖励的本国生产劳动量，既然更大，所附加的本国年生产物价值亦更大。与投在贩运贸易上的等量资本比较，投在消费品的国外贸易上的资本，在这两方面，亦能提供更大的利益。在有富即有势的今日，一国的富强，必须按照比例于其年产物价值。因为，一切赋税终归是出于这个基金。政治经济学的大目标，既是增进本国的富强，所以，为本国计，与其更为奖励消费品的国外贸易，实毋宁更为奖励国内贸易，与其更为奖励贩运贸易，又毋宁更为奖励消费品的国外贸易。为本国计，不应强制亦不应诱致资本，使违反自然趋势，而以过大部分，流到这两个通路上来。

在不受限制、一任自然的场合，这三种贸易，都不仅有利而且是必需的，不可避免的。

在特定工业部门的产品，超过本国的需要之场合，剩余部分必送往国外，以交换国内需要之物。没有这种输出，国内生产的劳动，一定有一部分会停顿，因而会减少国内年产物的价值。英国出产的谷物、羊毛、金属制品，常较多于国内市场所需。剩余部分必送往国外，以交换英国需要的物品。没有这种输出，这个剩余部分，将不能取得充足的价格，来补偿生产所费的劳动与费用。沿大海沿通航河流的各地，只因剩余产物易于输出，易于换得本地需要的物品，故宜于举办产业。

用本国剩余产物购得的外国货品，若较多于国内市场所需，剩余部分必再送往外国，以交换国内需要的别种货品。英国输出本国剩余产物的一部分，每年在威基尼亚、玛利兰二地购买烟草，大约九万六千桶。但英国每年所需，也许不过一万四千桶。其余八万二千桶，若不能送往国外，以交换国内需要品，这八万二千桶的输入，就会立刻停顿。每年为购买这八万二千桶而制造的货品，原来不为本国所需，现今输出的路又塞了，当然会停止生产，为制造这种货品而被雇的那一部分英国人，亦将无工可作。所以，最迂回的消费品的国外贸易，有时和最直接的消费品的国外贸易，一样是扶持本国生产劳动，维持本国年产物价值所必要的手段。

如果一国的资本蓄积，已不能扫数用来供给本国消费，扫数用来维持本国的生产劳动，剩余部分自然会呕出来，投在贩运贸易上，供给他国消费，维持他国的生产劳动。贩运贸易，是国民大富的自然结果与征象，但不是国民大富的自然原因。特别赞成这种贸易的政治家，似误认结果与征象为原因。以土地面积和居民数目比例而言，荷兰是欧洲最富之国，所以，荷兰占有了欧洲贩运贸易的最大部分。英格兰的富，在欧洲是列第二位，亦有不少贩运贸易。不过，在多数场合，英格兰的贩运贸易，都尚不如称为间接的消费品的国外贸易。因为那种贸易，固然贩运东方的、西印度的、亚美利加的货物，到欧洲各市场去，但购买这种货物的手段，即令不是英国的产物，亦是由英国产物购来的物品，并且，由于这种贸易，最后带回的物品，又大都在英国消费，或在英国使用。只有地中海各港间（由英国船装运）和印度沿海各港间的贸易（由英国商人经营），才是真正的主要的贩运贸易。

国内各地，因有相互交换剩余生产物的必要，故有国内贸易，所以，国内贸易的范围如何，投在国内贸易上的资本量如何，都须受限制于国内各地剩余生产物的价值。消费品的国外贸易范围如何，须受限制于本国全体剩余生产物的价值，及能由此购得的物品的价值。贩运贸易所交换的，是全世界各国的剩余生产物。所以，范围如何，乃受限制于全世界各国剩余生产物的价值。与上两种贸易比较，它的可能范围，简直没有穷境，所能吸引的资本亦最大。

私人利润的打算，是决定资本用途的唯一动机。投在农业上呢，投在制造业上呢，投在批发商业上呢，抑投在零售商业上呢?那须看什么用途的利润最大。至若什么用途所能推动的生产劳动量最大，什么用途所能附加的社会土地劳动年产物价值最多，他自来不会想到。在农业最有利润，耕作最易致富的国家，个人的资本，自然会投在农业上来。于是，于个人最有利，于社会亦最有利。不过，在欧洲，投资农业所获利润，并不见得比别种事业更为优越。欧洲各地，虽然都不免有人盛称农耕的利润，但不必要仔细讨论，只略一观察，就知道这个结论，完全是假的。在社会上，我们常常看见一种白手成家的人，他们小小的资本，甚而没有资本，只要经营数十年制造业商业，便成就了一个富翁。一世纪来，用少量资本经营农业而致于大富的事例，在欧洲简直没有了。欧洲诸大国，仍有许多无人耕作的优良土地，已有人耕作的土地，亦尚未改良尽致。现今，随便什么地方的农业，都还可以容纳许多资本。欧洲各国的政策，使都市产业的利益，远过于农村产业，从而，往往使私人愿投资于远方（如亚洲、美洲）的贩运贸易，不愿投资来耕垦本国附近最丰沃的土地。关于这点，在下一篇，我再详细讨论吧。

第三篇　诸国民之富的进步

第一章　论富之自然的进步

文明社会的重要商业，就是都市居民与农村居民通商。这种商业，有的是以原生产物与制造品直接交换，有的是以货币或纸币作媒介交换。农村供都市以生活资料及制造材料，都市则报农村居民以一部分制造品。有种不再生产，亦不能再生产的都市，其全部财富、全部生活品，都可说是得自农村。但我们不要根据这点就说，都市的利得即是农村的损失。他们有相互的利害关系。分工的结果，于两方从事各种职业的居民，全有利益。农村居民，与其亲自劳动来制造他们需要的制造品，毋宁有这种交换，因为由这种交换，他们可用较小量自身劳动生产物购得较大量的制造品。都市是农村剩余产物的市场，农民用不了的东西，就拿到都市去交换他们需要的物品。都市的居民越多，其居民的收入愈大，农村剩余产物由此而得的市场，亦愈阔大。这种市场愈阔大，则所福利的人数愈多，所福利的程度亦愈大。生产谷物的地方，虽有远近，有的离都市一哩，有的离都市二十哩，但谷物在市上的售价不能有两个。谷物出售的价格，总得补还谷物上市的费用，而且要对农业家提供农业的普通利润。远地谷物，从远地运来，需不少费用，都市附近的谷物，却不致有那样的转输的麻烦。它们在市场上的售价既然一样，所以，如果远地谷物的售价，已非有普通利润不可，近地谷物的售价，就一定能够提供普通利润以上的利润。试一比较都市附近各农村及远隔都市务农村的耕作事业，你就知道都市商业，是怎样有利于农村。就连在贸易差额谬说盛行的时候，似乎亦尚不致有人倡言，城乡通商，于城或乡有损。

按照事物的本性，生活资料既必先于方便品、奢侈品，所以，获取前者的产业，亦必先于获取后者的产业。提供生活资料的农村耕种改良事业，必先于只提供奢侈品、方便品的都市的增设。乡村居民须先维持住了自身，才以剩余产物维持都市的居民。所以，要先增加农村产物的剩余，才谈得上增加都市。但因都市生活资料，不一定要仰给于附近的农村，甚而不一定要仰给于国内的农村，而可以从远方运来，所以，这虽然不是一般原则的何等例外，但各时代各国民进于繁荣的顺序，总不免因而有差异。

农村进步先于都市进步的一般顺序，虽不必能实现于各特殊社会，但在各特殊社会内，都有人类天性为之促进。人为制度若不压抑人类天性，则在境内土地尚未完全开垦改良以前，都市的增进，决不能超过农村改良所能支持的限度。在同等的利润或几乎同等的利润上，人类按照天性所趋，多愿投资以改良土地开垦土地，不愿投资于制造业及国外贸易。投在土地上的资本，常常受着投资人自身的监察；与商人资本比较，他的财产不易受到意外。商人的资本，常须迎风逐浪，随时有发生意外之可能。以资本托在非我族类风俗情况都不很熟习的远邦人手里，也实在很靠不住。反之，地主的资本，却可固着在土地和改良物上，其安全殆算尽了人力之本性所能及。而且，乡村的美，乡村生活的愉快，乡村心理的恬静，设若受不到人为法律的迫害，则其真实之独立性，当有多少吸引人类的优点在。耕作土地，既为人所夙爱，那在有人类存在的一切阶段上，这个原始的职业将为人类所永远爱悦的吧。

没有工匠的帮助，农耕之事，即令不致停顿，亦必大感不便，而时作时辍。锻工、木匠、轮匠、犁匠、泥水匠、砖匠、皮革匠、鞋匠、缝匠的职务，常为农家所不可缺少。这类工匠，一方面因为要互相帮助，别方面又因为不必要像农家那样有固定地址，所以，自然卜邻而同居一地，结果，就形成了一种小市镇小村落。后来，又有屠户、酒家、饼师，以及许多其他就供给临时需要那一点说亦于他们必要而有用的手工匠及零售商人加入，市镇才益加大了起来。结果，乡民市民，遂互相服役。乡民因要以原生产物交换制造品，继续视市镇为市场。然亦就依着这种交换，都市居民才取得了工作材料和生活资料的供给。他们售给乡村居民的熟货量，支配他们所购得的材料及食料的数量。他们的材料及食料的增加，只能按照比例于乡民对熟货的需要的增进。但这种需要的增进，又只能按照比例于耕作及改良事业的进展。假若人为制度不扰乱自然倾向，那就无论在什么政治社会，都市的富益与发达，都是乡村耕作改良事业进步的结果，且须按照比例于乡村耕作改良事业的进步。

北美殖民地未曾垦殖的土地，极易购得，但为销售远方而兴办的制造业，在那里任何市镇上，却都还不曾有过。工匠营业，以供给邻近乡村为职志，所有资本，即令足够经营此事业有余，亦不会在北美洲，为了销售远方，而兴办一种制造业。他宁愿用有余的资财，来购买或改良未开垦的土地。他愿由手工匠一变而为农业家。即令乡村以高昂工资和丰裕食料来贿赂他，使他长为工匠，他亦不能改变他的志愿。他情愿为自己工作，不愿为他人代劳。他觉得，工匠是顾客的仆役，而仰给生活资料于其顾客。自耕农民却是自家劳力，自家享受，配称作主人，而独立于世界。

反之，在土地全已开垦，或不易购得的国家，工匠所获资本，如果已经不能扫数投在邻近时时需要的事业上，有余部分就会用来扩张营业，准备销售远方。锻工将建立铁厂，织匠将建立麻织厂毛织厂。跟着时间的推进，这各种制造业慢慢地推行精密的分工，在各式各样的方法下改良进步，那是大家容易想得到的，用不着细讲了。

在利润相等或几乎相等的条件下，制造业自然不如农业，国外贸易又自然不如制造业。与制造家的资本比较，地主或农业家的资本更为稳当，与国外贸易的资本比较，制造家的资本又比较更受自己监察，所以更为稳当。诚然，随便什么时代，什么社会的剩余原生产物及制造品，均将因国内无人需要而送往外国，以交换国内需要的其他物品。但输运剩余产物到外国去的资本，为本国所有，抑为外国所有，却是无关重要的。如果本国的资本不够我们同时耕作一切土地，并完完全全的制造一切原生产物，那么，即令输运本国剩余原生产物到外国去的资本，不为本国所有，亦于本国有颇大的利益。因为，赖有这种资本，本国的资本，便可全部投在更有利的用途上。中国、印度、埃及的富，充分证明了一种事实，即是，纵使本国输出业有大部分为外国人经营，这国国民的富，仍可达到极高的程度。北美殖民地，西印度殖民地，设若除了本地所有的资本，即没有外国资本替他们输出剩余产物，他们的进步，会更慢得多吧。

按照自然的顺序，进步社会的资本，首先是大部分投在农业上，次之，投在制造业上，最后，投在外国贸易上。这种顺序是极自然的；我相信，在各个有领土的社会上，都可以多少看见。在大都市成立以前，一定先开垦了一些土地；在有人愿投身于外国贸易以前，都市上，一定先有了些粗糙的制造业。

不过，这个自然的顺序，虽然在各个这样的社会，都不免在相当程度上发生，但就今日欧洲各国的情状说，这个顺序，却是就许多方面说，似乎完全相反。精制造业或适于远地贩卖的制造业，多由国外贸易引出。农业大改良，又是制造业及国外贸易生出的结果。这种反自然的退化的顺序，乃是他们政府迫成的。他们原来的政府，使他们的风俗习惯，变成了这个模样。后来，这种政府大大变革了，他们的风俗习惯，却仍没有多大改变。

第二章　论罗马帝国崩溃后欧洲旧状态下农业的衰微

自日耳曼民族西徐亚民族侵扰罗马帝国西部以来，欧洲起了一个大变革，跟着这个大变革，欧洲扰攘了好几百年。野蛮民族对原居民的迫害，中断了城乡间的贸易。城市都成了荒墟，乡村亦无人耕作。曾为罗马帝国支配的以前的西欧，逐由富庶一变而为极贫乏，极野蛮。在继续的骚扰中，各国酋豪，日以篡夺土地为事。因之，有人耕作的土地虽然不多，但要找一块没有所有主的土地，却已不能。一切土地都被吞并了；有大部土地，为少数大地主所吞并。

最初吞并荒地的恶害虽甚大，但为时甚暂。因为继承或分封的原故，大地未尝不可拆小。但长男承继法，终于使大土地不能因承继而拆小；断分法又使大土地不能因分封面拆小。

如果我们把土地看作只是谋生求乐的手段，和动产一样，那按照自然承继法，当然，会把土地分给家内所有的儿女。因为每一个儿女的生计，都为老父所同样关心。罗马人的承继法，就是这样。他们不分别长幼，不分别男女，只要是自己养的，就可以承继自己的土地。他们处分土地的方法，和我们现在处分动产的方法一样。不过，后来，土地已经不单是谋生的手段，且为权力强弱所系。所以，传授起来，似以不分割而专归于一人，比较来得适当。在这个不安的时候，大地主，同时却又是小贵族。他的佃人便是他的隶属。他是他们的裁判官，是他们和平时节的立法者，亦是他们战争时节的领导人。他战争，对邻国战，有时对国王战，简直由他自己高兴。在这种混战中，土地财产是否安全，境内居民有无保障，都取决于土地财产的大小。把土地财产分拆，无异把土地财产破坏，换言之，无异把土地拆开来，使各部分都容易受强邻的侵蚀吞并。所以，适应着当时这种情况，长男承继法才慢慢（不是立即）盛行起来。为了同一理由，王国领土遂亦慢慢(最初亦不如此)由长男一人承续。为君主国的安全与权力计，土地财产，宁可不要分裂，宁可在诸儿女中，选择一个人来单独承继。但选择谁呢？那样重要的一件事，当然要郑重一下，规定一个普遍规例，使选择不受支配于个人的好恶，而受支配于某种明白的、无可争论的标准。在同一家庭诸儿女中，除了性别与年龄，就没有什么区别，是无可争论的了。根据一般经验，是男性较宜于女性，而在其他一切条件相等的场合，年长又较宜于年幼。长男承继权，就这样成立了。嫡系的名称，亦就从此发生了。

一种法律在初成立时，都有环境上的需要，并且，使其合理的亦只是这种环境。但事实上，往往产生这法律的环境，已生变化，这法律却仍继续有效。今日欧洲，仅领有一亩的小地主，其安全已无异拥有千万亩的大地主。产生长男承继权的环境大变了，长男承继权却依然存在。原来在各种制度中，这法律是最宜于保持贵族尊严的，所以，今后会再行几百年，也说不定。但事实上，除了这一点，长男承继权也就没有一点不违反大家庭的真实利益了。这权利，因为要使一个儿子富裕，别的儿子就非乞食不可。

断分法是长男承继法施行的自然结果。以财产传嫡长，原为长男承继法的本意。不过，子孙不肖，或遭逢不幸，仍有将遗产分裂，在分封或割让名义下旁落的危险，故有断分法设立为之预防。这种法律，罗马人是全不知道的。法国有几个法律家，虽然喜欢以今制附会罗马古制，实则，罗马人所谓代理相续法(Substitution)嘱托遗赠法（Fidei-Commisses)，皆与断分法大异其趣。

在大土地财产仍为诸侯领地时，断分法的设立，固甚适宜。像某帝国的根本法律一样，那种法律，可以使一国百姓不致因一人轻举妄动而受灾殃。但今日欧洲各国，大地产小地产，已一样受国法保护，所以，这种法律的荒唐，亦就成了无可比拟。这种法律的订立，根据于一种根本错误的假定：即对于所有土地及其他一切所有物，人类每一代的后裔没有同等的权利。近代人的所有权，竟受限制于五百年前祖宗的幻想。在今日欧洲，实行断分法的地方，还很不少。在贵族血统，尚为充任民事长官军事长官必要资格的地方，断分法尤牢不可破。断分法，被贵族认为是保持充任大官爵的排外特权所必要的手段。那时的制度，既然使这一阶级对一般民众夺得了一种不正当的利益，却又担心他们贫乏，贻人讥笑，以为应当再给他们别一种不正当的利益。英国普通法律，虽然厌恶世业世禄的制度，因而，比较欧洲其他各君主国，世业世禄的制度，在那里，是比较更受限制。但就连在英格兰，世业世禄的制度，亦还未曾消灭呀。在苏格兰，就简直有五分之一以上（也许是三分之一以上）的土地，于今，仍受着严格的断分法律支配。

在这情况下，不仅有大面积的荒地，为少数豪族兼并，且永无再行分散的可能。事实上，大地主又不常是大改良家。引起这种制度的混乱时节，大地主的精力，几乎全部用来保护已有的领土，扩大自身对邻国的管辖权、支配权。他们实在没有余暇来开垦土地改良土地。后来和平了，法制的确立，秩序的安定，虽然使他们有余暇，但他们既然没有心思耕垦土地，亦常常没有必要的才力。一身一家的费用，如已超过或恰好相等于他的收入（这是极常有的现象)，他亦就没有资本可以投在这用途上。如果他是一个经济家，则为一己利益，他与其用一年的节省来改良旧的地产,就毋宁用来购买新的地产。改良土地,像各种商业计划一样，要获利润，不斤斤注意于小节省小赢利，是绝对不行的。但生在豪富人家的人，即令天生是好俭朴的，亦不大能够做到这样。这种人的境遇，使他更注意于悦己的装饰，更不注意于自己没有多大需要的利润。他自幼，就养成了饰衣裳、盛车马、崇居室、丽陈设的嗜好。他已经养成了这种习惯。即令想改良土地，但这种习惯所涵养的心理亦还不能改变。他会在住宅的旁边、四周留着四五亩的空地；他会不顾得当与否，十倍耕作土地的费用。他真这样办下去，那就即令毫无其他嗜好，亦恐怕会在他的土地尚未开垦十分之一以前，耗尽他所有的财产。现在，英苏两境，自封建制度紊乱以来，有些大地产，继续在少数人手里，自始就没有改动。试一与邻近小地产比较，你就会相信大地产怎样不利于改良啊。

这样的大地主，对于改良土地，尚没有多大的希望，他支配下的耕人，就更无希望了。欧洲旧状态下，耕人全是无自由的佃人。他们虽然是奴隶，或近似奴隶，但他们的隶役，比较古希腊罗马，甚而西印度殖民地的奴隶制度，却更是和缓。他们，与其说隶属于主人，毋宁说是隶属于土地。他们可以和土地一同出卖，但不能单独出卖。得到了主人的同意，他们还可以结婚。并且，出卖他们的时候，他们夫妇，还要同卖给一个人，主人没有权利拆散他们的姻缘。主人谋杀了奴隶，还有处罚，小处罚罢了。不过，蓄积财产，为奴隶所不能。他们所获得的一切，都是主人的，主人可以随时取去。所以，由奴隶进行的耕垦，实际都由主人进行。改良的费用，当然由主人负担。种子、牲畜、耕具，全是主人的。改良的利益，亦是主人的。这种奴隶，除了日常维持生活的东西，什么也不能获得。所以，在这场合，土地仍由地主占有，不过由田奴代耕罢了。这种奴隶制度，在俄罗斯，在波兰，在匈牙利，在波希米[1]，在摩拉维亚，在德意志其他部分，都尚未消灭。这种制度逐渐全然废除了的地方，不过欧洲西部及西南部而已。[2]

希望大地主大改良，已经很难，在他们使用奴隶来耕作的时候，要他们大改良，就更是无望了。我相信，一切时代，一切国民的经验，都表明了一件事，即：奴隶劳动虽则只需维持生活的费用，但彻底通盘计算，代价总是再高没有。一个不能获得一点财产的人，食必求其最多，作必望其最少。他的工作，够他维持生活就行了，你要从他身上多榨出一些来，那只有出以强迫，他自己决不会愿意的。蒲林纳和科伦麦拿的著作，都讲古意大利的谷物耕种事业，非常衰微，在奴隶制度下，主人真是不利啊。亚里士多德时代与古希腊时代比较，没有多大进步。所以，当他论及柏拉图理想国时，会说：要有一个无穷大无穷丰沃的土地，像巴比伦的平原一样，才可以维持五千游惰人（卫护那理想国必要的战士）及其妻仆。

人类好胜的心理，多以统制下等人为荣，而以俯就下等人为耻。所以，如果法律允许，工作的性质又能够供给，那在奴隶与自由人之间，他一定愿意选用奴隶。比方蔗糖与烟草的栽种，即能够提供奴隶耕作事业的费用；谷物的栽种，现今就不能够。主要产物为谷物的英国殖民地，大部分工作都由自由人作。本雪文尼亚人，晚近，议决释放黑奴。那种事实使我们相信他们所有的黑奴不多。如果奴隶是他们财产的大部，他们绝不会赞成释放。但以蔗糖为主要产物的英国殖民地，全部工作均由奴隶担任；以烟草为主要产物的英国殖民地，亦有大部分工作由奴隶作。西印度栽种蔗糖的利润特别大，在欧美两洲，简直没有什么耕种事业比得上。栽种烟草的利润，虽比不上栽种蔗糖，但与栽种谷物比较，

---

① 波希米：Bohemia，即波希米亚。——编者注

② 苏格兰一七九五年废除了这种奴隶制度。

却仍然更大。这两种耕种事业都能提供奴隶耕作的费用，但栽种蔗糖，又胜于栽种烟草。所以，与白色人数比例而言，黑奴的数目，在蔗糖区域，比较在烟草区域大得多。

古代奴隶耕作制之后，逐渐出现了法兰西今日所称的麦太耶制（Metayers）。这种制度，在拉丁文，叫作科罗尼·拔细里（Coloni Partiarii）。在英格兰，这制度早已消减，所以，在英文中，我现在不知道它叫做什么。在这制度下，种子、牲畜、农具，总之，耕作所需的全部资本，都由地主供给。农人停耕时，这种资本就须归还地主。出产物除了被认为保持原资本必要的部分，其余，就由地主与农人均分。

在麦太耶制下，耕作土地的费用，亦是出自地主。这和奴隶耕作制，没有差别。但其中，有一个根本不同之点，即麦太耶制下的农人，是自由人，他们能够占得财产，可以享有土地生产物的一定比例。生产总额愈大，他所占有的部分亦愈大。所以，他们能够生产几多，就高兴生产几多。反之，一个没有占得财产希望只能维持自己生活的奴隶，就会图自己舒服，比量着自己的需要，不愿土地生产物多于自身所需。也许一部分就因为麦太耶制于地主有利，一部分因为君主嫉恨大地主的兼并过甚，从而鼓励贱奴解放，所以，到底大家都觉得奴隶耕作制不利。大部分欧洲的奴隶耕作制度才逐渐消灭。这样一次大的变革，是什么时候发生的，是怎样发生的，在近代历史中，却竟难稽考。罗马教会，常自夸其废除奴隶功绩。当然，我们亦知道，早在十二世纪亚力山大第三时代，罗马教会已有特诏，命教徒释放奴隶。但这不比法律，不谨遵命令的人，并不受处罚。奴隶制度依然保持了数百年。最后，因为上述那两种利害关系（地主利益与君主利益）共同作用起来，才逐渐把它废除。一个已被释放，又许继续保用土地，但自己没有资本的贱奴，只有向地主移借资本，才有耕作土地的可能，所以，没有别种办法，非成为法兰西今日所称的麦太耶不可。

不过，在麦太耶制下，土地仍不能有大改良。地主既可不费分文，而享受土地生产物的一半，留归麦太耶享有的，已经不多。在这不多的部分中，所能节省的更是有限。麦太耶决不愿用这有限的节省来改良土地。教会十一税，不过抽去生产物十分之一，已经是土地改良极大的障碍。抽去生产物的半数，当然会切实妨碍土地的改良。用地主供给的资本，从土地尽量取得最大量的生产物，固然为麦太耶所愿望，但若以已有资本与地主资本混合，却决非麦太耶所愿。在法兰西，据说，有六分之五的土地，仍由麦太耶耕作。地主常常指摘农人，不用主人的牲畜耕田，而用来拖车。因为，拖车的利润，全部归于农人，耕田的利润，却须与地主平分。在苏格兰，亦有些地方，残留着这种佃人，叫做“钢弓佃人”(Steel-bow tenants)。大主教基尔柏特[①]和柏赖克斯登博士，说英格兰古代的佃人，与其称为农业家，尚毋宁称为地主的属役。这种佃人，大概与此属于同一种类。

慢慢的，继麦太耶而代起的农业家，才是真正的农业家。他们耕田的资本是自己的，他们不过要对地主，支付一定量的地租。这种农业家租田，都有一定的租期。所以，他们有时觉得投下一部分资本改良土地，亦未始于己无利。他们有时希望，在租期未满以前，投下的资本，可以在收回的时候，提供很大的利润。不过，就连这种农业家的借地权，亦有一个长时期，是极不可靠的。今日欧洲，尚有许多地方，土地换了新主，即使租期未满，农人被逐，亦不算是犯法。在英格兰，亦得依虚构的普通退租法，取回租地。即令地主违法驱逐农人，农人亦不能藉由反抗。固然，农人投下的财产，常须估值补偿，但所偿决不能等于实损。在欧洲，

① 基尔柏特：Gilbert，今译吉尔伯特。——编者注

英格兰也许是顶尊重耕农的一个国家。但那里，亦迟至亨利七世之十四年，始立改佃诉讼法。规定改佃之时，农人得要求赔偿损失，并得要求恢复借地权。此种要求，尚不必由一次审问而审结。这个诉讼法，颇施行有效，所以，近来，地主若要为退租而起诉，他所引证的理由，常常不是自己是地主，有登记为凭，却常常用农人名义，说有退租证为凭。因之，在英格兰，佃人的安全，已等于地主。此外，英格兰又规定，岁纳租四十先令以上的终身租地权，即被视为终身保有的不动产，有选举国会议员的权利，耕农既大部分有这种终身不动产，所以政治上的势力，颇为不小，地主因之更加不敢轻视他们。但欧洲除了英格兰，我相信，就没有一个地方的佃人，未立租约，便出资财来建筑仓库，不疑地主见夺的了。这种赞助农民的法律风俗，确是使现代英格兰伟大光荣的地方。为商业而定立的各种夸大的条例，比较起来，其实算不得什么。

保障最长租期的法律，使不为各种承继人所妨害，据我所知，乃为大不列颠所特有。早在一四四九年，这种法律，就由詹姆士二世传到苏格兰去了。但当时，断分法尚未消灭，断分财产的承继人，往往不许以一年以上的时间出租田地，所以，这法律的泽润，未能尽量施发。最近，国会虽设法补救，但束缚之牢，犹堪浩叹。此外，在苏格兰，又因佃人例不得选举议员入院，故与英格兰的佃人比较，他们遂更不为地主所重视。

在欧洲别个地方，虽亦保障佃人，使不致受害于土地承继人和购买人，但这种权利的保证期限，仍甚短促。譬如，法兰西就定租期为九年，晚近，才延长至二十七年。但二十七年为期，仍不足鼓励佃人进行各种最重要的改良，依然嫌太短了。我们知道，古代欧洲各地的地主，即是立法家。土地法，都为地主拟设的利益打算。据他们自己拟设，似乎为他们打算，祖先不应以土地出租，致妨碍他们，使他们长期不能充分享受土地的价值。贫而不公，当然不能远谋。他们再不会想到，这种规定，一定会妨害改良，结果，一定会妨害他们自己的真实利益。

古代，农人对于地主，除了纳租，尚须提供各种劳役。那种劳役，既不明定于租约内，又不受任何规定支配，只要庄主诸侯高兴，就须随命随到。这种全无规定的劳役，使佃人不知抑受了多少痛苦。苏格兰，晚近把一切全无规定的劳役废止，不到几年，国内农民的境况，就改良了许多。

农民的私役已如此，公役又复同样横暴。大道的建筑修补（这种劳役，我相信，各处尚未废除，惟横暴的程度不等），不过是一个例罢了。在王军或王官过境时，当地农民，又有提供车马粮食的义务，那虽有代价，然代价定于供应吏。我相信，在欧洲各君主国中，只英国一国，曾完全扑灭供应吏的压迫。在法国德国，那都未曾消灭。

农民所负担的劳役义务，既如上述。农民所负担的纳税义务，其不规则，其横暴，当不下此。古代贵族，虽不愿在金钱方面，给君王以任何帮助，但君王苛征（tallage）佃人赋税，却不为贵族所深恶。他们不知道，这种苛税终不免影响他们自身的收入。在法国，现今仍有泰理税（taille）未除，那就是古代君王苛税的一个例子。泰理税的对象，是农民拟设的利润，但所谓拟设的利润，其估计又按照农民投在土地上的资本。因之，为自身利益计，农民所有的资本是愈少愈好，耕作所用的资本亦是愈少愈好。至若改良土地的资本，那就以全然不要为宜。即令在法兰西农民手中积蓄了一点资本，亦因有泰理税，不愿投到土地上来。泰理税，事实上，几乎等于投资土地的障碍。向他人租借土地者不免要纳此种赋税，但纳这种税的人，常认此为耻辱，会抑下自己的身份，使不仅不能与绅士平行，且不能与市民并列。绅士，甚而有产的市民，都不愿受这种耻辱。所以，施行这种赋税的结果，不仅使蓄积在土地上的资本，不能用来改良土地，且将使一切资本，无蓄积在土地上的可能。往者，英格兰会有十分之一税，十五分之一税，就它们对土地的影响说，和泰理税的性质完全一样，不过已在革命期间废止了。

在这一切害农政策之下，耕者改良土地的希望甚少。这一阶级的人民，即令受法律保障，得保其自由之身，改良土地亦有一大不利。以佃农与地主比较，殆类于以借钱经商者与有资亲自经商者比较。固然，无论是借资经商，抑是有资亲自经商，只要他们的行为一样慎重，他们的资财就都可以增进，但因借钱经商的利润，须有大部分归作借钱的利息，所以借钱经商者资财的增进，定要迟缓得多。同样，与地主比较，即令行为一样慎重，佃农耕地的改良，亦要比较迟缓得多；因为，在佃农的场合，生产物的大部分须归作地租，在地主的场合，这一部分却仍可用来作进一步的改良。此外，按照事物的本性，农民的地位就较低于地主。不仅如此，欧洲有大部分地方的佃农地位，甚而赶不上比较好些的贾人技师。佃农地位较低于大商人制造家，就是全欧洲共有的现象了。世上有几个人愿意舍弃大财产与高地位，而与下等阶级的人民为伍呢？直到现今，欧洲人的资本，亦不常愿舍弃他业，转到农业上来改良土地。英国的农业资本，虽然大都在农业（比较一切其他职业，农业上的资财蓄积，最为迟缓）上获得，但与欧洲其他各国比较，英国的资本，转到农业上来改良土地的，究竟比较多些。但我们应该知道，除了小地主，最能改良土地的，无论如何，亦当首推富农大农。在欧洲君主国中，英格兰，也许格外有这种情形。荷兰、柏恩、瑞士的农民地位，虽亦不下于英格兰的农民，但这几个国家都已经是民主国了。

但除上述各端以外，欧洲古代的政策，尚有不分地主抑是农民，而妨碍土地之改良与垦作者。（一）到处都规定，未经特许，谷物输出即一律禁止；（二）限制谷物的甚至于各种农产物的内地贸易，实行禁垄断禁令售禁囤积种种谬法，并确立市场的特权。我讲过，古意大利土地之自然丰度甚大，且又为大帝国所在地，然其农耕的进展，亦不免因禁止谷物输出，奖励外谷输入，而蒙受许多阻碍。至若，土地比较更不肥沃，位置比较更不适宜的国家，其耕作事业将如何因限制谷物的内地贸易，禁止谷物的输出，而蒙受恶的影响，却就难于想象了。

第三章　论罗马帝国崩溃后都市的勃兴与进步

罗马帝国崩溃后，都市居民的境况并不较胜于农村居民。不过，那时候都市上的居民，已不大相同于古代希腊共和国意大利共和国内的居民了。在这等古代共和国内，地主实占居民中的多数，他们分占公地，彼此觉到了邻居筑围墙以御敌侵的方便。但在罗马帝国崩溃后，地主大都散居于各自领地的城寨内，不与各自的佃农及属民分离。市镇上的居民，大都是贾人工匠。他们的处境无异隶役，或甚类于隶役。欧洲各重要都市居民古时所得的特权证书充分指示了他们在未取得特权证书以前的生活情况。这种特权证书，给了都市上的人民。第一，他就可以自由嫁女，不必领主许可；第二，在他死后，他的货物即可由儿孙继承，非由领主取得；第三，自身遗产可由遗嘱处分。这种特权证书的颁发，充分说明了证书未颁发前，他们和农村耕作者几乎一样，或竟全然一样在贱奴状况下。

这种人，无疑是很贫困很下流的，他们肩挑着货物，过市赴墟，从这里跑到那里，与今日拉车荷担之人比较，殆极相类。那时欧洲各国，像现在亚洲的鞑靼政府一样，又惯于在他们经过境界，经过桥梁，赴市趁墟，设摊售货的时候，把赋税加在这种旅行人的人身与货物上。于是，在英格兰，有所谓过界税、过桥税、落地税、摊税。但有权课取这类赋税的国王或大领主，亦有特许境内特殊贾人全然免纳各税的权力。因之，他们的地位，在其他各点，虽与隶役无异或极相类似，但仍被称为自由贾人。不过，他们为报答君主保护起见，每年却须纳人头税若干。当时这种保护，甚不易得。君主甚不愿舍弃那各种税收，若竟舍之，自非有厚酬不可。这种交换条件的施行，当初只限于个人，故其期限，或限于其人之身，或一随领主好恶。关于英格兰几个都市，英国土地测量书所载，已极不周详了。但内仍常有某民纳税若干于其国王或领主而恳求这种保护的记录，有时，又只记录这一切赋税的总和。

都市居民的情况，无论当初是怎样卑贱，但与乡村耕作者比较，他们取得自由与独立，为期总算更早得多。都市居民的人头税，是国王收入的一部分，这一部分收入，每由国王委托经收人或别种人经收，制为定额，在一定年限内包办。但市民自己亦往往可以取得这样的信用，来经收他们本市的这种税收，他们遂对于这全部税收，联合负起责任来经理。这种经收赋税的办法，对于欧洲各国国王的一般经济，是十分适宜的，因为他们本来惯常把庄园全部的税收由庄园全休的个人包办，使对于这全部税收负起连带的责任。但这种办法，于佃人亦极有利。他们自己聘员直接收集这种税收而纳于国库，不必再受国王派出吏役的横暴了。这一件事，曾在当时，被视为极重大的一件事。①

当初，市民包办市租，殆类于农民承租土地，是有年限的。后来，跟着时代的推进，那已经变成永远的，税额一定，以后永远不能再加。税额既成为永续的，以纳此税为条件的其他各种赋税的豁免，便亦成了永续的。因之，其他各税的豁免，便不只于一人之身，不再属于个人之个人，而属于特殊城市内的一切市民了。这个城市，因之成了所谓自由市，与市民终于成了所谓自由

① 麦笃克斯·浮尔马·白赤著第一版《国库史》第十章第五节第二二三页。

市民或自由贾人，同其理由。

伴着这种权利的赐与，又有前面讲过的那种种重要特权（即嫁女自由权，儿女承继权与遗嘱权），敕赐给特殊市上的一般市民。那种种特权，是否惯常伴着贸易自由权的赐与，而敕赐给特殊的个人市民，我不知道。也许真是如此，惜我提不出什么直接的证据。不过，无论如何，贱奴制度及奴隶制度的主要属性，就这样从他们身上解去了，至少，从这个时候起，他们是自由了，像现代人所说的自由一样，他们实在是自由了。

尚不止此。他们大都又会设立一种自治机关，有权推择市长，设立市议会，设市政府，颁市法规，建城堡以自卫，使居民习战事，任守备。遇有敌攻或警戒，凡属居民，无分昼夜，均须尽防卫责。在英格兰，他们可以免除郡裁判所州裁判所的管辖；公事诉讼除外，民间小争讼，均可由市长判决。其他各国，市长所得的裁判权尤大。①

市税由市民包办的都市，这种审判权的敕赐，乃有必要。强迫市民纳税，不能不给市长以强迫的裁判权。况此时，国家纷乱，设不给市长以裁判权，裁判必无由得，即令可得，亦必极为困难。但欧洲各国君主，为什么定要以此租税，规为定额，不可复加，却使我们觉得奇怪。因为，我们知道，这种税收在一切税收中，最不必劳神费财，自然会增加起来的。此外，还有一点，似乎很是奇怪的，是君主们会在他们领土的中心，自动建立一种独立的民主国。

要了解此中理由，须记着当时纷乱，欧洲各国君主殆无一能保护全国弱小人民，使不致受大领主压迫。这一部分弱小人民，既不能受国法保护，又无力自卫，所以只有两条路走：即，若不

---

① 参照麦笃克斯·浮尔马·白赤所著书；并参照蒲肥尔关于休比亚王家腓特烈二世及其后继者之大事纪。

是投身某大领主之下，为其奴隶，而乞求保护，就只有联盟起来，共同守卫，彼此相互保护。城市居民，单个的说，虽无自卫能力，但一经有了攻守同盟，抵抗力亦就不可轻视。领主，常鄙视市民，不仅认市民之身份，与已不同，且认市民为被释之奴隶，种属亦与已异。因之，市民之富，常常使他们嫉妒愤怒；他们不稍姑息的，凡事加以压迫侵凌。市民之嫉恨领主，畏惧领主，就是自然的了。恰好，国王亦嫉恨他们；在他方面，国王虽亦鄙视市民，但他没有嫉恨他们、畏惧他们的理由。所以，相互的利害关系，终使国王市民，互结同盟，以抗领主。市民是国王的敌人的敌人，所以，为他自己的利益起见，他要尽其所能，使这种敌人的地位稳固而独立。他给他们以推择市长，颁发市法规的特权，并使他们建筑城堡，全有军事训练。总之，他是尽他所能给的，把一切使领主独立安全的手段再给与他们。但要使他们的自由同盟能对他们提供继续的完全，能对国王提供颇大的援助，则又非有正常的政府组织不可，非有强制居民服从的权威不可。至若，规市租为定额，示不复增加额数，亦不转赐他人，则又不过表明心迹，稍释友军（如果能够如此说）同盟的疑忌，使不复疑已再有压迫之事而已。

对领主感情最恶的国王，对于市民，其敕赐往往最为宽大。例如英格兰国王约翰，即对市民最抱宽容政策者。法兰西之腓力第一，已全失统率领主之权。至其末年，据神父登尼耳[①]言，其子路易，即与国内诸主教，谋一最适当之方法，以取缔领主暴行。主教们的意见，可以归纳为两种提议。一、在国王领土内，各大城市，均设市长市议会，而创设新司法制度。二、使城市居民组织新民军，听市长调遣，在必要时，出发援助国王。据法兰西诸考古家说，法兰西市长制度；市议会制度，就是这时创立的。德

① 登尼耳：Daniel，今译丹尼尔。——编者注

意志大部分的自由市，亦在式微的休比亚王治下，始赐有这种种特权；有名的汉细亚同盟，在这时始渐露头角。[①]

都市民军的力量，此时既不下于乡村民军，一旦有事，集队又复更为容易，故与当地领主争议，他们常占优势。意大利、瑞士等地，或因其他离首府所在地甚远，或因其他原有势力伸张，或由其他原故，致君主们的权威尽行丧失，致各都市大都逐渐成为独立的民主社会，并克服当地贵族，迫令拆毁乡间的城堡，使以平民资格居都市内。柏恩[②]及瑞士其他若干都市中，民主国之短期历史，类皆如此。除了威尼斯，则十二世纪末至十六世纪初，意大利屡起屡灭的无数大民主国，经过亦复如此。

英法二国王权虽有时甚为式微，但从未全部破灭。都市因之竟无完全独立的机会。但因市民势力日张，除上述的市租以外，国王一切赋税，仍须得市民同意，始可征收。王有急需，且须通诏全国各市，派遣代表，出席国会，与牧师诸侯辈协议。但因市民代表，大都袒护国王，故国王每乐用之，以抗议会内大领主的权力。此后，欧洲各大君主国的全国会议，虽争相仿效，均有市民代表之推选，然此实为市民代表的嚆矢。

秩序，好政府，以及个人的自由安全，就在这种状态下，在各都市确立了起来。然此时，乡村农耕者，依然受贵族各种迫害。在乡间，农民不能反抗，不得不满足于必要的生活资料；他们不敢多求，以触压迫者之怒。反之，在他们劳力的结果，如果确有亲自享受的把握，他们就自然会努力来改良他们自身的境遇，不仅要取得生活必需品，且要取得生活上的方便品、娱乐品。就振兴产业以冀获得生活必需品以上的物品那一点说，都市居民，一般可说是农村居民的先辈。因之，在贱奴状态下受领主

① 参看麦笃克斯及蒲肥尔二人之著作。——编者注

② 柏恩：Berne，今译伯恩，瑞士首都。——编者注

钳制的贫穷农民，稍有贮蓄，必掩藏惟谨，使不为领主所见（否则将为领主所夺取），一有机会，即逃往都市。加之，当时法律，对市民既如此宽纵，对农民又如此热望领主暴行的减少，所以，只要他逃往都市，一年不为领主所获，即永可自由。因之，乡村勤劳居民，一有蓄积，自然会逃到都市来，把都市看作他们唯一安全的避难所。

城市居民的食品、材料、产业手段，归根地说，诚皆出自农村。但近海岸沿大河边的城市诸民，却不必限定仰给于邻近的农村。他们有更大得多的范围，他们或以自身工业的制造品交换，或经营诸远国间的贩运业，以甲国产物交换乙国产物，而从远地取得他们所需要的这种种物品。在他们邻近各农村均甚贫乏，均甚衰落，而和他们通商的各个农村，亦甚贫乏衰落的时候，他们所居的城市，仍可发达起来，日臻于富强。单个的说，这各个农村所能提供的食料与雇佣机会，虽甚有限，但综合的说，他们所提供的却极可观。不过，我们须知道，在商业范围尚极有限时，就有些国家很富裕了，产业很发达了。这譬如未曾灭亡时代的希腊帝国，亚巴西德[①]统治下的萨拉森。又譬如，未被土耳其征服的埃及，巴伯里海[②]岸某地，以及莫尔斯政府[③]统治下的西班牙。

在欧洲，由商业致大富之国，似宜首推意大利诸城市。此时意大利位于文明改良世界之中心。十字军虽然破坏了许多资财，伤害了许多居民，但于欧洲其他诸国之进步有害者，却适足助长意大利若干城市之发展。为争夺圣地而出发的大军，对于威尼斯、艮诺亚、庇萨[④]诸市之航海业，提供了极大的奖励。十字军由他们

---

① 亚巴西德：Abassides，今译阿巴赛兹、阿巴西德。——编者注

② 巴伯里：Barbary，今译巴巴利、柏柏里。——编者注

③ 莫尔斯政府：Moors，今译摩尔斯。——编者注

④ 庇萨：Pisa，今译比萨，意大利西北部城市。——编者注

运送，其食粮亦由他们供给。他们简直可以说是这种大军的辎重队。十字军对欧洲其他各国，虽为破坏之狂，对此等民主国，则为富裕之源。

商业都市上的居民，往往以制造品奢侈品运往富国，以满足大富翁之虚荣心，大富翁亦莫不愿以多量本国土产物为之交换。因之，当时大部分欧洲商业，主要都是以本国土产物，交换更文明国的制造品。英格兰之羊毛，常与法兰西之葡萄酒，及伏兰德之精制毛织物交换；波兰之谷物，亦常与法兰西之葡萄酒白兰地酒及法兰西意大利之丝绒交换。

对精良制造品的嗜好，遂由外国贸易，逐渐普及于未有精制造业的国家。但此种嗜好，一经普及于国内，引起颇大的需要，则商人为省免运输费起见，自然想在本国建立同种制造业。因之，罗马帝国崩溃后，欧洲西部各地，始有适于远地贩卖的制造业发生。

但我们必须注意，世界上完全没有制造业的国家，决不能存在；我说一国没有制造业，我所指的，只是精良进步的制造业，或适于远地贩卖的制造业。无论什么大国家，大部分居民穿着的衣服，日用的家具，都是本国产业的产物。此种情形，在普通所谓无制造业的贫国，尤为常见，而在普通所谓制造业发达的富国，反不常见。与贫国比较，富国下等阶级人民日用的衣服家具，反有较大得多的部分，是外国的产物。

各国适于远地贩卖的制造业，其发生盖有二途。

先就第一途说。国内商人营业家，有时因要仿效外国某种制造业，而以剧烈的活动（那正可如此说），把资本投下来经营。像这样发生的制造业乃是国外通商的结果。十三世纪盛行于路加地方的丝制造业、绒制造业、缎制造业，即如此发生。此等制造业，后为珲奇威[①]英雄凯斯托鲁西·凯斯托拉生尼之暴令所逐。一三一〇年，有九百家族，被逐出路加境；其中，有三十一家，退往威尼斯，建议设丝业于其地。当地官吏许之，并许以多种特权。因之，他们就在那里始设丝业。肇立之初，即雇有工人三百；伊利沙白时代始传入英格兰而在古代即已盛行于伏兰德之精毛织业，现在里昂及斯比特城的丝业，亦都似乎是这样发生的。这样发生的制造业，因为是仿效外国，所以，大部分使用外国材料。当威尼斯初有制造业时，一切材料均从西西里及里文特运来。推而上之，昔时路加制造业所用之材料，亦产在外国。桑树的培植，蚕虫的饲养，在十六世纪以前，意大利北部人，似乎还不大知道。种桑养蚕的技术，是查理九世时代，才传入法国的。伏兰德制造业所用的羊毛，均出自西班牙英吉利。西班牙的羊毛，虽然不是英格兰毛织物最初采用的材料，却是适于远地贩卖的毛织业最初所采用的材料。里昂制造业所用的丝，亦大半是外国产；而且，在它初肇立时，那就全部或几乎全部是外国产。就英国的斯比特城说，制造业材料，亦全不是英国本地的产物。像这样的制造业的发生，大部分要归因于少数人的计谋，所以，设立的地址，有时是海滨的都市，有时却是内陆的都市，那完全取决于这少数人的利害关系和主见。

有时，适于远地贩卖的制造业，乃自然而然的，由家用品制造业粗物制造业逐渐改良而生。我们讲过，就连最贫陋的国家，亦常有家用品制造业和粗物制造业。由这种制造业逐渐改良而生的制造业，大都使用本国出产的材料；发生的地址，大概是离海岸颇远的内陆，那里，甚而离隔可通航运的大河，亦很辽远。自然丰度最大的内陆，耕作甚易，所产之物，除了维持耕者生活所必要的部分，尚有剩余甚多。这种剩余，因陆运费太贵，航运不

① 珲奇威：Machiavel，今译马基雅维利。——编者注

便，不易送往外地。过度的丰饶使食粮低廉，从而，鼓励工人乐居其地。他们在那里勤劳，比较可以获得更多生活上的必需品、方便品。他们所用的材料，是本地出产的，他们在材料上加以制造后，即以熟货，或者说，以熟货的价格，换得更多量的材料食抖。他们，节省了由内陆到沿河沿海各远市的运输费，从而，对于剩余部分的原生产物，附加了一个新的价值。从而，耕者方面，亦可以就比较先前，以更为简易的条件，从这班工人手上取得于他们有用或者使他们合意的物品。对于剩余部分的农产物，耕者可以取得更高的价格；他们所需要的其他方便品，价格又更低廉了。这鼓励了农民不少，使农民进一步改良土地耕作土地，因而增加剩余的产量。土地丰沃，既然是制造业诞生的原因，制造业的进步，又将反过来增进土地的丰度。制造业，当初仅供应本地；后来，作品精致改良了，又将供应远地的市场。原生产物和粗制造品，要由陆运运往远地，所费之大，虽甚难担负，但精制造品却不会感到这种困难。精制造品，在小容积中，常包含多量原生产物的价格。一匹精细罗纱，譬如，虽仅重八十磅，但所含价格，却不仅是八十磅羊毛的价格，而且，有时还包含着各种工人及其直接雇主的生活资料，比方说，几千磅谷物吧。这种谷物，如果以谷物的原形运往海外，定然是极困难的。但若寄托在这种精制品上，那虽要由天之南运往地之北，怕亦很是容易。里德斯[①]、黑里发克[②]、席斐尔德、伯明翰、沃尔味罕吞各处的制造业，就按照这个方法，自然发生起来的。这种制造业，是农业的结果。与上述那种制造业比较，一为国外商业的结果，一为农业的结果，而就欧洲现代史观察，则后者的推广改进，常较迟缓。在上述诸地适于远地贩卖的制造业尚未大发达以前一百余年，英吉利用西班

① 里德斯：Leeds，今译利兹。——编者注

② 黑里发克：Halifax，今译哈里法克斯。——编者注

牙羊毛而经营的精毛织业，就很著名了。并且，后一类制造业的推广改进，又只是农业推广改进的结果，而农业的推广改进，对于国外商业及直接由此而生的制造业，却可说是最近的最大的效果。关于这一点，我们下面讲吧。

第四章　都市商业对于农村改良之贡献

工商都市的增设与富荣，对于所属农村的改良与开发，颇有贡献，而其贡献之途径有三。

一、对于农村的原生产物，提供一个巨大而便易的市场，从而，对于农村的开发与进一步的改进，提供了一个奖励。得此益者，且不仅为都市所在的农村。凡与都市通商的农村，均将受其实惠。因此等农村的原生产物或制造品，既因而取得了一个市场，其产业自必因而改进，其治化自必因而改良。当然呐，都市所在的农村，则因邻近之故，所得实惠亦必最大。其原生产物之运输，所费既较省，所以，与较远的农村比较，对于生产者，商人们即令出了高价，但对于消费者，取价却仍可一样低廉。

二、都市居民所获的财富，常用以购买待售的（那通常是大部分尚未垦植）土地。商人们，都渴望变成乡绅，并且，在他们变成了乡绅的时候，他们往往最能改良土地。商人与乡绅不同。乡绅是一向奢侈惯了的，他只会花钱，从来不会想到赚钱。商人却常用钱来经营有利事业，他用一个钱，就希望在这一个钱回来的时候，带回一些利润。他们这种不同的习惯，使他们一则常常是勇敢的营业家，一则常常是胆怯的营业家。他们营业的性情，极不相同。在商人，如果觉得一时投下大资本来改良土地，或有希望按照费用的比例，而取得一个价值，他会毫不迟疑地向前进行。但在乡绅，则有资本者已少，即令稍有，亦不敢如此投下。

即令他想改良土地，然所用以改良者，亦复不是资本，只是每年收入的剩余。是故，土地改良，实当望于购置田地的商人。设你幸而住在四周农村多未开垦的商业都市中，你当能看到在这方面，商人的活动，比较乡绅，是更活跃到了什么程度啊。此外，商人由经商而养成的爱秩序、节省、谨慎那各种习惯，亦使他更宜于进行改良土地，不愁不成功，亦不愁无利润可图。

三、农村居民，一向是处在不断的混战与压迫中。他们常对邻人战争，又常为贵族所奴役使令。但工商业的发达，却逐渐使他们有秩序，有好政府，有个人的安全自由。这一种效果，是最重要的，但不为世人所稍察。据我所知，曾注意此点的作家，一向只有休谟先生。

在既无国外贸易又无精制造业的农村，土地生产物，除了维持耕者，有余之大部分，必因无物可以交换之故，而毫无所谓的，在国内，由地主施给人们消费。这剩余部分，如足够维持一百人，即维持一百人，如足够维持一千人，即维持一千人。舍此以外，实无其他用途。所以，他周围常有成群的婢仆从人。他们依赖他的恩惠。他们服从他，像兵士服从王公一样。其实他们舍此以外，亦即无任何等价的物品，以报酬地主的养给。在欧洲商业和制造业尚未扩张以前，自王公以下，一直到小领主，都是这样施恩。这，在今日我们，简直难于想象。例如，韦斯特明尼斯特[①]厅，为威廉·卢福斯[③]之饭厅，且常有人满之患。道麦斯·贝克特[②]常以清洁之草秣，铺于厅之地下，使不能得座位的坐地就食的武士文人，不致染污他们灿新的衣裳。瓦维克大公[④]，据说，每日所养达三千

① 韦斯特明尼斯特：Westminster，今译威斯敏斯特。——编者注

② 威廉·卢福斯：William Rufus。——编者注

③ 道麦斯·贝克特：Thomas Becket，今译托马斯·贝克特。——编者注

④ 瓦维克大公：The great Earl of Warwick。——编者注

人；此或言过其实，但数目总必很大，不然，是夸张不来的。我们知道，不多年前，苏格兰高地一带，仍盛行此风。而在工商业很不发达的民族，这种风气，似乎亦是很普及的。鲍考克[①]博士曾说："我曾见，阿拉伯酋长，在他售卖家畜的市中，当街宴请一切行人，那就连普通乞丐，亦在被邀之列。"

婢仆是大领主的隶属，佃耕者亦是大领主的隶属。但这种人因非贱奴，而是无自由的佃农，故所纳地租，无论就任何方面说，也不能与土地所提供的生活资料等价。数年前在苏格兰高地一带，土地所产，足供一家，而普通所纳地租却仅为一克郎、半克郎，一羊、一小羊而已。有些地方，现在依然如此；但该处的货币，与他处比较，却并不能购买更多的商品。其实，在这样的农村，本地所产既必须在本地消费，故为地主打算，设彼辈能像家仆一样隶属于自己，能听从自己的号令，则不如让彼辈消费所产于彼辈所在之地。他可以从此省去许多麻烦，随从的婢仆，可不致过多。但我们应该知道，这种无自由的佃农，虽仅须付纳免役的租税，但从属于领主，须绝对听从领主命令，则无异于婢仆家奴。领主在自己家里，养给他的婢仆家奴，又在佃农家里，养给佃农。婢仆的食粮，固然得自领主恩施，佃农的食粮，亦得自领主恩惠，而恩惠的继续与否，又均取决于领主的好恶。

在这情状下，大领主对于其佃农家奴，必然有一种驾驭的权威。这种权威，便是一切古代封建权力的基础。他们在平时，是境内居民的裁判者，在战时，是境内居民的统领者。他们有统率境内居民以抗不法者的权力，故在境内，居然成了治安的维持人、法律的执行者。这种权力，在古代，殆全部属于封建诸侯。国王亦没有。国王在古代，虽为领土内最大的领主，有统率全民众以

① 鲍考克：Pocock，今译波考克。——编者注

抗国仇的权力，而为其他大领主所尊敬，但要亲司法律，强制某大领主领地内人民偿还小债（其地居民皆武装互助），所费甚多，而所得之实效，恐又有限。因之，大部分农村的司法权，遂不得不委之于能执行法律者。同样，国王又因为自己不能消灭内战，遂再以统辖民军的权力委于能统辖民军者。

说这种地方的裁判权是起原于封建法律，实是一个错误。不仅最高的民事刑事裁判权，是在欧洲尚不知有所谓封建法律以前数百年，即已握在大土地领有者手中。举凡一切募兵权、铸币权、颁发地方行政规则权，均已于此时委于大领主手中了。英格兰征服前的萨克森诸领主掌握中的统治权与裁判权，并不下于征服后的诺尔曼诺[1]领主掌握中的统治权与裁判权。至若法兰西，则领主统治权裁判权的发生，先于封建法律的发生，尤为不容置疑之事实。这种种权力，无疑曾跟随上述各种财产制度与风习而生出。且不讲古代英法两帝国吧，我们就在更晚得多的时代，亦可以寻出充分的证据，证明这种种结果，必随这诸种原因而发生。不到三年前，苏格兰洛赫巴[2]地方，有一绅士，名罗齐尔的康昧郎[3]，既不曾得一命于王朝，又非农民之豪长，不过亚基尔[4]公一家仆罢了，却常为其民众，执行最高的刑事裁判权，不仅民事调解而已。据说，他的审判裁判，虽无司法仪式，却颇为公正。这，也许因为当地情形如此，为维持公众治安计，乃不得不以此权力，委托给他执行。这位绅士，每年得租，不过五百镑，一七四五年，曾率其子民八百，参加斯托亚的叛变。

实则，封建法律的设立，不但不要扩大封建领主的权力，其

---

① 诺尔曼诺：Norman，今译诺曼底。——编者注

② 洛赫巴：Lochabar，今译洛哈伯。——编者注

③ 罗齐尔的康昧郎：Mr. Cameron of Lochiel，即洛琪尔的卡麦隆。——编者注

④ 亚基尔：Argyle，今译亚皆老。——编者注

实是想把他们的权力缩小。自国王以下，一直至最下级的领主，均由封建法律，妥为制定等阶，各有各的职守和义务。在小领主幼弱时，则对于该领主所有之土地，地租归其直接上司领受，管理权亦归其直接上司掌握；而在各大领主幼弱时，则归于国王。他对于幼弱的领主，尽保护教育的责任，并以监护人的资格为之婚娶——如果身份相应。不过，这种法律，虽本意要加强国王的权力，减弱大领主的权力，但仍不能使乡村居民，得有秩序与良好的政府。骚扰所由而起的财产制度与风习，并不能由此种法律而彻底改变。政府的权力仍过小，贵族的权力仍过大，而贵族权力的过大，适足造成政府权力的过小。封建等级制度虽然确立了，国王仍不能制服大领主。大领主横暴如故。他们相互间，依然连年战斗，甚而对国王战。旷野乡村的情状，依然是紊乱骚扰。

然而，封建法制雷厉风行，所不能实行的一切，却竟能由国外商业及制造业默移潜化，而渐次成就。国外商业与制造业之兴，渐使大领主得以其土地剩余产物之全部而与他物交换。由此而得之物，其享受遂无须与佃农家奴共。于是，他们所得的地租，遂可由自身而消费其全价值。在古代，全为自己不为他人，简直是主人的恶德。从这时起，他们的性情变了，他们不愿再和别人共同享受了。他们从前的剩余食粮，如足养活一千人一年，他们就只有把这食粮用来养活这一千人。现今，却不然了。他们会宁愿把这一千人的食粮或其价格，用来购买一对金钢石的钮扣，或其他珍贵物品。他们毫不迟疑地，与其保留旧有的威权，而与人共享，就宁愿逐渐舍此威权，转图此等最儿戏最平凡最下贱的虚荣心的满足。

在无国外贸易又无精制造业的国家，每年有一万镑收入的人，除了以这一万镑养活一千家人而使其俯首听命以外，也许就没有其他的消费方法。但在现存欧洲，每年有一万镑收入的人，不必直接养活二十人，不必直接使令无使令价值的仆役数人，却已可消费其收入全部。事实上，亦常如是。固然，他们间接雇用的人，也许和往昔消费方法所雇用的一样多或者更多。他以全部收入所换得的实物量，也许极为微小，但为采集制造这实物而被雇用的工人，却无疑很大。这种实物的大价格，大都出自他们劳动的工资及其直接雇主的利润。他直接支付实物的价格，即间接支付这一切工资与利润，从而，间接维持了工人及其雇主的生活。不过，他对于他们各人的贡献，却只是他们全年生活费的极小部分。他们各人每年的生活费，得之于他一个人的，少数占全部的十分之一，许多占全部的百分之一，有些则尚不及千分之一，万分之一。他虽然维持了他们全体的生活，但他们全体的生活，都不一定要他维持，所以，对于他，他们就多少是独立自主的了。

在大地主以其地租维持佃农家奴时，他们是各自维持各自的佃农家奴全体。但在他们以地租维持商人工匠时，他们全体所能养活的人数也许和往昔一样多，且以施恩每有耗费之故，今所能养，也许还较多于往昔。但是，分开计算，他们每个，对于这较大人数中每个人的生活费，则所供助者往往极微。每个商人工匠的生活费，都不得自一个顾主，而得自百千不同之家。他在某程度上，虽不得不仰给于他们全体，但不须绝对仰赖于他们中任何一人。

大领主的个人消费，就在这情状下，逐渐加大起来。因此，他所养活的家奴，就非逐渐减少以至完全斥退不可。而又为了同一缘由，不必要的佃农，亦非逐渐斥退不可。农田加大了，虽有减少人口之议，然仍不得不按照当时不甚完全的耕作改良情形，使佃农人数减至耕作所必要的程度。不必要的寄食者，是尽数的斥退了，农田的地租又在尽量榨取，因之，地主所得的剩余（或者说剩余的价格），遂渐次加大。这个较大的剩余，又由商人制造家那里，取得了个人消费的方法。但再为了同一缘由，地主们且渴望所得地租能超过现耕作状态下土地所能提供的数额。但土地要进一步改良，佃农必致增加用度，若租期之长，尚不足使他收回这追加的用度及其利润，他决不会同意于地主的要求。他定要延长租期。地主们因有此种多费的虚荣心，卒致承认佃农的条件。租期遂予以延长。

无自由的佃农，耕作土地，虽须支给十足的代价，但决非完全隶属于地主。他们金钱上的利得，是相互的，是平等的；无自由的佃农，不必牺牲生命与财产来为地主服务。但在租期延长后，他就简直是独立自主的了；除了按照租约或习惯法，地主不要想他做一点事情。

佃农既已独立，家奴又复斥退，大领主遂不能再干涉正常的司法机关，不能再扰乱地方的治安了，他们那与生俱有的权利，于是出卖了，然而，出卖的目的，不是像伊骚[①]那样为了饥饿，为了必需，却仅仅为了耳目玩好，仅仅为了为儿童所乐玩，非成人所宜求的宝石钻戒。因之，他们与城市的市民商人较，是一样平庸了。于是，在城市，在乡村，都设立了正常的政府。没有谁能扰乱都市的政治，亦没有谁能扰乱乡村的政治了。

下述一事，或与本题无关，但不妨在此一提。即，以大宗地产，由父传子，由子传孙，传至许多世代的世家，在商业国是颇为罕见的。反之，在商业不盛的国家，如威尔士，如苏格兰之高

---

① 伊骚：Esau，今译以扫，圣经人物。据圣经记载，以扫是以撒（Isaac）和利百加（Tiberian）所生的长子，身体强壮而多毛，善于打猎，心地直爽，常在野外，更得父亲以撒的欢心；孪生兄弟雅各（Jacob）为人安静，常在帐篷里，更受母亲利百加的偏爱。以扫曾因为“一碗红豆汤”随意地将长子名分“卖”给了雅各。这里用的便是这个典故。——编者注

地，则极普通。阿拉伯的历史，满载着贵族的世系；有一位鞑靼可汗，著了一部历史，曾经译成几种欧洲文字，其中，就全是贵族的世系。这可证明世家，在古代，是极普通的。在富人收入只能尽量用以维持他人时，他的用度往往不至于过分，他的仁爱心，似乎并不怎样激动，竟至于使他所养给的，多于他所能养给的人数。但在收入是最大部分归个人消受时，他的用度往往极无限制；他个人的虚荣心，永远没有满足的时候。所以，在商业国，即令有极严重的法规取缔奢侈，长富之家仍属罕见。但在商业不盛的国家，即令没有法规取缔，亦多长富的家庭。像鞑靼阿拉伯那样的游牧民族，财产不易消费，故取缔奢侈的法规，亦无设立的可能。

对于公众幸福，这真是一种极重要的革命，但完成这种革命的，却是两个全然不顾公众幸福的阶级。满足孩稚的虚荣心，是大领主的唯一动机。至若商人工匠，虽不像那样可笑，但他们也只知道为一己的利益。他们所求的，只是到有一个钱可赚的地方去赚一个钱。大领主的痴傻，商人工匠的勤劳，终于把这次革命逐渐完成了，但他们对于这次革命，却是始终未曾了解，亦未预先看到啊。

欧洲大部分的商业和制造业，就在这情状下，做了农村改良开发的原因，不是结果。

这种反乎自然的顺序，当然是迟缓不定的。试一比较以工商为国富基础的欧洲各国的进步，与以农业为国富基础的我国北美殖民地的急速的进步吧，你会知道，欧洲各国的进步，是多么迟缓啊。欧洲大部分地方的居民数目，似乎将近五百年不会增加一倍。我国北美殖民地有些地方，却是二十年或二十五年就增加了一倍呀。在欧洲，长男承继法，各种断分法，都使大地产不能分裂，使小地主不能增加。我们知道，小地主，所有土地有限，视听甚周，对于自己的土地，他的用心，他的爱护，真是无微不至。他不但喜欢开发它,而且喜欢改良它。他在各种耕作者中,其实是最勤勉、最开明、最常成功的。加之，长男承继法、断分法，又使许多土地不能出卖，常使购买土地的资本，多于待售的土地，从而，使土地常以独占价格出售。购买土地所得的地租，常不足支付购买货币的利息,至若修补费,及其他各种意外用度,更不用说。所以,以小资本购买土地，在欧洲，居然是最少利润的用途。固然有些不再经营工商业了的人，为图安全起见，亦有时愿投小资本来购买土地。还有些从别个来源取得收入的职业家，亦因要使储蓄节省之物不易散失，而喜投资购买土地。诚然，一个少年人，如果不愿从事工商业，却愿用二三千镑资本购买一小块土地，从而加以开发，那亦未尝不可求生活优裕，但要希图大资产，就绝不可能了。并且，这样的少年人，虽无成为地主之望，但多不愿为农业家。任人购买的土地既甚少，土地的卖价又甚高，结果，有许多原本愿用来改良土地开发土地的资本，到底不能投到这方面来。反之，在北美洲，则有五六十镑的资本，便很够改良土地了。那里，未改良土地的购买与开发，既为最大资本最有利的用途，亦为最小资本最有利的用途。在那样的地方，这是最直接的致富方法。那里的土地，几可全无代价取得，即令须出代价，亦尚不及其自然生产物的价值。这现象，在欧洲绝不能有；在土地早已成为私有财产的国家，决不能有。再者，在大家庭的家主死时，所遗土地财产若能平均分配于各个儿女，则所遗地产大都有出售之日。待售的土地增加了，土地就不能再以独占价格出售。土地的自由地租，渐足抵付购买货币的利息；以小额资本购买土地，亦将和其他用途，同样有利。

英格兰，因土壤的自然丰度甚大，因海岸线与全国面积比例而言甚长，又因有许多可通航运的河流流贯其间，使内陆各地能有水运之便，所以，与欧洲任何大国比较，都一样宜于国外通商，一样宜于经营远地贩卖的制造业，一样宜于改良土地。但自伊利沙白治世之初以来，英国立法，每特别注意于商业制造业的利益；事实上，欧洲各国（荷兰本国，亦非例外）的法律，一般说，均更宜于此种产业。所以，商业制造业，就在这全期间，不断向前发展起来。无疑，农村的开发与改良，亦在进步；但其进步，往往远在商业制造业进步之后，而其进步，亦甚迟缓，跟不上商业和制造业的急速发展。大部分农村，也许是在伊利沙白时代以前开发；且尚有颇大部分，仍全未开发，至若，未曾尽量开发的农村，就更不在少数。不过，英格兰的法律，不仅由保护商业而间接鼓励农村改良，且曾有若干直接的奖励。除了在歉收的年度，谷物输出，不仅自由，且有奖金。在收获中平的年度，外谷输入，又有等于禁止输入的关税。除了从爱尔兰来，活家畜的输入，是全被禁止，而且，准许从爱尔兰输入，亦是不久的事。在这两种最重要的土地生产物（面包与屠肉）上，耕作土地者实享有一种有害邦人的独占。像我后面讲的，这种奖励，虽到底全是幻想，但由此，至少可以推知英国立法当局，实有赞助农业的美意。而最重要者，则为英格兰法律，对于其国农民，曾竭尽所能，使其安定独立而受人尊敬。在长男承继法尚未消灭，什一税继续征收，与法律精神相反的断分法仍有时依然有效的时候，英格兰总算最尽了力来鼓励农业。但英格兰农业的情状，仍是如此。那么，设令农业，除了由商业进步而间接得到鼓励以外，即不复有法律的直接鼓励，并设令英格兰农民的处境与欧洲其他诸国相同，则农业又将现出何种情况呢，自伊利沙白治世以来，迄今已二百余年了。这长的期间，是人类繁荣过程中常须经历的吧。

在英格兰成为大商业国以前大约一百年，法兰西的外国商业，尚很可观。照当时人所拟想，似在查理第八往征纳蒲尔斯[①]以前，法国的航海业，亦颇可观。但就全体说，法兰西的耕作改良事业逊于英格兰。法国法律，未曾予农业以直接的奖励。

西班牙葡萄牙对欧洲其他各国的外国商业，虽多由外国船舶装运，但很为不小。西班牙葡萄牙对他们殖民地的外国贸易，由本国船装运，则因殖民地富饶宏阔，尤为巨大。然而，如此巨大的国外商业，并不会在这两国，引起颇为可观的远地贩卖的制造业，甚至，这两国的土地，亦尚有大部分，未曾开垦。可惜葡萄牙，在欧洲各国（除了意大利）中，向以国外商业，被推为老资格。

由国外贸易及远地贩卖的制造业而使全国土地尽行开发改良的国家，在欧洲，似乎只有一个意大利。据鸠西亚丁[②]所述，则在查理第八侵入以前，意大利最平坦、最肥沃的农村固已开垦改良，最高最瘠的农村，亦是同样开发了。这个国家所处的地位，颇为有利，立在这个国家里面的独立小邦又有许多。这种事实，对于全国土地的开垦，或不无小补吧。然而，这位贤明近代历史家虽是如此说，但那时意大利的土地垦作，不及今日英格兰，却亦不是不可能的。

无论在哪一国，由商业制造业而获得的资本，在未固着而实现在土地改良事业上以前，总是极不确定的财产。说商人不一定是特定国家的公民，真是不错。究在何处营业的问题，在他，似乎没有多大意义；如果他们在甲国受到了一种轻视，哪怕顶是微小，亦可使他把资本从甲国迁到乙国。跟着资本的迁移，资本所维持的产业，亦必迁动。在资本尚未散在地面上，成为建筑物，

---

① 纳蒲尔斯：Naples，今译那不勒斯，意大利南部港口城市。——编者注

② 鸠西亚丁：Guicciardin，今译圭恰迪尼，佛罗伦萨历史学家。——编者注

成为土地永久改良物以前，那资本决不能说属于某一国。漠斯诸都市的大财富，哪里去了呀，除了在十三世纪和十四世纪的隐隐约约的历史上，真是痕迹亦没有留下一点。那究是存在什么地方，究是属于拉丁文叫作什么的都市，亦还不易确定。但是，十五世纪末、十六世纪初，意大利的颓败，虽会大减郎巴特[①]及达斯堪纳[②]所属诸城市的商业制造业，但所属的农村，则至今仍为欧洲人口密度最大土地耕作最良的地方。伏兰德经内战后，又受西班牙统治，那虽然逐去了安杜蒲[③]、根特、布鲁格斯[④]的大商业，但伏兰德至今亦仍为欧洲财富最多、人口最稠密、耕作最进步的地方。战争与统治上的普通变革，已可破坏以商业为唯一来源的富源。农业的改良，更为实着，由农业改良而生的富，亦更为持久。所以，除了有更激烈的由敌国野蛮国侵凌一二百年而引起的大变动（如罗马帝国崩溃前后的西欧情况），就没有其他事件可以把它破坏。

---

① 郎巴特：Lombardy，今译伦巴底，意大利北部州名。——编者注

② 达斯堪纳：Tuscany，今译托斯卡纳、多斯加尼，意大利地名。——编者注

③ 安杜蒲：Antwerp，今译安特卫普、安德卫普。——编者注

④ 布鲁格斯：Bruges，今译布鲁日，比利时西北部的文化名城。——编者注